本书为浙江省庆祝中华人民共和国成立60周年重点出版资助项目

《中国教育60年》丛书

丛书主编　徐小洲

知识与技能

——中国职业教育60年

方展画　刘　辉　傅雪凌　编著

ZHEJIANG UNIVERSITY PRESS

浙江大学出版社

序

  1949 年,中国历史揭开了灿烂的新篇章。60 年来,共和国走过了一条不平凡的发展道路,从一个贫穷、闭塞和落后的国家逐步走向富裕、开放的社会主义现代化强国,每一步前进的足迹都留下了中国人民的智慧与勤劳。在这 60 年的发展进程中,教育事业也在艰难之中不断发展,取得了举世瞩目的成就。经过长期不懈的努力,一个具有中国特色的社会主义现代教育体系业已初步建立,教育事业为提高我国国民素质,为中国社会发展、经济建设作出了重要贡献。

  新中国成立之时,国家经济极度落后,教育基础极其薄弱。当时只有 20％的学龄儿童能够入学。为了解决世界上最多的学龄儿童入学,普及义务教育成为政府的长期发展国策。1949 年 9 月,《中国人民政治协商会议共同纲领》提出有计划、有步骤地实行普及教育的方针。之后,政府采取了一系列措施推动普及教育。至 1957 年,小学学龄儿童入学率就达 67.7％。特别是在 1978 年改革开放之后,实施义务教育成为政府的重要任务。1980 年 12 月,政府下达《关于普及小学教育若干问题的决定》,提出要在 20 世纪 80 年代基本实现普及小学教育的任务。1982 年 12 月颁布的《中华人民共和国宪法》规定:"国家举办各种学校,普及初等义务教育。"中国开始步入依法推进普及初等义务教育的轨道。1985 年 5 月《关于教育体制改革的决定》确定实施九年义务教育,把实施九年义务教育作为"关系民族素质提高和国家兴旺发达的一件大事"。1986 年 4 月 12 日通过了《中华人民共和国义务教育法》,并于 7 月 1 日施行。《教育法》规定"国家、社会、学校和家庭依法保障适龄儿童、少年接受义务教育的权利",从此开始正式推行九年制义务教育。2000 年,全国小学学龄儿童入学率达 99.1％,初中阶段毛入学率达 85.6％左右,我国政府提出的基本普及九年义务教育的目标顺利实现,用 15 年时间走过了西方发达国家近百年的普及义务教育之路。2007 年,政府全面推行农村义务教育免除学杂费政策。2008 年 9 月 1 日,在全国范围内全部免除城市义务教育学杂费。2008年,全国小学净入学率达到99.5%,初中毛入学率达到98.5%,青壮年文盲率降低到3.58%以下。至此,我国义务教育阶段的学生全部实现了免费上学。自孔子提出"有教无类"以来,几千年来中国人梦寐以求的理想终于得以实现。

60年来,我国普通中等教育经过不同时期的调整、改革与发展,取得了巨大成就。1949年,全国普通中学只有4045所,中等学校学生数103.9万人。其中,初中2448所,在校生83.2万人;高中及完中1597所,在校生20.7万人。2008年,全国共有普通中学7.29万所,在校生8061.1万人。其中,初中5.77万所,在校生约5584.8万人;普通高中15206所,在校生2476.3万人。与1949年相比,2008年普通中等学校数是当时的16.4倍,在校生是当时的77.6倍。一个起点薄弱的发展中国家,承载着世界上最多的接受中等教育人数,各类中等学校担负着为高一级学校输送合格新生和为国家建设培养劳动后备力量的双重任务,这不能不说是一个令人振奋的历史性壮举。中等教育数量大发展的同时,中等教育质量也在不断提高。根据不同时期国家发展与人才的培养需要,60年来,中等教育的学制改革、课程改革、教学改革和考试改革等此起彼伏。1993年2月13日,中共中央、国务院颁布《中国教育改革和发展纲要》,中等教育开始努力由"应试教育"转向全面提高国民素质的轨道,素质教育成为中等教育改革的核心。近几年来,为了全面推进素质教育,各类中等学校纷纷开展新课程与考试制度的改革,努力使学生具有健壮的体魄和良好的心理素质,养成健康的审美情趣和生活方式,成为有理想、有道德、有文化、有纪律的一代新人。

在新中国成立以前,接受高等教育向来是少数人的特权,高等学校数量与结构远不能满足中国社会发展的需要。新中国成立后,高等教育在波折中发展与壮大,一个不断适应社会发展需求的多元化高等教育体系逐步建立起来。在新中国成立后高等教育60年的发展中,人们可以发现高等教育服务社会发展的清晰轨迹。1950年召开的第一次全国高等教育会议即提出,高等教育必须培养具有高度文化水平的、掌握现代科学和技术成就的高级国家建设人才。尽管不同时期社会要求不同,高等教育发展也走过弯路,但服务社会与经济发展需求的思路并没有根本性的变化。60年的艰难发展,中国的高等教育已经发生了根本性变化。我们欣喜地看到,中国高等教育的总体规模与学生数量的巨变:1949年,中国高等院校仅205所,在校生人数为11.7万。2008年,全国共有普通高等学校和成人高等学校2663所。普通高等教育的毛入学率达到23.3%。全国普通高校招生607.7万人,在校生达到2021万人,各类高等教育在学人数达到2900万人。中国不仅奇迹般地实现了高等教育的大众化,且已成为世界上高等教育大国。我们可以自豪地说,在中国社会主义现代化建设取得的巨大成就中,高等教育培养的人才发挥着中流砥柱的作用,高等教育为中国的崛起提供了强有力的人才与智力保障。60年来,高等教育在风风雨雨中走过了从简单模仿到中国化的改造,从跟随学习到努力超越的历程。近几年来,中国高等教育在科研、教学、社会服务等方面采取了一系列有效措施,从量的扩张走向了注重内涵发展的道路。一个多层次、多类型的中国高等教育体系正不断发展、逐步完善,并正在积极地走向世界高等教育舞台。

新中国成立后,在党和国家有关职业教育方针、政策的指引下,借鉴苏联办学经验,对旧中国的职业学校进行整顿与改造,逐步形成以技术为导向的职业教育,因而职业教育得到较快的发展。从1949年至1952年,中等专业学校由1949年的1171所发展到1952年的1710所,在校学生由1949年的2.29万人增加到1952年的6.36万人。1965年,我国已建立中等专业学校1265所,在校生54.74万人;技工学校281所,在校生10.1万人;职业中学61626所,在校生443.34万人。职业教育为经济建设培养了大批技术人才。"文化大革命"期间,职业教育遭受摧残。改革开放以后,根据职业教育和普通教育并举的策略,职业教育得到了迅速恢复与发展。1996年颁布实施《职业教育法》,确立了职业教育在经济社会发展中的重要地位和作用,规定了政府、行业企业和社会各方面兴办职业教育的职责和义务,建立职业教育体系,完善职业教育体制和保障条件等重要内容。进入新世纪,政府于2002年、2005年分别作出大力发展职业教育的决定,明确指出职业教育是经济社会发展的重要基础、教育工作的战略重点,提出"以服务为宗旨、以就业为导向"的职业教育办学方针,推动职业教育的迅猛发展。2008年,全国中等职业学校(包括普通中专、职业高中、成人中专和技工学校)共有14767所,在校生达到2056万人,与普通高中教育招生规模大体相当。高等职业院校共有1184所,在校生达到900多万人,其招生规模约占普通高等院校招生规模的一半。同时,各种形式的职业技术知识与技能培训发展迅速。60年职业教育的发展,为我国各行各业输送了大批高素质技能型、应用型人才,为社会主义现代化建设作出了重要贡献。

60年的发展,中国人民描绘出教育史上最绚丽的画卷。但是,随着时代

的进步,我国教育发展中仍然存在着不少亟需改革与完善之处。根据创新型
国家建设的需求,培养各种各类创新型人才成为各级各类学校的共同使命。
更新教育观念,提高教育质量,全面推进素质教育在相当长的一段时期内是
教育改革的重要任务。促进教育公平,办人民满意的教育是我国教育发展的
主要方向。历史在前进,创新的步伐将永不停歇。我们坚信,铸就辉煌 60 年
的中国教育的中国人民在新的历史时期将创造新的奇迹。

　　回顾中国教育 60 年改革与发展的历程,展示其巨大成就,梳理不同时期
的发展脉络,分析存在的问题与解决途径,总结发展特点与经验教训,无论对
理解共和国教育的历史,还是厘清我国教育未来的发展思路都有裨益。《中
国教育 60 年》丛书的作者们在这方面开展了许多有益的研究,这是对庆祝中
华人民共和国成立 60 周年的最好献礼。作者希望我写几句话,是为序。

2009 年 8 月 29 日于北京

目　录

导　言

一

职业教育,是现代教育体系极为重要的组成部分,对国民经济水平的提升产生不可替代的巨大作用。并且,随着科学技术的不断发展,生产工艺的不断更新,现代社会的不断进步,职业教育之于经济社会的强大动能必将与日俱增。这一点,已成为一种全球共识。

事实上,职业教育是人类教育之"母"。人类社会早期的教育活动,便是源于生产和生活的需要,源于社会群体存续的需要。《周礼·地官司徒》就有记载:"遂人掌邦之野。以岁时稽其人民,而授之田野,教之稼穑……辨其野之土:上地、中地、下地,以颁田里"。在我国原始社会,教民农耕,教民穴处巢居,教民钻木取火,诸如此类的知识与技能构成了早期教育的主要内容。

在漫漫千年的封建社会发展过程中,限于生产力发展水平以及"独尊儒术"的文化传统,科学技术及生产技艺一直得不到重视,被视为"雕虫小技"而游离于主流社会和主流文化之外。但即便如此,基于生活、生产实际需要的职业教育始终没有退出社会发展的舞台,以若隐若现、若即若离的方式生生不息地顽强存续着。这一历史现象,也足以说明职业教育的作用。于是,到了清末,国力严重衰落的内隐和屡屡受西方列强侵略的外患,维新人士提出要"师夷长技以制夷",在"经世致用"的思想指导下,实业教育开始萌芽,职业教育获得了自己应有的地位。但是,直到新中国成立,由于战乱连年不断等多种因素,我国职业教育的发展步履维艰,未成气候。

1949年,中华人民共和国诞生,昭示着华夏古国职业教育的新生。中国共产党是以为人民大众谋福利为宗旨的,这就为职业教育的发展奠定了很好的政治基础。事实也充分证明,虽然中华人民共和国成立60年来我国职业教育的发展有反复,有曲折,甚至有局部倒退,但总体上是在发展,是在前进。十年"文化大革命"结束,是我国当代历史一个值得大书特书的里程碑,我国的职业教育从此进入了一个全新的发展阶段。改革开放以来,尤其是20世纪90年代以来,我国职业教育发展迅猛,不仅已形成数量空前的职业教育规模,建立了相对完整的职业教育体制,而且正在尝试构建中国特色的职业教育体系。到了新世纪,伴随中国经济的迅速崛起,伴随着中国社会主义现代化建设的不断推进,职业教育已成为国家的发展战略,受到党和政府以及社会各界前所未有的关注和重视。

二

回顾60年来我国职业教育的成长历程,我们深深体会到一条社会进步的规律:国泰则职业教育盛,国衰则职业教育败。

新中国成立伊始,当时直面的是旧中国留下的一副烂摊子,满目疮痍,百废待举。在这种情势下,经过短期的接管、改造和整顿,中国政府很快就把职业教育的发展提到议事日程上来,通过一系列的改革大力发展中等职业教育。在国家第一个"五年计划"中,通过借鉴苏联的模式,以一线技术工人技能培训为办学目标的中等技术学校得到了很大的发展,同时也积极开展了农村职业教育,从而在一定程度上保障了新民主主义社会过渡时期国民经济发展的需要。但是,由于受"左倾"路线的影响,随后出现了违背社会和教育发展规律的"大跃进",职业学校盲目发展,教育秩序失控混乱,教育质量大幅滑坡。到了20世纪60年代,在"三年自然灾害"期间,我国职业教育在大调整背景下受到大压缩。

政治、社会、经济、文化全面动荡的"文化大革命",使我国的职业教育一落千丈。在批判所谓的"两种教育制度"的浊流中,职业教育被扣上"资产阶级双轨制"的帽子而受到空前的冲击,一大批职业学校在很短的时间内被停办、下放、改制或干脆成为工厂,师资大量外流,教育秩序混乱不堪,职业教育严重萎缩。到了"文化大革命"后期,国家意识到国力衰弱的危险,开始重视经济建设,职业教育复又受到关注,并在重重阻力中艰难地恢复,但很快又在政治形势的逆转之下成为一现的"昙花"。

粉碎"四人帮"之后,国家首先把"拨乱反正"作为国策,全面恢复中华人民共和国成立后17年的教育,并且在调整中等教育结构的宏观政策指导下,大力发展中等职业教育。从此,我国职业教育步入快速发展的新时期,职业教育的规模得到很大的扩展,职业教育的制度不断地在改革中得到完善,高等职业教育和农村职业教育开始起步。随着我国经济体制由原来的计划经济体制向社会主义市场经济体制转变,职业教育的发展也获得了新的动力。在这一变革过程中,职业教育的办学理念不断更新,服务经济和社会发展的宗旨不断强化,在办学体制、教学模式、招生就业制度等方面进行了大刀阔斧的改革,并且根据社会主义市场经济改革深化的需要在职业教育法制化建设方面也出现十分积极的进展。到了世纪之交,随着"扩大内需"、"西部大开发"、"推进城镇化"等新国策的实施,高等职业教育出现了跨越式的大发展,经过各级政府和教育行政部门的努力,高等职业教育迅速成为高等教育的"半壁江山"。进入 21 世纪以后,职业教育的发展已成为国家实施经济社会可持续发展的重大战略性措施,最高决策层基于国家经济近 20 年来迅猛发展的实际和建设世界强国的战略眼光,采取一系列重大的政策措施和财政手段强力推进职业教育,并且将中国特色职业教育体系建设和职业教育内涵提升摆在十分突出的位置,使职业教育的面貌日新月异。我们有足够的理由坚信,中国职业教育事业的春天已经来临,明天将更美好。

三

倘若要疏理出中国职业教育发展的内在逻辑,倘若要从 60 年职业教育成长的经验中归纳出一些值得后人反思和借鉴的基本元素,我们认为,"知识"与"技能"的关系是一个值得重视的认识框架,也是总结职业教育规律的分析框架。这是我们将本书的书名定为《知识与技能》的理由所在。

在本书第一章,我们用了不少的篇幅描述了共和国之前我国职业教育的历史进程。无论是远古时期的生产、生活技能教育,还是近代维新运动和洋务运动中的实业教育,都或多或少地存在着实用主义的"技能本位"倾向,所谓的"经世致用"就是将"有用"、"实用"作为职业教育的价值诉求,不同程度上忽视了职业教育提高个体素质、开发学生潜能的功能。这实际上也可以部分地解释在以往的历史中职业教育何以地位不高、得不到社会足够重视的原因。

中华人民共和国成立以来,关于职业教育"知识"与"技能"之关系的认识也有一个过程。在共和国早期,职业教育奉行"以俄为师",全面借鉴甚至"照搬"苏联的办学模式,大力发展"中等技术学校",史上简称"技校"。苏联职业教育的特点是"专家型"教育,这种教育因"岗"设课,以"技"定教,在计划经济体制下,在社会生产力相对落后的背景下,这种"专家型"教育的确起到了"短、平、快"的作用,迅速地满足经济和社会发展对技术人才以及技术工人的需求。但是,当社会生产力发展到一定水平后,这种教育模式就显得捉襟见肘。于是,以强化专业理论知识教育为特色的"中等专业学校"便应运而生。"中等专业学校"简称"中专",

以培养中级技术人才即技术员为办学目标,十分强调系统的专业知识的传授,相应地,对学生技能的培训就远不如"技校"。"技校"办学模式和"中专"办学模式,构成了中华人民共和国成立以来我国中等职业教育两大不同的教育理念体系,并深刻地影响着当前职业教育的实践。从 20 世纪 80 年代中期职业教育快速发展以来,一直存在着两种不同的观点在争论:一种观点认为,职业教育要更好地适应经济和社会发展不断变化的需要,为学生就业与成长打下扎实的基础,职业学校的课程设置中要有足够的文化基础课,尤其是语文、数学、外语、计算机科学等通用学科的教学,同时要加强专业基础课程的学习;另一种观点则认为,职业教育是为学生就业作准备,教学的要求,无论是文化课教学还是专业课教学,均应以"实用"、"够用"为原则,职业教育的关键是学生职业技能的培养。

进入新世纪以来,我国职业教育的内涵发展得到了重视。职业教育内涵发展的一个重要方面就是育人模式的转变,知识与技能的关系再次引起广泛的关注,相关的改革尝试也取得了突破性的进展。在中等职业教育方面,近年来,上海市的"任务引领型"课程改革和浙江省的"核心技能本位"课程改革,都改革了传统教育模式中基础课程、专业基础课程、实训实习这样一种相对机械的"三段"式,不仅把学生的技能培养放在一个突出的地位,而且突破了传统的学科体系。在高等职业教育方面,则明确了"以服务为宗旨,以就业为导向,走产学研结合的发展道路",普遍强调学生的职业能力,大力推进工学结合,突出实践操作能力的培养,并加快了实训、实习基地建设的力度,从而使高等职业教育形成了具有自身特色的发展模式。

当然,知识与技能是职业教育永恒的话题。在新的 21 世纪,在我国职业教育的改革与发展进程中,对知识与技能之关系的认识将会有更深入的讨论并且在实践中将会进行各种有益的探索。我们期待着我国职业教育事业更加蓬勃地发展,期待着职业教育改革更富有盎然的生机,期待着职业教育为祖国的繁荣和强盛作出更大的贡献。

第1章 中国职业教育缘起

教育起源于人类社会产生之初,起源于人类的生产劳动和社会生活的需要。生产劳动是人类特有的专门化、专业化的活动,可以被视为最早的"职业化"的活动。而致力于让这种职业化的活动得以延续,并以不断保存、传播生产经验、技能的活动也便被称为"职业教育"。

中华文明源远流长,其文明的起点便是教育的起点,也是职业教育最初的影子。把当今中国放在历史长河中,当我们兴奋于当今职业教育发展的成就,展望职业教育的未来时,我们都有必要以史为镜,寻根求源。

1949年中华人民共和国的成立是中国历史上开天辟地的大事。回首新中国成立六十年来职业教育发展历程,正确衡量、评判新中国成立以来职业教育的成败与得失,我们需要首先把历史放大,把现在缩小,让古代中国、近代中国和及现代中国职业教育发展的历程为我们提供反观之"镜"。

第一节 中国职业教育的历史渊源

中华文明源远流长,其职业教育发展的起点,可追溯至原始社会时期。随着早期人类的产生,教育活动就在中华大地上萌芽了。伴随着原始农业的产生,教民农作的教育也相应产生,古籍对此记载颇多。诸如《白虎通》记载:"古之人民皆食禽兽肉。至于神农,人民众多,禽兽不足,于是神农因天之时,分地之利,制耒耜,教民农耕。"这说明原始人类已经掌握了一定的农作技术,并成为重要的教育内容。这种与生存、生产直接相关的教育活动即是我们探究的古代中国职业教育萌芽的开端。

一、古代中国:以生存、生产为目的劳动技术教育

劳动是人类特有的活动,这一特殊活动被视为人类教育活动产生的根源。自从人类开始从事劳动这种社会性活动,教育现象便随之产生,职业技术教育也

就开始萌芽。从巢氏教民穴处巢居、燧人氏教民钻木取火、伏羲氏教民渔猎等古老的传说中,我们可以发现最早的人类教育活动都直接产生于人类生产、生活的需要,并与人们的生产、生活息息相关,这种实用型的教育形式为后来的伦理道德和文化知识等教育形式产生和发展奠定了基础。[①] 因此,在中国教育史上,这种以解决人类生存为主要目的的教育形式可以视为中国最早、最原始的职业技术教育的表现形态。[②]

在社会生产十分落后的情况下,为满足人类生产及生存的需要而进行的教育并非一种专门化的职业活动,因而,此时期职业技术教育也不是专业化的教育形式。其职业教育活动的展开主要是经由年长者的口头传授和示范操作等方式进行的,生活经验、知识、技能等生存必备的知识和技能是主要教育内容。由于这种原始形态的职业教育直接指向使人们适应生存环境和改善生存条件,因此,原始社会中拥有一技之长并能够向年轻人传授生活技能的人是被人们尊敬的,年长并富有生存及生产经验的长者便成为最早的职业教育教师。由于原始社会人类生活和生产在地域上往往是流动的,职业教育中还没有比较固定的场所,相关教育活动是在生产、生活等社会实践活动中以个体之间交往的形式进行的,这被后人称为"学徒制"职业教育的萌芽。[③]

随着人类生产活动的进步,存在于社会生活实践中的教育逐渐独立出来,职业教育也渐次成为一种相对独立的活动形式,从人类生产、生活的"现场传授"开始向有相对固定的场所和形态式演。"庠"是早期学校的萌芽,也是人类早期从事职业教育的固定场所。据《礼记·名堂位》记载:"米廪,有虞氏之庠也。"庠是氏族储存公共粮食的场所,由氏族中一些年老体衰的长者承担粮食看管任务,实际上就是老人聚集的场所,后来慢慢演变成为氏族敬老养老行礼之地。孟子因而注解"庠者,养也"。庠所兼具的"养老"和"教育孩子"功能为古代职业教育活动进一步正规化、规范化以及教师专职化奠定了基础,使职业教育活动产生了质的飞跃。随着社会的发展,反映人际关系、生活变化和生产习惯变化的原始宗教仪式、道德规范等也纳入了教育的内容。[④] 至此,职业教育从形式、内容和方法

① 王炳照:《中国职业技术教育问题的历史反思》,《教育学报》2005 年第 2 期。

② 胡诚、胡萍:《中国职业技术教育及其研究的历史回顾》,《长春工业大学学报》(高教研究版)2006年第 3 期。

③ 李文玲、戚桂琴、温玉甫:《中国历史上职业技术教育的变迁》,《河北职业技术师范学院学报》(社会科学版)2002 年第 12 期。

④ 李文玲、戚桂琴、温玉甫:《中国历史上职业技术教育的变迁》,《河北职业技术师范学院学报》(社会科学版)2002 年第 12 期。

等方面均得以丰富和发展。

随着人类生产生活的相关知识的积累和传播,生产能力不断得以提升。以氏族为基本生产和生活组织形式的格局逐步发生变化,国家开始成为社会主体。职业教育便逐渐趋向稳定,成为一种更加独立的社会实践活动。

二、走入官学的职业教育

奴隶社会以前的职业教育在传授方式上基本采取父传子和学徒制等形式,随着国家的形成,统治阶级出于自己利益的需要开始干预和控制教育活动。

西周是中国奴隶制的全盛时期,在文化教育上推行"以吏为师、学在官府"的制度。从周朝开始,统治者对职业教育的干预和控制不断强化,"官学"逐渐成为中国职业教育发展的主导力量。[①] 当时的统治者以三物教万民,"六德"、"六行"、"六艺"成为学校的教育内容。以"六艺"等为具体内容的教育可视为现代教育中知识、技能技巧教育,是与"德"相对应的教育范畴,因此,"六艺"成为中国古代职业教育中最早的规范性内容。除了职业教育内容不断丰富、不断规范外,有效的职业教育制度的建立也成为推动职业教育不断发展的外部保障条件。周朝大政治家姬旦为了让后代致力于耕作,制定了比较完善的考核与奖惩制度,以督促学生们学习有关的知识。西周统治阶级比较重视职业技术教育,其较为完善、较为规范的教育方式方法成为"以吏为师、学在官府"时期职业教育的一个显著特点。[②]

春秋战国是中国奴隶制度向封建制度转轨的变革阶段。周平王的东迁标志着中国历史进入了东周时期,也是春秋战国时代的开始。铁器应用于农耕使得农业生产力明显提升,社会经济发展迅速,开垦私田已蔚然成风,统治阶级掌控公田的局面受到冲击,奴隶主贵族土地国有制逐渐为地主阶级土地私有制所代替,封建生产关系形成。政治经济领域的巨大变化使"学在官府"的教育形式走向衰落,与新经济、新政治需要相适应的新教育组织形式——私学开始兴起。春秋时期的"养士"之风促使社会阶层结构发生变化,"士"成为是介于官与民之间的自由民。在当时背景下,"养士"之风既适应了政治斗争的需要,客观上又为"士"这一介于封建主和农民之间的特殊阶层从事"以脑力劳动"为谋

---

① 胡诚、胡萍:《中国职业技术教育及其研究的历史回顾》,《长春工业大学学报》(高教研究版)2006年第 3 期。

② 李文玲、戚桂琴、温玉甫:《中国历史上职业技术教育的变迁》,《河北职业技术师范学院学报》(社会科学版)2002 年第 12 期。

生手段的职业提供了条件。"士"实际上是拥有一技之长的社会专业群体,封建地主的"养士"之风对当时没落的贵族官学教育提出了严峻的挑战,传统的"六艺"教育受到冲击,适应社会需要的新的教育组织机构——私学应运而生并得到迅速发展。私学的兴起与发展使文化技术知识更加广泛地在民间传播,"官学"和"私学"并存成为该时期文化、教育领域发展的重要特征。因此,私学不仅因提倡自由讲学、自由传授而在客观上促进了各个学派的形成与发展,还成为培养职业技术教育人才最直接的教育形式,①在为"百花齐放,百家争鸣"学术环境奠定了制度基础的同时,还促使了文化和技术成为推动社会发展的重要力量。

职业教育是春秋战国时期百家争鸣的焦点之一。百家争鸣发端于儒墨之争。墨家将科学和技术教育视为国家生存、个人谋生的根本,并在制造、使用和传播技术产品方面也取得了出色的成就。农家以重农思想为核心,重视农业,强调推广农业技术知识,强调技术教育。农家学派编著的《种农》、《野老》等著作是我国最早的农业技术教育专著。法家提出反对学习虚文,奖励耕战,认为耕战有助于国家的繁荣富强。与百家争鸣中强调职业教育的墨家、农家等形成鲜明对比,以孔子为代表的儒家则广办私学,一味重视以仁为核心的伦理道德教育,不提倡甚至忽视劳动技术的教育。由此看来,有学者认为中国古代缺乏对职业教育的研究,甚至认为中国古代忽视职业教育的观点存在一定得偏颇。② 总之,在春秋战国时期,各学派对职业教育的争论使得社会各阶层进一步澄清了认识,再加之相应职业教育活动的活跃,职业教育在社会生产力的发展和生产技术的普及中均起到十分积极的作用。③

三、罢黜百家、独尊儒术思想主导下的职业教育

秦汉时期,伴随国家走向统一,科学技术也得到了相应的发展。基于巩固政权的需要,秦朝和两汉时期的统治者强行"书同文"、"行同论",统一度量衡,建立国学机制,这倒为古代职业技术教育的进一步发展创造了条件。随着西汉时期"罢黜百家、独尊儒术"文教政策的实施,"官学"在职业教育发展中不断发挥着的主导作用。

---

① 王杰、曹阳:《中国职业技术教育历史和现实发展的若干思考》,《职教通讯》2007 年第 2 期。
② 王炳照:《中国职业技术教育问题的历史反思》,《教育学报》2005 年第 2 期。
③ 李文玲、戚桂琴、温玉甫:《中国历史上职业技术教育的变迁》,《河北职业技术师范学院学报》(社会科学版)2002 年第 12 期。

秦朝政权建立之后便致力于社会经济领域的改革和建设,蕴含职业技术教育思想的诸多文献也得以保留,即使在"焚书坑儒"中,"所不去者,医药卜筮种树之学"。历朝历代积累下来的推广农桑、水利、筑路等书籍文献为职业教育的发展奠定了基础。先秦时期的《考工记》是当时具有代表性的手工艺专著,对数学、力学、建筑学等多方面的知识进行了一定程度的概括和提炼,在一定程度上反映了当时中国所达到的科技及工艺水平,成为古代职业教育的理想教材。秦始皇采取的打击儒家、重视耕战的政策,客观上也推动了职业教育特别是农业技术教育的发展。

汉朝初期,伴随"休养生息"政策的推行,职业教育受到特别的重视。但汉武帝接受董仲舒建议后作出"罢黜百家、独尊儒术"的文教政策,却让职业教育陷入了前所未有的困境。董仲舒以儒家学者的身份总结吸收了秦王朝灭亡的历史教训,提出将思想统一的基调定为儒家学说,把"独尊儒术"作为政治的指导思想。在文化教育领域,董仲舒倡导的"君子不学,不成其德"思想,便成为职业教育发展的绊脚石。自然科学知识的传授受到压制,非儒学的学术思想受到了排斥,阻碍了文化的整体发展,职业技术教育在一定程度上受到了不应有的轻视和排斥。① 汉代"罢黜百家,独尊儒术"的文教政策,使得儒家经典学习成为学校教育的重要的甚至唯一的内容,不仅官学强调儒家经典的正统性,私学的教育内容也深受国家文教政策的影响。当然,董仲舒并未完全否定职业教育,在独尊儒术的同时,汉武帝也接受了董仲舒兴学的建议,逐步建立起两汉的学制系统。汉代学制包括官学和私学两大部分,官学又分中央官学和地方官学。中央官学除有大学性质的太学外,还有特殊性质的学校——"鸿都门学"和"四门小学"。东汉灵帝永和元年(公元178年)设立的"鸿都门学"是我国最早建立的国立职业技术学校,也是世界上最早的一所文艺专科学校,开我国官办职业技术教育之先河。② 在当时的学制系统之下,诸如《孙子兵法》、《周髀算经》、《伤寒杂病论》、《汜胜全书》等军事、数学、医学、农学等科学技术成果和教材相继问世。

汉代的"独尊儒术"使得官方和社会公认了儒家经典的主流性,但实际上国家并未完全抹杀或忽视职业教育的重要意义。除了官办的职业技术学校以外,职业教育也在与生产、生活实际联系密切的技艺传授中以非主流的方式继续存在,代代相传。始于春秋时期的"官学"与"私学"并存局面在经历秦汉时期"官

---

① 李文玲、戚桂琴、温玉甫:《中国历史上职业技术教育的变迁》,《河北职业技术师范学院学报》(社会科学版)2002年第12期。

② 吴应彪:《中国职业技术教育的历史概况与现状分析》,《曲靖师专学报》1999年第4期。

学"的强势干扰,但仍然存续,以儒家经典为代表的正统学校教育和以技艺承袭为代表的社会教育和家庭教育事实上也在同步发展。① 职业教育活动虽然曾经暂时失去了"国家政权层次上的话语权",但始终在发挥着作用,推动着社会生产和生活往前发展。

秦汉以后的职业教育在前期发展基础上继续呈现出官学和私学共存的局面,国家对于职业教育的管理也逐渐走向专门化。魏晋南北朝时期已经出现了分科教授的职业技术学校,这是职业教育机构不断走向成熟的标志。在积累职业教育经验的基础上,贾思勰撰写了农业百科全书式的著作——《齐民要术》。这部形成于中国6世纪的较完整、较系统的农书,是世界上现存最早的一部农业巨著,更是我国农业职业教育发展到较高水平的标杆。我国传统职业教育思想的第一位集大成者颜之推,以其"人生在世,会当有业"的"实学教育"思想深入影响着中国古代教育。

四、科举制、经书教育下职业教育的萎缩

科举制的建立是中国教育史上的标志性事件。用科举制代替原来的察举制是中国历史的一大进步,它使得古代中国选拔人才的制度自隋朝后更趋公平公正。作为在中国历史上持续时间最长、影响范围最广的选士制度,科举制的产生、延续、发展和完善对中国职业教育发展影响同样深远。

科举制将选士制度与育士制度紧密结合在一起:学校培养的学生,经过科举考试,吏部的挑选,然后获得官职。因此,科举考试是学校教育的风向标,学校教育的一切教学活动几乎都围绕着科举考试进行,科举考试的内容就是学校教育的教学内容,学校教育成了科举制的"奴婢"。在科举制确立之初的唐代,科举取士的范围广泛,考试科目多种多样,内容丰富。唐代是科举制逐步形成、确立的时期,考试的内容、形式和规章制度尚处在不断调整、不断更新和完善的阶段。② 在这种背景下,除了科举这种选拔、任用和培养人才的方式之外,职业教育也受到受到社会重视,国家除了设置可以直接有利于科举选士的文学、史学、律学、书学等文科性质的学校外,以自然科学教育为主要内容的职业学校也应运而生,教育内容涉及医学、药学、天文历法、工艺技术等多个领域。因此,在科举制诞生初期,一方面社会经济发展需要,职业学校是唐朝学制系统不可或缺的部分;另一方面,由于科举制尚处于初创、探索和调整之中,职业教育是科举制的必

---

① 王炳照:《中国职业技术教育问题的历史反思》,《教育学报》2005年第2期。
② 刘海峰:《科举考试的教育视角》,湖北教育出版社1996年版,第255页。

要补充。

唐朝职业教育的发展离不开唐朝文教制度的不断完善和调整。在从贞观之治到开元盛世繁荣时期,唐朝学校教育也达到了相当完善的程度。与汉朝的官学和私学共存的局面相似,唐朝的学校也分官学和私学,官学又分为中央官学和地方官学。但相比之下,唐朝的学制更为完备,职业技术教育也更受重视,中央和地方的官学系统中均设有相当于现在的职业技术学校。中央官学有东宫和三省开办的三类学校、专修儒经的学校、专门职业学校、特殊学校。在专门职业学校系统中,有尚书省国子监管辖的律学、算学、书学等大学性质的专科学校;有尚书省管辖的四种职业技术学校;太医署管辖的医药学校,太卜署管辖的卜筮学校,太卜寺管辖的兽医学校,司天台管辖的天文、历数、漏刻学校;门下省校书郎管辖的校书学校。在地方官学中也设立府州医药学校。即使在普通学校系统中,唐朝也设有实科学校,用于传授科学技术等实用知识。因此,在唐代我国已经形成了比较完整的职业技术教育体系。与欧洲直至十七八世纪资本主义上升时期才出现这类职业学校相比,我国职业教育体系建立早于西方一千多年。①

宋明以来,虽然科举制依然是政府选拔任用人才的唯一方式,但已渐渐失去了其在唐朝选拔人才上的优势,在具体推行过程中往往导致人才选拔及培养方式单一,一味强调空疏无用的经学。在这种背景下,一些有识之士进行了反思,呼吁教育内容要和实际需要紧密结合,"经世致用"的实学教育思想开始抬头,并推动了职业教育的发展。伴随着一批"治术之才"的脱颖而出,"分斋教学"和"苏湖教法"等反映职业教育内在规律的教学方法被引入官学中去,王祯的《农书》、宋应星的《天工开物》、李时珍的《本草纲目》以及徐光启《农政全书》等一批科技著作相继问世并成为职业教育的经典教材。②

隋唐以来,中国的传统职业教育随着农业社会的发展而达到了一个相当的高度。明朝末年的资本主义生产方式的萌芽实际上是我国传统职业教育自身发展到一定水平后的惯性所致。清朝初期,政府依然继续利用国学直接培养算学、医学、天文学、农学等科学技术人才。但是,清朝的科举制度已经开始走下坡路,在西方国家已经进入资本主义生产方式的国际大背景下,其人才选拔功能不仅没有提升,反而成为制约我国资本主义生产方式发挥其优势的羁绊。随着清朝末年国际局势的变化和我国国力在全球范围内的下降,内忧外患迫使实学教育

① 吴应彪:《中国职业技术教育的历史概况与现状分析》,《曲靖师专学报》1999 年第 4 期。

② 王炳照:《中国职业技术教育问题的历史反思》,《教育学报》2005 年第 2 期。

思想再次被提出，国人也寄职业教育以济世救国、改革时弊的希冀。① 至此，中国职业教育近代化的一页正在打开。

第二节　近代职业教育的起步——清末实业教育的产生

近代意义上的职业教育是从清朝末年的实业教育的引入开始的。实业教育源自英语中的 industrial education，本义为工业教育，经日文转译为实业教育。现通常特指 19 世纪下半叶至 20 世纪初中国为农业、工业、商业、矿冶、铁路等物质生产部门培养专门应用人才的教育。随着清朝末年国家对外政策的变化，实业教育伴随着"西学东渐"的大背景逐步在中国生根发芽，它的产生标志着中国教育由传统教育向注重实用的近代教育转变。

1840 年鸦片战争后，近代中国政府重新调整传统教育体制，开始向西方学习先进技术，在经世致用思潮的推动下，尝试建立和发展新教育。于是，科学技术登堂入室、进入现代学校体系。传统的经史之学受到抨击，学校教育逐渐向现代科学技术倾斜，职业教育也因之得到很大发展并成为旧教育向新教育转变的最重要标志之一。② 中国职业教育的传统和根基在"西学东渐"后与西方职业教育碰撞、融合，形成了近代中国职业教育的新起点。③

一、"师夷长技以制夷"改良思想主导下的实业教育

鸦片战争使中国被迫打开国门，以新的眼光审视工业革命后的西方世界，许多有识之士认识到学习西方先进科学技术的重要性与紧迫性。时至清末，清朝官学教育已经有名无实，科举制选拔人才的弊病使得人们重新思考教育与社会需要之间的关系。正如清末教育家颜元所指，几千年来中国封建传统教育已经走入了一个"文墨世界"，"八股行而天下无学术，无学术则无政事，无政事则无治功，无治功则无升平矣。故八股之害，甚于焚坑"。④ 国际国内形势的巨大变化和社会发展的实际需求，促成了实业教育思想的萌生及西方职教理论的引进和实践，传统的"经世致用"思潮在这种背景下备受重视。

清朝末年两次鸦片战争使国内包括一些清廷官员在内的有识之士认识到发

---

① 李文玲、戚桂琴、温玉甫：《中国历史上职业技术教育的变迁》，《河北职业技术师范学院学报》（社会科学版）2002 年第 12 期。

② 王炳照：《中国职业技术教育问题的历史反思》，《教育学报》2005 年第 2 期。

③ 王杰、曹阳：《中国职业技术教育历史和现实发展的若干思考》，《职教通讯》2007 年第 2 期。

④ 张玉身、郝炳均：《中国职业技术教育史》，甘肃教育出版社 1993 年版，第 44 页。

展实业的重要性。龚自珍、林则徐、魏源等"师夷之长技以制夷"倡导者认为,中国需要有熟悉西方先进科学技术的专门人才来发展军事技术和民用技术,开设实业学堂进行技能教育是当务之急。随着清朝政府对外交往的日益频繁,造船制械、操练新军、通商、设厂、开矿、筑路等新式人才的需求也日趋旺盛。于是,在政府不断引进洋机器、洋设备的同时,培养适应时代需要、掌握西方先进科学技术和军事知识之近代实用人才的洋务学堂在全国各地开办,武备学堂、电报、铁路、矿务等科学技术学堂相继涌现,在"经世致用"思潮推动下的近代中国的实业教育由此萌发。①

自第一次鸦片战争开始,主张改革科举并研习西方先进技术的呼声日益高涨。1841 年,新任两广总督祁贡上请推广文武科试疏。指出"文场乡、会试第三场、试以对策;武场乡、会试内场,试以默写武经。主司果于是取人,士子果于是考究,本足以实用。只以相沿日久,不免视为具文"。他建议"变通考选之制,如文试第三场策问五道,请定为五门发题:曰博通史鉴,曰精熟韬钤,曰制器通算,曰洞知阴阳占候,曰熟谙舆图情形"等,提议将制器通算等实用知识列入科试,以阻止"不致用非所学"状况的发生。② 1842 年 12 月,魏源以林则徐组织专人辑译的《四洲志》等书为基础,开始撰著《海国图志》,这是中国人编写的第一部介绍世界各国情况的巨著。他在书中提出"师夷长技以制夷"的观点,主张向西方学习科学技术,以达"尽得西洋之长技,为中国之长技"之目的。1843 年,两广总督祁贡上疏请开制器通其一科。在清末实业教育萌芽时期,诸如此类主张及实践成为中国近代职业教育开始成长的源泉。③

清朝末年,社会矛盾不断激化,农民通过起义建立新政权的方式来维护自身利益。1853 年太平天国定都天京,颁布了《天朝田亩制度》,开办实业,太平天国地方各级领导也均负有对群众进行教育的责任。1860 年 11 月 19 日,容闳从上海赴天京,会见太平天国总理朝政的干王洪仁玕,提出改良政治的 7 点建议。其中包括:设立武备学校,以养成多数有学识的军官;建立海军学校;颁定各级学校的教育制度、以耶稣圣经为主课;设立各种实业学校。他的建议充满着资本主义气息,但其核心是办好教育,发展实业。④

总体上看,在"师夷长技以制夷"改良思想的主导下,在面对国家危亡的紧急关头,有识之士寻求御侮救国之策,主张改革科举制度,推行实学教育。"既从民

---

① 肖卫兵:《中国近代职业教育制度发展分析》,《铜陵职业技术学院学报》2007 年第 3 期。

② 宋荐戈:《中华近世通鉴·教育专卷》,中国广播电视出版社 2000 年版,第 1 页。

③ 宋荐戈:《中华近世通鉴·教育专卷》,中国广播电视出版社 2000 年版,第 2 页。

④ 宋荐戈:《中华近世通鉴·教育专卷》,中国广播电视出版社 2000 年版,第 7 页。

族自身传统寻求致用之学,又向传入的西学中探究经世之术,使明清之际出现又被湮没了的实学教育思想在新的历史条件下得以复苏,使西学中有益于经世致用之术在经历了火与剑考验过的中国大地上得以流传。"①虽然诸多有识之士在西方先进技艺的吸引下展开了诸多探索与实践,但是,这些探索和实践活动并未受到统治者真正的重视,创办实业学校、培养实业人才的实践也未形成规模。在当时内忧外患的条件下,政府在"中学"和"西学"间选择时的立场是摇摆不定的,洋务派"中学为体、西学为用"思想即是近代早期"维新派"和"保守派"在兴办实业教育的过程中相互妥协的产物。

二、"中学为体、西学为用"洋务思想主导下的实业教育

汲取了第一次鸦片战争失败的教训,清朝政府打出"自强"、"求富"的口号,1860 年以后清政府开始开办自己的洋务学堂,培养职业技术人才。新学堂以"中学为体,西学为用"思想为指导,引进西学,形成了新的职业教育培养模式。洋务派大臣盛宣怀认为"中国智能之士,何地蔑有,但选将才于侪人广众之中,拔使才于诗文帖括之内。至于制造工艺皆取材于不通文理不解测算之匠徒,而欲与各国絜长较短,断乎不能",因此,"自强首在储才,储才必先兴学"。② 这种论述也形象地显现出清政府在兴办实业教育上所持的态度,这与鸦片战争初期相比更加坚定,更加富有建设性。

1862 年 8 月,总理衙门奕诉奏设同文馆,挑选八旗子弟入学,聘请教习培养洋务翻译人员,初设英文馆,后增设法、俄、德、日及格致等馆。这是中国近代最早设立的新式学校,也可视为文科职业教育的开端。1863 年 6 月广东同文馆的设立成为地方文科职业教育进一步走向深入的标志。1866 年 6 月,左宗棠奏设福建船政学堂于马尾,招收 14 岁至 18 岁青少年入学,成为中国第一所工业技术学校,开中国海军学校的先河,以培养现代工业的技术人才的实业教育开始出现。福建船政学堂与 1867 年建立的上海江南制造局机器学堂是中国第一批近代职业技术学校。自此,职业技术教育结束了以学徒制为主的教育形式,开始转向以学校职业技术教育与学徒制并存的教育形式,标志着中国近代职业教育的形成。③

---

① 董宝良、周洪宇:《中国近现代教育思潮与流派》,人民教育出版社 1997 年版。
② 张凤来:《天津大学校史》,天津大学出版社 1990 年版,第 31 页。
③ 胡诚、胡萍:《中国职业技术教育及其研究的历史回顾》,《长春工业大学学报》(高教研究版)2006 年第 3 期。

1868 年 2 月,福建船政局设立艺圃,招收 15～18 岁青少年进厂,称艺徒。这是中国最早在职培训技术工人的教育机构。1870 年荣闳上书曾国藩建议派遣幼童赴美学习技艺,1871 年 7 月,曾国藩、李鸿章奏准《选派幼童赴美肄业章程》,并于 1872 年选派詹天佑等 30 名学童赴美学习,成为我国第一批留美学生。初派美国留学的活动与其后派赴欧日留学活动一起掀起了中国近代史上第一次留学热潮。1874 年 12 月 10 日,直隶总督李鸿章上奏《筹议海防折》,指出轮船、制器、铁路、电报、练兵诸事在所必办。基于清末朝廷官员的角度,他揭示了科举制的种种弊端,认定科举考试"非养人才之道",提议改革科举考试,建立有利于选拔培养洋务人才的制度,希望"二十年后制器、驶船自强之功效见矣"。① 1875 年 5 月 30 日恭亲王奕䜣上书《择要条议海防诸议折》,以表对李鸿章请设洋学局及沈葆帧请开算学特科的肯定。在晚清政府对开办洋务学堂的肯定和支持下,1876 年 6 月福州电气学塾(电报学堂)和 1880 年 9 月天津电报学堂相继开设,于 1881 年在天津设立医学馆(1893 年由政府接管更名为北洋医学馆)也成为清政府自办西医学校的开始。

洋务学堂的陆续开设又一次将近代职业教育推向社会的前沿,学者也随之展开系列论述以催促清政府进行改革。1879 年著名学者薛福成在其《筹洋刍议》一书《变法》篇中主张通中外之情,酌变成法,其主张鲜明地显示了洋务派从事洋务活动的原则是"变器不变道"。② 其后,申请开办洋务学堂的奏折纷至沓来:1883 年 1 月 23 日山西道监察御使陈启泰上《奏陈扩充海防管见折》,1884 年 7 月 9 日,国子监司业潘衍桐奏请开设艺学科,1892 年 6 月湖北矿务局设采矿工程学堂,1893 年 11 月张之洞仿照北京同文馆的办学模式在武昌设立自强学堂。1894 年孙中山上书李鸿章建议兴办农工商等实业学堂,1895 年山海关铁路学堂成立。其后,上海农学会、杭州蚕学馆等农科学堂也相继开设。这一系列开设洋务学堂的建议逐渐动摇了延续千年的经史之学为主体的教育制度。

对清末教育制度进行改革是洋务运动持续深入的结果。在 1894 年何启、胡礼垣在《新政论议》一书中首次发出对教育体制进行改革的呼声,认为兴办洋务必须对教育制度进行改革,主张在地方开设各类专业学校,培养专业人才。③ 1896 年梁启超发表《论师范》,提出建议以应对时下开办洋务学堂过程中教师需

① 宋荐戈:《中华近世通鉴·教育专卷》,中国广播电视出版社 2000 年版,第 12 页。

② 宋荐戈:《中华近世通鉴·教育专卷》,中国广播电视出版社 2000 年版,第 14 页。

③ 宋荐戈:《中华近世通鉴·教育专卷》,中国广播电视出版社 2000 年版,第 20 页。

要与培养问题。同年8月康有为上奏开设农学堂,光绪帝谕各省府州县皆设农学堂,广开农会,办农报等,其余工学,商学事宜亦着令一体认真办理。张之洞也撰写《劝学篇》,提出开办新教育的系列主张。学者对教育制度进行反思和论证显然已经开始触及清朝封建制度的基础,其观点也逐渐与洋务派提出"中学为体,西学为用"的教育主张发生碰撞,这种碰撞对当时新教育的发展产生了很大影响。

在"中学为体、西学为用"的思想主导下,洋务运动时期实业教育呈现以下特征。洋务学堂的培养目标从培养仕宦之才转变成造就外交翻译、水陆军事、机械制造、电报、矿务、企业管理等实用人才;洋务学堂的教学内容主要不是"经史之学",而是曾被保守派视为"奇技淫巧"的西方近代科学技术知识;洋务学堂改变了传统的僵硬死板教学方法,转而重视实际操作能力的培养。这些变化既包含对中国传统文化继承的成分,又将西方先进教育理念融入其中,较之鸦片战争初期的实业教育,已经有较大进步。此外,洋务运动时期实业教育以军事技术教育为主、开实业留学的先河、清政府重臣要员参与办学、学生多为官办定向培养等特点也体现出该时期实业教育为政府所主导。但是,回顾洋务派办学的历程,兴办实业虽是政府行为,但因洋务学堂大多为应急而随机设立,难成系统,实业教育发展仍面临若干体制性问题。

总之,洋务教育打破了单一的传统科举教育模式和"为仕而学"的传统观念,是教育与工业生产相结合的肇始,从其培养目标、教学内容、教学方式来看已是近代实业教育的萌芽。

三、近代第一个学制背景下的实业教育

甲午战争前,一批具有资产阶级维新思想的早期改良派,如冯桂芬、王韬、郑观应等人,根据我国当时资本主义工商业发展的客观要求,主张学习西方,广设农、工、商等实业学堂。同时,随着洋务运动的不断深入,一些学者开始探讨通过制度改良实现国家强盛的愿望。他们一方面主张创办民用实业学堂,呼吁设立铁路、农务、蚕桑、茶务等实业学堂;另一方面主张建立近代学制,如容闳提出仿照西方做法颁定各级学校制度,广设各种实业学校。这便是历史上著名的百日维新运动。

维新运动是近代中国历史上变革思想体现在社会改革运动领域的最集中表现,维新人士主张通过改革包括教育制度在内的一系列国家制度来推动社会发展。除了维新变法中康有为、梁启超等著名人士提出改革国家制度的建议外,

1901 年 9 月山东巡抚袁世凯奏陈山东学堂事宜及《试办章程》。同年，张謇撰《变法乎议》一文，提及重视教育普及的同时也注意师范教育和实业教育，将变革的矛头直指以科举制度为核心的教育制度。维新运动期间爆发的甲午中日战争也使得清朝改革的仿效对象指向了中国的近邻日本。各家各派普遍受到西方和日本实业教育的影响，提出了各自对实业教育的认识、构想、建议，为实业教育制度的确立奠定了基础。①

1902 年管学大臣张百熙奏呈颁布《钦定学堂章程》（又称"壬寅学制"），这是中国近代第一个以中央政府名义制定的国家学制系统。该学制的特点是单独设立实业教育体系，初步形成实业教育与普通教育并举的格局，反映了我国民族资本主义生产需要实用性的技术管理人才。清政府颁布的《钦定学堂章程》包括《钦定中学堂章程》和《钦定高等学堂章程》两部分，它们分别是我国近代由国家颁布的第一个中学堂章程和第一个高等学堂章程。但这部学制公布后未正式实施。当年 9 月，《教育世界》杂志发表的《论中国极宜兴实业教育》一文指出："当今首先宜重普通教育，以尽国家之义务，以进国民之知识，而其次则为实业教育。诚以先富后教圣哲明训，国力所系，不外农商。"②在振兴实业教育的策略上，文章提出开办实业专门学堂、在小学堂增实业科、奖励实业学会和在各省成立土产工业调查局与陈列所等建议。在《钦定学堂章程》未得以实施的情况下，这些策略均成为清政府进一步完善学制系统所考虑的内容。虽然该学制没能实行，但是它所包含的具有职业教育性质的三级制度体系为中国近代职业教育的发展产生了积极的影响。此外，这一时期还确立了实业学校的办学宗旨，张之洞在 1903 年的《奏订学堂章程学务纲要》中就将实业学堂的设立要旨概括为"振兴农工商各项实业为富国裕民之本计"。③

1904 年 1 月，张百熙、张之洞、荣庆奏进"学堂章程"即《奏定学堂章程》，随即清政府公布了《奏定学堂章程》（又称《癸卯学制》），这是中国近代由中央政府颁布并首次得以施行的全国性法定学制系统。《奏定学堂章程》将职业技术教育正式列入学制系统，职业技术教育的制度化、专门化在法制层面上得到了保障。④ 其具体规定是：实业教育按层次划分四等，即艺徒学堂，实业补习学堂和

---

① 董步学、舒红群：《论近现代中国职业教育发展的三个阶段及启示》，《江西教育科研》2006 年第 4 期。

② 宋荐戈：《中华近世通鉴·教育专卷》，中国广播电视出版社 2000 年版，第 34 页。

③ 肖卫兵：《中国近代职业教育制度发展分析》，《铜陵职业技术学院学报》2007 年第 3 期。

④ 胡诚、胡萍：《中国职业技术教育及其研究的历史回顾》，《长春工业大学学报》（高教研究版）2006 年第 3 期。

初等实业学堂,中等实业学堂,高等实业学堂;按类别分为五类;在专业设置上,初、中、高等实业学堂以农、工、商、商船等为主。至此,中国现代实业教育制度初步确立。《癸卯学制》颁布时还附加《学务纲要》,详细阐述了清政府的教育制度与措施。为了更好地实施实业教育,清政府制定并颁布《实业学堂通则》、《高等农工商实业学堂章程》、《中等农工商实业学堂章程》、《初等农工商实业学堂章程》、《实业教员讲习所章程》、《师范学堂章程》、《各学堂管理通则》、《奏定各学堂奖励章程》及毕业学生考试专章、奖励专章等一系列规章。

早在洋务运动中,洋务派便举办了一些实业学堂。但这些学堂主要以培养高级技术人才为主旨,且对入学资格有严格要求,不能适应近代工商业社会对职业技术人才尤其是初、中级的技术工人的巨大需求。鉴于职业补习教育的重要性日益呈现,1904 年清政府将职业补习教育纳入《癸卯学制》,制定颁布《奏定实业补习普通学堂章程》与《奏定艺徒学堂章程》。[①] 这一系列的规章制度与《奏定学堂章程》形成中国近代第一个完整的学制体系,成为推进中国近代教育不断走向现代化的制度保证。

与《奏定学堂章程》同时颁布的教育类的法令还有《奏定进士馆章程》和《奏定译学馆章程》。《奏定进士馆章程》规定进士馆应以实用的学识对新登科进士进行实业教育类的培训,这也成为在清朝末年清政府在积极建立新学制的同时努力挽救科举制的重要表现。同时,张之洞等对各类学堂培养的人才毕业后所获取的功名给予修订,规定授予各级实业学堂毕业生以功名。因此我们可以发现,在清朝政府努力适应国际国内局势兴办实业教育的过程中,虽然清朝政府克服了重重阻力推出了近代史上第一个法定的学制系统,但因科举制仍未取消,封建教育制度的遗留问题仍然存在。

在实业教育得以轰轰烈烈的推行之际,科举制也逐渐失去了其原有的功能。1905 年 9 月科举制度废止,至此,自公元 606 年起实行了 1300 多年的封建科举制度方告废除。同年 12 月,清政府成立学部为中央教育行政机关。学部下设五司,其中实业司专管实业教育。其后的 1906 年各地方教育行政机关相继设立。1906 年 4 月学部奏准以"忠君、尊孔、尚公、尚武、尚实"五项作为新学制的教育宗旨。在此教育宗旨的昭示下,学部咨请各省举办实业学堂。同年 7 月 12 日,《学部通过各省举办实业学堂文》的颁布标志着《癸卯学制》颁布后全国实业教育体制走向规范并得以逐步确立。1908 年 4 月 5 日,学部又通令各省两年之内每

① 汪光华:《中国近代职业补习教育的发展与启示》,《职教论坛》2005 年第 7 期。

府各设中等实业学堂一所,每州县各设初等实业学堂一所,每所应收学生百名。这样,中央、省、府、州县各层次均承担起兴办实业学校的责任。《癸卯学制》颁布之后,学部担负起中央教育管理机关的职能,于 1907 年首次公布教育统计数字。1907 年,全国共有高、中、初等实业学堂 137 所,在校生 8693 人。1908 年,全国共有高、中、初等实业学堂 189 所,在校生 13616 人。1909 年全国高、中、初等实业学堂共 254 所,学生 16649 人。[①] 三年内实业学堂和就学人数的增多成为清末新学制颁布以来实业教育获得重视并得以发展的最好的佐证。

《癸卯学制》颁布使职业教育在近代历史上获得重新定位,学校担负起职业教育的任务。[②] 清朝实业教育获得了良好发展的机遇,可谓是进入了近代以来职业教育的又一个大发展时期。自 1909 年开始,学部开始通过调整实业学校办学细则,使实业教育的相关制度和管理逐步走向规范化,学部奏准的有关实业教育的相关奏折涉及实业学校的课程、经费、学制、教师、奖励等多个方面,包括实业学校授课方式在内的教学细节在学部奏准折之中也均有涉及。1911 年 7 月15 日,中央教育会在北京开会,议决案中包括振兴实业教育案。但是,随着辛亥革命号角吹响,清政府兴办实业教育的局面终结。

第三节　中华民国时期的职业教育的创立与发展

中国古代职业教育延续几千年的"民为重"、"教民生息"的思想在清朝末年的实业教育中得到了再次发扬,实业教育"授人以学识技能而使之能生存于世界"的本质也在清末得以回归。[③] 1903 年制定并于 1904 年颁布施行的《奏定学堂章程》(《癸卯学制》)则将职业教育正式列入学制系统,为近代职业教育的勃兴提供了条件,也在一定程度上改变了整个中国近代教育的面貌。[④] 但是,清末实业教育的成绩不能掩饰其背后的瑕疵,包括实业教育在内的各项社会事业均受到日薄西山的封建制度束缚,人们对新社会制度的呼唤与努力探索一直没有停止。孙中山领导的辛亥革命打破了在中国延续了两三千年的封建帝制,资产阶级共和国的成立为中国近代实业教育的发展再次创造了良机。

---

① 吴玉琦:《中国职业教育史》,吉林教育出版社 1991 年版,第 39—40 页。

② 李文玲、戚桂琴、温玉甫:《中国历史上职业技术教育的变迁》,《河北职业技术师范学院学报》(社会科学版)2002 年第 12 期。

③ 王杰、曹阳:《中国职业技术教育历史和现实发展的若干思考》,《职教通讯》2007 年第 2 期。

④ 王炳照:《中国职业技术教育问题的历史反思》,《教育学报》2005 年第 2 期。

一、北洋政府时期：实业教育向职业教育的转型

1911年辛亥革命胜利，建立了资产阶级民主共和国。新政府为巩固其统治，自然重视经济发展，人民也渴望发展经济，改善生活。由此，在清末实业发展的基础上迅速掀起了一个如火如荼的振兴实业热潮。此时正逢第一次世界大战，帝国主义国家忙于战争，无暇东顾，中国民族工业产品在市场上减少了竞争压力，民族工业发展出现了一个难得的大好时机。可以说，振兴实业高潮的出现和经济的发展是国内外政治经济条件共同作用的结果。

（一）《壬子癸丑学制》出台与职业教育调整

资产阶级共和国成立后，政府一直致力于从形式上建立资产阶级教育体系。1912年1月19日蔡元培担任临时政府教育部第一任教育总长，1912年1月29日教育部通电全国各省都督府筹办社会教育。为了巩固资产阶级民主革命的成果，教育部颁布了第一个改造封建教育的法令——《普通教育暂行办法》。《暂行办法》共有14条规定，其中有一条专门指出在小学阶段加强小学手工教育。1912年9月，公布了《壬子学制》，1913年8月又陆续颁布了《实业学校规程》，《实业学校规程》共7章60条，对实业学校的编制、设备、修业年限、学科程度等作出具体规定。《壬子学制》和《实业学校规程》综合成一个更加完整的学校系统，即《壬子癸丑学制》。这个学制将实业学改为实业学校，分甲乙两种，甲种与中学平行，乙种与高小平行。甲种实业学堂施以完全意义上的普通实业教育，以省立为原则；乙种则施以简易实业教育，招收初等小学毕业的人员，以私立为原则，城镇、乡及私人均可设立。两种实业学校均以教授农、工、商必需的知识能为目的，均三年毕业。另外，还规定补习科、专修科、小学教员讲习所等是实业学校的附设或特设学科。《壬子癸丑学制》基本上延续了清末学制，职业、实业学校仍列入正式学制，确立了专门学校、中等实业学堂、补习科、专修科等在内的多样化办学体制。①

民国初期的实业学校只有中、初两级，程度较浅，理论性较弱，更强调传授技艺，操作性很强。这个时期，全国各省的实业学校发展很快。据统计，1912年全国各省有实业学校425所，到1922年已增加到842所。② 其中，设立实业学校最多的是江苏省，有142所，最少的是绥远省，只有1所。按当时所统计的23个省计算，各省平均约有37所。为了打通初级、中级实业学校与大学间的关系，

---

① 王炳照：《中国职业技术教育问题的历史反思》，《教育学报》2005年第2期。
② 吴玉琦：《中国职业教育史》，吉林教育出版社1991年，第45页。

1912 年 8 月 12 日，教育部通告各地，要求实业学校须按照规程设置本科和预科，方准立案。8 月 18 日教育部又发出通知，要求甲种和乙种实业学校都应将该校的各项情形报告教育部备核。两个通知的发布强化了实业教育办学主体间的衔接。

与清末事业教育制度相比，《壬子癸丑学制》在以下两个方面作了调整和突破：在保留初、中级实业学堂基础上，将高等实业学堂改为专门学校，划归高等教育；在扩大实业教育门类的同时对女子实业教育作了特别规定，这是民国时期实业教育逐步摆脱清朝封建思想束缚的表现。1914 年 8 月，著名实业教育家张謇在江苏南通设立女工传习所就是该时期女子实业教育中的典范。《壬子癸丑学制》的出台是民国时期实业教育制度化的开始，极大地推动了职业教育实践的发展和深化。在此制度推动下，全国实业学校在 1912—1916 年间发展迅速，成为民国建立初期实业教育发展的黄金时期（参见表 1.1）[1]。1916 年，袁世凯复辟帝制，辛亥革命果实被篡夺，民国初年的教育改革受到破坏，刚刚有所起步的职业教育也被"尊孔读经"的浊流冲击，实业学校的学生人数下降。其后，随着全国人民声讨复辟帝制的呼声高涨，各种教育方针、政策又逐渐得到恢复和发展。但是实业学校数量却受到复辟严重影响，数量锐减。

表 1.1　1912—1916 年我国实业学校发展情况统计表

类　别	1912 年	1913 年	1914 年	1915 年	1916 年
学校数	425	481	527	585	525
学生数	31736	29790	31774	31218	30089

辛亥革命成功地从形式上建立起资产阶级教育体系，但这一体系却受到来自社会多方面压力的影响，未达到其预设的目标。但是在清朝政府刚刚被资产阶级共和国取代的几年时间内，因社会文化发展过程中本身所具有的惯性，中国封建社会浓厚的轻视技术、技艺的传统并没有因新政权的建立而发生本质的变化。但民国初年实业教育制度的确立在封建教育制度中打开了一个缺口，使传统的封建伦理教育不得不让位给言利、生利、兴利，亘古不变的"道"不得不臣服于"器"和"艺"，新的职业教育发展观正在形成，尽管其过程是十分缓慢的。[2]

---

① 廖承琳、吴洪成：《近代中国学制演变与职业教育发展》，《西南师范大学学报》（人文社会科学版）2004 年第 30 期。

② 董步学、舒红群：《论近现代中国职业教育发展的三个阶段及启示》，《江西教育科研》2006 年第 4 期。

（二）中华职业教育社推动下的职业教育

民国成立前后，为适应近代经济生产，培养新型劳动力的社会的呼声与日俱增，使职业教育形成并兴起为一股教育潮流。在社会各界人士的共同推动下，职业教育作为一种人们所期望的能够解决社会发展问题的选择而登上社会舞台。20 世纪初，随着西方现代职业教育思想和办学模式的转入，国内知识界便掀起了有关职业教育的探讨。在诸多有关职业教育的探讨中，呼吁政府开办职业教育成为一种具有代表性的观点。1912 年，《进步》杂志刊登了《官立学校宜注重职业教育》的文章，呼吁官立学校开办职业教育，以更好发挥政府在职业教育办学中的作用。1913 年，《中华教育界》刊登了《论人才教育职业教育与国民教育并重》的文章，呼吁将职业教育和普通教育摆在同等重要的位置，更不应给职业教育以歧视。1915 年，陈独秀在《新青年》上发表文章提出了"今日教育方针"的四大主义，其中之一即是"职业主义"。① 除了学者通过著书立说进行呼吁外，相关学者也组成学术团体，专门对职业教育相关问题进行研究。1916 年，江苏省教育会率先提出"实施职业教育方法案"，并成立了全国第一个省级"职业教育研究会"。②诸多探讨与呼声将人们对职业教育的认识不断推向深入，也昭示着中国职业教育发展即将进入一个新的时期。

1917 年 5 月，中华职业教育社的成立将这次教育潮流推向第一个高峰。③1917 年，著名教育家黄炎培联合教育界、实业界人士蔡元培、梁启超、张睿等 42 人创办了中华职业教育社，大力推进职业教育。7 月，《教育杂志》第 9 卷第 7 号发表黄炎培拟定的《中华职业教育社宣言书》。《宣言书》结合中国教育实际指出："教育普及，则社会国家一切至重要至困难问题，根本上皆得缘以解决也。""方今最重要最困难之问题，莫生计若。而求根本上解决此问题，舍沟通教育与职业，无所为计。"④该文全面地论述了开展职业教育的指导思想、工作方针和实施方案，是中华职业教育社的纲领性文件。同时，该文也第一次将民国成立以来社会各界对职业教育的认识进行了完整的梳理。在《宣言书》中，推广、改良职业教育并使职业教育"为个人谋生之准备"的宗旨得到强化，黄炎培对广义的职业教育进行的阐释也成为其后提出"大职业教育"理念的先声。"使无业者有业，使有业者乐业"理念的提出让社会对职业教育的功能有了更简明也更深刻的认识。⑤ 在《宣

---

①② 王杰、曹阳：《中国职业技术教育历史和现实发展的若干思考》，《职教通讯》2007 年第 2 期。

③ 董步学、舒红群：《论近现代中国职业教育发展的三个阶段及启示》，《江西教育科研》2006 年第 4 期。

④ 黄嘉树：《中华职业教育社史稿》，陕西人民教育出版社 1987 年版，第 22 页。

⑤ 王杰、曹阳：《中国职业技术教育历史和现实发展的若干思考》，《职教通讯》2007 年第 2 期。

言书》发表的当日,中华职业教育社宣布发行《教育与职业》月刊,蒋梦麟任总编辑,这是中国近代以来中国学术界最早创设的以研讨职业教育为己任的学术期刊。

中华职业教育社成立后,随即开展活动,致力于推进职业教育发展和理念的传播。1918 年 7 月,中华职业教育社在上海举办全国职业学校成绩展览会,全国职业学校和普通学校之职业科均有展品参展,这是中国近代较早开始对职业教育成就进行的汇总。8 月 17 日,中华职业教育社发起并于上海成立全国职业学校联合会,为职业学校搭建了交流合作的平台。8 月 20 日,中华职业教育社在上海陆家浜成立中华职业学校,以"敬业乐群"为校训,提倡手脑并用,重视生产劳动技能的训练和职业道德的培养。截止 1952 年,中华职业学校培养的学生逾 7000 人,为民国时期职业人才的培养做出了卓越的贡献。除了办学外,中华职业教育社把调研视为开展职业教育实践活动不可缺少的环节,成立不久(1918年 8 月)就组织农业教育研究会对农业教育制度进行专题调研。中华职业教育社非常重视与其他部门合作,共同推进职业教育,1919 年 7 月与上海留法俭学会共同组织留法勤工俭学预备科,与上海商科大学、上海市商会等共同合作组建商业补习教育研究会等。中华职业教育社聚集了社会各界关注职业教育的精英人士,成立初期的活动对政府及社会各界影响甚大。

在中华职业教育社及其推动职业教育发展理念的影响下,政府对职业教育制度进行改革和调整也陆续展开。1917 年 3 月 2 日,教育部发出通知,称"查实业学校工业一种应用最广,设备最难,非备有实习工场,其操作技能莫由造就",要求今后"无论甲种、乙种工业学校,所有工场,均应完全设立,其组织设备布置,一照普通工厂办理",并且要求教师"除通习科目及必须在教室内讲授之学科外,尽可能就工场施教,实地工作,以资训练"。① 1917 年 3 月 12 日教育部出台规定,将中学后两年分为一部、二部,二部减少普通课程,加习农业、工业或商业,成为中学设职业课程的先声。同年 10 月,教育部在北京召开全国实业学校校长会议,最终作出的 39 项决议案中就特别加强实业学校和普通学校的联系、实业学校根据各地方状况适应地方需要等问题进行了专门说明,是当时政府结合国内现实需求和西方先进理念,提出并解决国内职业教育发展中的系列问题的开始。② 1918 年 2 月 4 日,教育部发出通知,要求国家承担实业学校学生在校期间

---

① 琚鑫圭、童富勇、张守智:《中国近代教育史资料汇编》(实业教育、师范教育),上海教育出版社1994 年版,第 178—179 页。

② 王炳照:《中国职业技术教育问题的历史反思》,《教育学报》2005 年第 2 期。

的某些费用,获得资助的学生毕业后应在本省或地方实业机关服务一定年限,并酌给津贴。12 月 5 日,教育部还针对各省区两类实业学校的招生资格问题作了说明,以更好地发挥实业学校毕业生投身于社会建设的作用。1919 年 9 月 16 日,教育部训令重申实业教育的主旨,指出实业学校毕业生应面向地方建设需求,开设相应学科,明确要求,在职业教育发展过程中应"以学术助之发达",较早指出了职业教育研究对实践活动的重要指导作用。

在与中华职业教育社推进职业教育实践同期,全国其他民间组织、学校和学者等也通过多种形式探讨当时职业教育发展的问题与对策。1918 年,全国教育会联合会拟订《职业教育进行计划案》,对当时实业学校"所用非所学"的现象进行了分析,建议通过调查研究调整教学。《计划案》还对职业学校师资培养、职业补习及女子职业学校的设立问题进行了强调与说明。① 在平民教育思想的影响下,该时期的学者和各类教育团体将职业教育和平民教育思想相结合,提出很多真知灼见,并推动着职业教育走近平民生活。1919 年 2 月 14 日,李大钊在《晨报》发表《劳动教育问题》一文,主张广泛设立劳工补助教育机关,给工人以知识教育。② 同年 4 月,北京高等师范学校创办平民学校。1920 年 1 月 24 日,北京大学学生会主办的平民学校开学。同年 7、8 份,陶行知和晏阳初等人也均开始通过提倡推行平民教育思想,引导社会和公众接受职业教育。

1919 年五四运动把"民主"、"科学"的思想推到了思想界的前沿,职业教育思潮和实践在全国更大范围内产生影响。在平民教育思想等教育思潮的共同推动下,职业教育的受众范围进一步扩大,普通民众逐渐走入职业学校,或参加职业补习。随着职业教育思想的深入人心,职业、实业学校得到了空前的发展并不断完善,办学方式也更加多样化,除政府办学外,民办、私立职业学校也陆续大量涌现并成为职业教育系统的重要组成部分。

(三)1922"壬戌学制"背景下的职业教育

《壬子癸丑学制》的出台及中华职业教育社的成立将职业教育思想在中国的传播推向第一个高潮。民国初期,民族工业得到稳步发展,再加之人们对职业教育探讨的深入,要求在中国建立职业教育制度的愿望和呼声更加强烈,发展职业教育逐渐成为社会的迫切要求。

---

① 琚鑫圭、童富勇、张守智:《中国近代教育史资料汇编》(实业教育、师范教育),上海教育出版社 1994 年版,第 194 页。
② 《劳动教育问题》,载《李大钊文集》,(上)参见 http://cpc.people.com.cn/GB/69112/71148/71151/4847168.html/2008 - 10 - 18。

1922 年,全国教育联合会经过 7 年的讨论,完成了中国学制改革的相关研究,出台了《学校系统改革法》,史称"壬戌学制",又称为"新学制"。《学校系统改革法》对职业教育作出了若干详细规定。[①] 在原来实施普通教育的中小学内渗透并增加职业教育内容:在小学较高年级斟情增设职业准备的学科;在施行普通教育的初级中学根据地方需要兼设职业科;在高级中学设置多科职业教育课程。"壬戌学制"同时提出增加职业学校修业年限,提高课程开设的灵活性,设立相应的教员养成科推动职业教育教师队伍建设等相关要求。"壬戌学制"对职业学校设置作了较大调整,将乙种实业学校改为初级职业学校,甲种实业学校改为高级职业学校或高级中学中的农、工、商、家事等职业科。"壬戌学制"还有一明显的特点,就是兼顾了升学与就业。"壬戌学制"规定的职业教育制度指导思想有 7 条,全面地揭示了职业教育与社会、个人的关系。"壬戌学制"颁布的同时,政府鼓励并支持民办、私立职业学校的发展。"壬戌学制"颁布与施行在我国职业技术教育发展史上具有划时代意义,不仅奠定了我国职业技术教育的基础,而且也是官方第一次正式以职业技术教育取代了清末以来的实业教育的称谓。[②]在五四运动的精神影响下,"壬戌学制"体现出的是一种民主气息和科学精神。在"壬戌学制"基础上建立起来的职业教育制度渗透着职业教育紧密联系中国经济和生产实际、人民生计和生活的思想。"壬戌学制"标志着中国近代职业教育体系正式确定,职业技术教育正式成为我国近现代教育的组成部分。

"壬戌学制"出台后,作为学制调整相适应的其他工作也正式陆续展开。[③]首先,与学制实施最相关的课程改革在"'壬戌学制'课程标准起草委员会"积极推动下进行着。1923 年制定并颁布的《"壬戌学制"课程标准纲要》对"壬戌学制"的有关规定从课程上作了贯彻实施,如高级中学可兼顾升学与就业的双重需要,酌情分设普通科与职业科。职业科的专业设置主要为就业准备,分农、工、商、师范、家事诸科。高级中学和初级中学中所设的选修课均很重视职业科目。其次,在"壬戌学制"的推动下,职业指导的地位和作用得到强化。[④] 1923 年 8 月中国劳动组合书记部拟定的《劳动立法原则》突出了"劳动补习教育"的重要地位,提出政府应"以法律保证男女劳动者有受补习教育之机会"。1923 年中华职

---

① 琚鑫圭、童富勇、张守智:《实业教育、师范教育》,见《中国近代教育史资料汇编》,上海教育出版社1994 年版,第 202－203 页。

② 胡诚、胡萍:《中国职业技术教育及其研究的历史回顾》,《长春工业大学学报》(高教研究版)2006年第 3 期。

③ 肖卫兵:《中国近代职业教育制度发展分析》,《铜陵职业技术学院学报》2007 年第 3 期。

④《壬戌学制》,参见http://baike.baidu.com/view/912294.htm/2008－11－18。

业教育社对当时各种职业教育加以分类,整理了我国近代以来最早的"职业分类表"。1924 年 4 月,原职教社职业指导部改为职业指导委员会,在上海、南京等地进行职业指导活动,职业指导委员会还与普通中学合作,试行职业指导。次年 2 月 5 日,中华职业教育社派员分赴各地指导职业教育的实施工作,并调查各地的工商业状况、教育情形以及学生出路等问题。这与 1928 年后教育部陆续通过的职业指导相关的方案有效结合,形成了民间组织和官方指导共同推动、职业指导制度不断走向专业化和规范化的新局面。第三,作为灵活性强的职业补习活动逐步得以开展。中华职业教育社自成立之初就非常重视职业教育补习活动,曾开设艺徒班、工商补习夜校尝试开展职业补习教育。截至 1926 年,中华职业学校每年秋季都开办职业补习教育。中华职教社还邀请行业及教育家共同组织补习教育委员会,拟定补习教育设施标准与办法,设立相关补习学校。1922 年,中华职教社联合上海商会、国立东南大学的上海商学院成立了上海商业补习联合会,并邀请工业界人士参加。除了中华职业教育社引导推动职业补习外,也有些工厂设立了补习学校。到 1926 年,职业补习教育已经取得了很大的进展,职业补习学校及补习所多达 99 所。①

"壬戌学制"颁布后,职业教育的发展也受到了平民教育思想及其实践的推动。陶行知在《平民教育概论》一文中指出,平民教育是一个平民读书运动,是将来普及教育的先声。② 在平民教育思潮的影响下,晏阳初等教育家和中华平民教育促进会、中华职业教育社等教育团体一道共同致力于中国乡村平民教育建设运动,在传播平民教育思想的同时,在全国建立了若干所平民学校,向广大平民尤其是农民传授包括识字在内的知识。1926 年 12 月,湖南省第一次农民代表大会通过《农村教育决议案》,指出省农民协会应从速编写农民学校教材,尽快实现农民教育的普及。1926 年 12 月,中华教育改进社发表了由陶行知起草的《改造全国乡村教育宣言书》,将乡村教育的功能提高到进行乡村改造的中心地位,和平民教育思想共同成为该时期农村职业教育发展的认识源泉。

新学制建立后,职业教育交流日益频繁,交流形式和关注焦点日益丰富。1922 年 2 月,第一届职业学校办学成果展览会在上海举行,1922 年 7 月 3 日和 1923 年 5 月全国职业学校联合会在济南举行第一届年会和第二届代表大会成为继中华职业教育社成立后推动中国职业教育发展交流和发展的新平台。1926

① 吴玉琦:《中国职业教育史》,吉林教育出版社 1991 年版,第 51 页。

② 陶行知:《平民教育概论》,原载 1924 年月 10 月《中华教育界》第 14 卷第 4 期。参见 http://www.douban.com/group/topic/1067770/2008 - 10 - 19。

年 5 月 6 日，中华职业教育社年会召开，职教社的章程得以修改完善，在原有机构的基础上增设评议部，目的是对职业教育相关问题展开讨论，针对性地提出建议和改革对策。中华职业教育社召开年会的同时，江浙两省职业学校办学成果展览会和职业学校联合会第五届年会也顺利召开，成为职业学校探索职业教育办学经验、展示成就的平台。

新学制建立后，职业学校的名称取代了实业学校。职业学校第一次名符其实地出现在教育史上，堂而皇之地迈出了登上大雅之堂的第一步。[①] 职业教育的发展在办学数量和质量上也呈现出新变化。据 1926 年统计，全国各级各类职业技术学校和机构由 1916 年的 585 所增加到 1518 所，增加了近两倍。据统计，1926 年据统计，全国共有职业学校 154 所，学生 18011 人，经费 1760493 元。1925 年，全国有专门学校 58 所，教员 2909 人，学生 11043 人，经费 3235372 元。从民国 5 年至 14 年的 10 年间，全国专门学校明显减少。[②] 据中华教育改进社的调查，北京市在 1924 年、1925 年两年间的大学由 12 所增至 29 所，成为当时世界大城市中大学设立最多的城市。其原因主要是新学制颁布后，许多专门学校升格为大学。

新学制颁布后的 20 世纪 20 年代中期，我国职业教育进入快速发展期，不仅形成了独立的教育结构，同时造就了如黄炎培、张謇、郑观应、陶行知、陆费逵、蒋梦麟等一批职业教育的先驱，在职业教育理论和实践方面都有许多建树。早在 1913 年，黄炎培等职业教育家针对中国实业学校的办学脱离实际的做法率先提出用"实用主义"来指导实业教育发展的思想。他们还怀着救国救民的愿望，借鉴西方，摸索在中国实施职业教育的路子，积极倡导职业教育，并给近代职业教育以正确的定位。黄炎培提出推行职业教育旨在"为个人谋生之准备"、"为个人服务社会之准备"、"为世界、国家增进生产力之准备"，主张通过"改良职业教育"，"改良普通教育，为适于职业之准备"，以达到职业教育的终极目标：使无业者有业，使有业者乐业。在 1925 年和 1926 年之交，黄炎培在《教育与职业》杂志上发表的《提出大职业教育主义征求同志意见》一文中指出，在兴办职业学校过程中须加强和教育界、职业界的联络和沟通，职业教育须通过参与全社会的运动。本着"大职业教育主义"思想，黄炎培又提出了兴办职业教育应遵循"社会化"、"科学化"的办学方针，"手脑并用、做学合一"作为兴办职业教育实践过程中

---

① 吴应彪：《中国职业技术教育的历史概况与现状分析》，《曲靖师专学报》1999 年第 4 期。

② 此数据根据《第二次中国教育年鉴：民国二十三年至三十六年》第十四编第 32 页并与《第一次中国教育年鉴》丙编第 375 页合并计算得出。

的基本教学原则。敬业乐群、劳工神圣、人格完整等职业道德观也是黄炎培赋予职业道德教育鲜明的时代特征。① 黄炎培提出的"大职业教育主义"是 20 世纪 20 年代中国职业教育思想的发展和深化的代表性成果,成为中国职业教育发展进程中影响深远的职业教育思想,也是民国时期职业教育思想家对职业教育内涵进行探索过程中的重大突破。

二、南京国民政府时期:对职业教育制度的丰富与调整

国民政府建立至"壬戌学制"公布的一段时间内,职业教育从产生、发展,到在整个学制系统中占有一席之地,是社会的重要进步。但是,由于北洋政府时期战乱不断,政府作为极为有限,民间人士和教育团体在职业教育发展的推动作用较为突出。南京国民政府成立后,政府在推动职业教育发展过程中的作用开始增强。南京国民政府发布的《国民政府宣言》,提出国民革命 4 条方略,其中提倡保护国内实业和保障农工团体利益并扶助其发展成为国民革命方略的主要内容。在此政策下,该时期职业教育逐步走向制度化的道路。②

南京国民政府基本继承"新学制"同时也开始不断颁布并调整相应教育政策。新学制实施使学校教育办学体现出"综合化"的倾向,一定程度上适应了学生的年龄特征和中国社会现实,但与此同时,职业教育发展缺乏独特性和独立性的缺陷也日益明显,职业教育教学与普通教育教学的趋同直接导致职业教育成效不大的窘境。鉴于此,南京国民政府对职业教育制度进行调整,主要体现在 1928 年前后和 1932—1933 年间两次出台的职业教育新举措上。

(一)国民政府职业教育政策调整及其引发的职业教育思潮

北洋政府时期在中华职业教育社等社团推动下形成的职业教育思潮于 1926 年进入低谷,社会一般人士对职业教育的作用普遍失去信心。在中华民族面临的政治、经济、教育危机加重的背景下,南京国民政府开始研究并反思"新学制"给中国职业教育带来的影响,在此基础上逐步推进各项职业教育改革。

1928 年 5 月 15 日,国民政府成立后的第一次全国教育会议召开。会议对"新学制"以来教育发展状况进行了总结性评价,在此基础上通过了《整理中华民国学校系统案》,即"戊辰学制"。"戊辰学制"与 1922 年的"壬戌学制"大致相同,只是在职业教育政策上作出了如下调整:在"中学暂行条例"中规定

---

① 黄嘉树:《中华职业教育社史稿》,陕西人民教育出版社 1987 年版,第 73—75 页。
② 董步学、舒红群:《论近现代中国职业教育发展的三个阶段及启示》,《江西教育科研》2006 年第 4 期。

初级中学施行普通教育,视地方需要兼设多种职业科;高级中学分普通科,及农、工、商、家事、师范等科,可酌情单设普通科;农工商师范等科单独设立为高级职业中学,修业年限以三年为原则;中学初级三年以上得酌行选科制。这些改革总体上仍然延续了中等教育综合制的政策思路。1930 年国民政府教育部通令限制设立普通中学,从 1931 年起各普通中学一律添设职业科目或附设职业科。

在推行学制改革的同时,国民政府不断出台扶持措施,不断加大对职业教育的投入和支持。1931 年 1 月 26 日,国民政府教育部通令各省市增筹社会教育经费,使其务必达到该省市县乡教育经费 10%～20% 的标准;各省市教育厅、局应设置管理社会教育之专科;县教育局亦应设立管理社会教育之专科或专员。① 1931 年 4 月 2 日,国民政府教育部发出通令,要求各地从本年起限制设立普通中学,扩充职业学校;各职业学校应增加经费,充实设备;各县立中学应逐渐改组为职业学校,自该年度起停招普通中学生,改招职业学生;各县市及私人呈请设立普通中学者,应分别督促或劝令其办农工等科职业学校;并在普通中学内一律添设职业科。② 1931 年 4 月,教育部公布《职业教育设计委员会规程》。1931 年 9 月,教育部召开首次职业教育设计委员会,对职业教育如何发展问题进行集中磋商和研讨。委员会先后议决案有《职业学校设施原则》、《职业学校设施标准》、《职业学校生产实习标准》等。

国民政府始自 1928 年的教育改革并没有真正解决职业教育发展中的主要问题,也没有消除"新学制"对职业教育发展带来的不良影响。但是,政府的一系列措施意外地刺激并引发了教育界对职业教育的浓厚兴趣,掀起了第二次职业教育思潮,社会对职业教育的提倡和研究再显高潮。③ 此次职业教育思潮不仅以解决我国教育不切实际、不实用的弊病为重要任务,而且把修正 20 世纪 20 年代以来我国职业教育自身严重脱离社会生产,脱离人民生活实际的问题作为任务之一。此次教育思潮的高涨最明显的体现在 1931 年。该年度共展开了四场规巨大、影响全国、以提倡并改革职业教育为主题的讨论。中华职业教育社社刊《教育与职业》杂志率先以中等教育改革问题进行探讨。其后,以蔡元培为首的一批名流发表倡导职业教育的宣言,成为大力发展职业的响亮口号。《中华教育

---

① ② 黄炎培:《中国职业教育三十年来大事表》(1917 年 5 月—1947 年 4 月),《高等学校中英文图书数字化国际合作计划》(民国图书)1947 年第 18 页。

③ 董步学、舒红群:《论近现代中国职业教育发展的三个阶段及启示》,《江西教育科研》2006 年第 4 期。

界》就中华民族出路和中国教育出路问题进行讨论,引发了社会各界对教育作用的关注。作为一直关注并致力于中国职业教育发展的学术团体的中华职业教育社也承办了教育部支持召开的第九次全国职业教育讨论会。

(二)1932—1933 年学制背景下的职业教育发展

经过 1928—1932 年间职业教育思潮的传播和实践,职业教育的经济功能和作用已为社会各界所认识,把与经济、民生联系最为紧密的职业教育作为教育发展的重点已成为共识。1932 年以后职业教育思潮进入继续发展期。理论界关注的重点开始转向如何办职业教育才能克服职业教育脱离实际、不切实用的弊端,满足国家经济建设需要和解决人民生计问题的需要。

在此职业教育思潮的促进下,1931 年 2 月国民党中央执行委员会审议通过《确立教育目标与改革教育制度案》,对普通中学、职业学校和师范学校三类学校作了改革规划。作为规划的进一步细化,1932 年 12 月国民政府公布了《小学法》、《中学法》、《师范学校法》及《职业学校法》。至此,源于"新学制"的综合制被取消,普通科、职业科与师范科分校设置的状况得以恢复。《职业学校法》突出了职业教育地位,加之一系列职业教育法令法规陆续颁布,相对完备的职业教育制度初步确立,职业教育实践也有了长足的发展。①

1932 年 2 月 1 日,国民政府教育部、实业部公布了《劳工教育实施办法大纲》。②《大纲》规定劳工教育分识字训练、公民训练及职业补习三种,各地方应于最短时间内按工人教育程度分别实施。2 月 17 日,国民政府公布《职业学校法》,共 17 条。该法规定职业学校以培养青年生活之知识与生产之技能为宗旨。职业学校分初级和高级两种。初级职业学校招收小学毕业生或从事职业具有相当程度者,修业年限 1 年至 3 年。高级职业学校招收初级中学毕业生或具有相当程度者,修业年限为 3 年。若招收小学毕业生或相当程度者,修业年限为 5 年至 6 年。职业学校招收学生均应入学考试及格。职业学校按所设科别,称高级或初级某科职业学校;其兼设二科以上考试,称高级或初级职业学校。由省县市设立者为省立市立或县立职业学校;由两县以上合设者,为某某县联立职业学校;由私人或团体设立者为私立职业学校。职业学校之设立、变更及停办,其由省或直隶于行政院之市设立者,由省市教育行政机关呈请或核准后转呈教育部备案。

---

① 王昆欣:《中国百年职业教育发展回眸》,《教育与职业》2004 年第 29 期。

② 黄炎培:《中国职业教育三十年来大事表》(1917 年 5 月—1947 年 4 月),《高等学校中英文图书数字化国际合作计划》(民国图书)1947 年版,第 20 页。

1933 年 3 月 18 日，国民政府教育部公布《职业学校规程》，共 13 章 96 条。《规程》规定职业学校为实施生产教育之场所。初级职业学校教授青年较简易之生产知识与技能，以养成其从事职业之能力；高级职业学校授予青年较高之生产知识与技能，以养成实际生产及管理人才，培养其向上研究之基础。初级职业学校分为农业、工业、商业、家事，其他专业视地方需要酌设。高级职业学校分为农业、工业、商业、家守，其他职业视地方需要酌设。《规程》还对职业学校的设置与管理、经费、设备、实习、训练、成绩查考及毕业、学年学期及休假日、纳费及待通、教职员等作了具体的规定。这个《规程》又于 1935 年 6 月 28 日修正公布。修正要点是：增加了关于职业学校校名与暑假总练习及平时所习各种技术方法的规定。职业学校可根据地方社会需要，酌设《规程》内未列之科目。1947 年 4 月 9 日，国民政府第二次修正公布了这个规程。

在继承"新学制"的"六三三四"基本学制框架的基础上，1932—1933 年学制通过让"职业教育自成系统"给予职业教育以重要地位，纠正了综合制中职业教育"流于空泛"的弊端。以单科设置为主的职业学校通过职业补习和各种短期培训让职业教育和社会各行业的实际需求联系更加紧密。这也是中国职业教育制度的成熟阶段的开始。

（三）相关配套法规和制度的出台

虽然"1932—1933 年学制"以法定的形式宣布中国近代职业教育制度正式确立，但是在现实实施过程中还是表现出诸多不完善之处。在职业教育界的共同努力下，1933 年 12 月 17 日国民政府公布了《职业学校法令》，规定了职业学校的设立、招生、校长选拔等内容；1937 年 6 月 29 日，国民政府教育部公布了《修正职业学校规程》，该规程共 13 章 98 条，分为总纲、设置及管理、经费、设备、编制、科别及课程、实习、训练、成绩考察及毕业、学年学期及休假日期、纳费及待遇、教职员、附则 13 个部分，对职业教育各个方面进行了详细规定，这标志着我国近代职业教育制度法制化，已经走向成熟。[①]

1. 配套法规不断完备

为了加强对职业学校师资的培养与训练，1933 年 10 月国民政府教育部公布了《各省市职业学校职业学科师资登记检定及训练办法大纲》；1935 年 1 月颁布了《办理职业教育应行注意各点》；1936 年 1 月颁行《考察职业学校办理成绩应注意要项》；同年，又公布《职业学校设备标准》和《补助公私立优良职业学校办

① 肖卫兵：《中国近代职业教育制度发展分析》，《铜陵职业技术学院学报》2007 年第 3 期。

法》；1935 年 8 月颁布《高级助产职业学校暂行通则》；次年 4 月发布《高级助产职业学校附设助产特科办法》。为加强对职业教育的行政指导，教育部于 1935 年颁布了《各省市职业教育行政机关设置职业指导组暂行办法》。为推行建教合作，教育部于 1936 年 2 月制定《职业学校与建设机关协作大纲》，次月颁布《职业学校设置顾问委员会办法》。为更好地发挥职业指导的作用，教育部于 1933 年 7 月 4 日公布《各省市县教育行政机关暨中小学施行升学及职业指导办法大纲》，规定小学自五年级起，初中、高中自二年级起，均应实施升学及职业指导。这一系列法规完善了职业教育制度，成为职业教育调整、发展的基础。

2. 职业补习教育制度陆续出台

1926 年后职业补习教育逐渐步入发展轨道。[①] 随着社会的逐渐稳定与经济发展对职业技能人才需求的增多，1929 年国民政府教育部颁令要求各地教育行政机构在地方财力允许的范围内，酌量推广妇女职业学校及妇女夜校，同时发布第 2296 号部令，将乙种实业学校改为职业补习学校，向全社会开放。同年，中华职业教育社推出甲、乙、丙三种职业补习学校，开始将工作重心转向职业补习教育，职业补习教育的发展进入高潮。据 1928—1929 年度国民政府教育部社会教育司调查，全国有职业补习学校 157 所，其中公立 117 所，私立 40 所。到 1929—1930 年度，全国职业补习学校增至 5361 所，其中公立 4840 所，私立 521 所。其中，办理职业补习教育成效最为显著的是山西省与上海市，而上海市私立补习学校、班数量之多居全国之首。[②]

重视职业补习教育、职业短训班与技工培训与职业学校正规教育的互相补充是该时期职业教育政策的重要特点。1933 年 9 月，国民政府教育部公布《职业补习学校规程》，其后公布了《职业学校补习法》和《各省市县推行职业教育程序》，1936 年 2 月又颁布了《各省市推行职业补习教育办法大纲》。这些法规要求：各职业团体、各学校包括各专科学校、职业学校、乡村师范学校、中学等，均应利用原有的设备和人才，尽力办理与学校设科性质相同的各项职业补习学校；各学校所附设的职业学校补习科目，除应与学校设科性质相同外，还应切实注意当地需要。1935 年，教育部颁发《短期职业训练班办法》，规定分甲乙两类对初中毕业生（或具有同等程度者）和高中毕业生（或具有同等程度者）进行 3 个月至 1 年的职业培训，以造就相应的职业技术人才。但此办法公布后遵办者很少，教育部乃指定已有职业学校办理各种短训班。

---

① 汪光华：《中国近代职业补习教育的发展与启示》，《职教论坛》2005 年第 7 期。
② 李华兴：《民国教育史》，上海教育出版社 1997 年版。

抗日战争爆发后，随着后方生产对职业技术人才的需求进一步加大，政府对职业补习教育愈发重视，相继颁发督促、奖励各地机关团体举办职业补习教育的律令，但连续的战争严重制约了职业补习教育的正常发展。1941 年 7 月 14 日，国民政府教育部公布《补习学校规程》，规定补习学校以传授或补充应用知识，提高学业程度为宗旨。8 月 4 日，国民政府教育部、农林部、经济部公布《公私工厂矿场农场推行职业补习教育并利用设备供给职业学校学生实习办法纲要》，规定凡 500 人以上的公私营工厂、矿场及 300 人以上的农场，应于 1 年内设置职业补习学校或训练班。其后，国民政府教育部把将《补习学校规程》和《职业补习学校规程》合并，改订为《补习学校规程》。1944 年 4 月，国民政府教育部向各省市颁发《推行职业补习教育要点》，规定推行职业补习教育的目标是增进都市职工的知识技能、服务道德及改良乡村农业与手工业，并要求各地开展职业补习教育宣传活动，筹划职业学校举办职业补习教育，督促农场、工厂办理职业补习学校。[①]

值得一提的是，中华职业教育社早在 20 世纪 30 年代就在职业补习上达成共识，即：职业教育是由职业学校教育、职业补习教育与职业指导共同组成的有机整体，这三者如鼎之三足，缺一不可。与之相应，中华职业教育社 30 年代开始将工作重心转向职业补习教育。

3. 立法保障职业教育经费投入

国民政府教育部于 1933 年 9 月制定了《各省市中等学校设置及经费支配标准办法》，规定了各省市职业学校经费在中等教育经费中所占比例，并要求从 1934 年起加大职业教育和师范教育经费的份额。10 月，教育部又颁发了《各省市推行职业教育程序》，令各地职业学校的科目设置种类应注意利用当地已有的企业或原料，改良地方旧有手工业，再次重申各省市职业教育经费至 1937 年至少应占中等教育总经费 35％的规定，要求各省市"须规定逐年递增办法，使如期达到此项标准。"

通过特定经费支持或奖励举办劳工教育成绩显著的单位或企业是国民政府鼓励社会参与职业教育的有效形式。1934 年 5 月 31 日，国民政府教育部、实业部公布《劳工教育奖励规则》，规定凡广场、公司、商店、公私团体所办之劳工教育著有成绩者，由教育、实业两部会共同发给奖状或奖匾。1934 年 7 月 20 日，国民政府实业部、教育部共同公布《劳工教育实验区组织章程》，规定为推行劳工教

---

① 黄炎培：《中国职业教育三十年来大事表》(1917 年 5 月—1947 年 4 月)，《高等学校中英文图书数字化国际合作计划》(民国图书)1947 年版，第 31 页。

育实施办法,可指定适当工业区域设立劳工教育实验区,9 月 28 日,实业部、教育部指定上海、天津、北平、青岛、无锡、武昌 6 处为劳工教育实验区,实验区本质上成为企业和政府进行职业培训、提升工作效率的重要场所。

(四)抗日战争和内战时期的战时职业教育政策

1. 抗战时期的职业教育政策

为了应对日本帝国主义的侵略,国民政府从战争需要出发不断调整职业教育政策,使职业教育服从服务于抗战的需要。1938 年 9 月 26 日,国民政府教育部颁布《江西、湖北、安徽、河南、福建等省特种教育巡回教导团战时工作纲要》,规定巡回教导团的施教内容是宣传三民主义和抗战建国纲要,从而坚强民众的抗战信念,协助壮丁训练,实施生计教育,推广识字教育。11 月 18 日,国民政府教育部制订《四川、西康、陕西、甘肃、宁夏、青海、云南、贵州、广西九省农工职业教育计划》,开办了部分职业学校。为加强后方建设所需中级技术人才的培养,国民政府教育部 1939 年 2 月 15 日颁布《各省实验分区辅导职业学校办法大纲》,要求各省教育厅会同本省及外省公私立大学、专科学校及有关生产建设、军事工业机关,根据所处地区及所设科目的便利条件,辅导各种职业学校,编订教材、选择教本以及改进教学方法。

因抗战时期地方财力有限,教育部根据战时需要,适当调整学校和专业设置。1938 年颁布了创办县市初级实用职业学校的实施办法,其后相继设立国立职业学校,创办了国立西南中山高级职业学校、国立四川造纸印刷科职业学校、国立商业职业学校、国立边疆职业学校等职业学校。1941 年前后,教育部注重在边疆地区发展职业学校,先后在边疆创办职业学校 9 所。这类学校虽然数量少,质量也并不高,不能满足当时边疆生产事业的需要,但它毕竟开创了边疆创办职业学校的先例,仍具有一定的意义。由于农业职业教育是战时职业教育发展的重点,1940 年 3 月,国民政府教育部颁布高级农业职业学校课程标准,1940年 5 月 23 日,颁布《教育部协助职业学校生产资金暂行办法》,1940 年 8 月,教育部编订高级农业职业学校各科设备标准,1942 年教育部与农林部合订《农林技术机关与农林教育机关联合与合作办法大纲》《农林建教合作实施办法大纲》等职业教育教合作计划,共同应对战争对经济、农业和交通等行业带来的巨大冲击。

在课程建设和教材建设上,1941 年 10 月国民政府教育部修订商科职业学校课程标准。在师资培养提高方面,为了稳定抗战时期职业学校的教师队伍,先后颁布《职业学校专科员工技术奖助金暂行办法》和《国立职业学校职业科目教职员补助金办法》,致力于鼓励教师从事教育教学及科研工作。在 8 年抗战期间,尽管条件十分艰苦,职业学校仍获得较大的发展。再加上 1941 年 12 月国民党五届九中全会通过宽筹社会教育经费,加紧推进社会教育以加速完成抗战建国大业案,职业教育经费并未出现非常短缺的情况。

总体上看,抗战期间职业教育并未因为战争而受到巨大的破坏性影响。1938 年全国有职业学校 256 所,学生 31897 人,到 1945 年抗战胜利,全国职业学校增加到 517 所,学生 91278 人。[①] 在上述政策支持下,中等专业学校在数量上(包括中等技术学校和中等师范学校)达到了一次高峰。

2. 内战时期的职业教育政策

抗战胜利后,国民政府教育部对职业教育一面组织复员、复课,一面积极改造职业学校并提出发展政策,协助各省市公、私立职业教育复员、增设国立职业学校。在区域调整和发展重点的布置上,国民政府督促东北、台湾举办职业学校,充实教学实习设备,督促恢复水产职业学校,提出护士、助产士等专业的职业教育推进要点,改进农业职业学校,拟定推进中等职业学校计划等。

内战时期,由于国民党忙于打仗,在人力和物力上都难于顾及职业教育,所以国民政府教育部转而提倡并鼓励非政府力量举办职业教育。1946 年 4 月 3 日,教育部公布《实业机关或职业团体办理职业学校或职业训练班奖励办法》,规定举办职业学校或职业训练班之各实业机关或职业团体必须具有充分的设备和人才,其经费可由教育部酌予补助。1946 年 8 月 7 日教育部训令各省市教育厅局,要求各级社会教育机关积极协助推进识字教育,并随训令附发了《社会教育机关推行识字教育要点》,规定各级社会教育机关要一律附设识字班。各中等学校、公司、工厂、矿场、农场等也应设立识字班。为了鼓励非政府办学的顺利开展,1947 年 7 月 9 日,国民政府教育部公布《私立职业学校立案备案补充办法》,对抗战前后私立职业学校因抗战停办而战后继续开办的立案资格进行了重新规定和说明。

(五)中华职业教育社对职业教育的持续推动

虽然政局一直动荡不安,战争连绵不断,但是这并没有阻止中华职业教育社对职业教育事业保持一如既往的关注。1928 年 5 月 13 日,中华职业教育社在苏州举行第十届年会,同时召开全国职业学校联合会第六次年会和苏州职业学校成绩展览会。1929 年 2 月 22 日中华职业教育社在无锡举行第四届专家会

---

① 熊明安:《中华民国教育史》,重庆出版社 1990 年版,第 265 页。

议,提出了职业学校设科应密切结合实际,要考虑学生生计多设小手工艺科,应在自办工厂、民众夜校、试验农场等过程中推动工业和农业发展。1929 年 3 月,中华职业教育社调查上海各种职业内容,编印职业概况专辑,并邀请心理学家谢循初、陈鹤琴等讨论职业心理测验问题。1933 年 2 月 2 日中华职业教育社在上海举行第七次专家会议,蔡元培在会上全面评价和充分肯定中华职业教育社成立 16 年来的工作,并提出使普通教育完全职业化的宏伟目标。

从抗战开始,中华职业教育社一直致力于开办职业学校并进行职业补习活动,到 1949 年仅该社就开办职业技术学校 10 所,职业补习学校 49 所,职业指导机构 25 处,先后设铁工、木工、珐琅、纽扣各科,并且开设了留法勤工俭学科、职业教育养成科、商科、职业师范科、小工艺科、文书讲习科,等等。[1]

职业教育在南京国民政府时期之所以成为一种思潮,在很大程度上是相关教育团体不懈努力的结果,其中中华职业教育社担当了中流砥柱。正是在中华职业教育社等学术社团和群众团体的执著下,民国时期职业教育政策经历了若干次改革,使社会对职业教育的认识从心理上进入认同与吸收阶段。[2]

小　　结

从夏商周时期职业教育走进"官学"到隋唐时期科举制出现后,职业教育成为科举制的重要补充,再到明清时期职业教育落后于资本主义生产方式的萌芽,延续几千年的古代中国教育历程表明,在以培养统治人才为目的、研习经史之学的"正统"的学校教育面前,职业教育并未获得与其推动中国社会发展实际所作贡献相称的"显性地位"。即使在职业教育走进官学时,培养主体和培养目标由原来的"民"变成了"官",培养的对象在来源和去向上都体现了官学化的倾向,使得古代职业教育在走向正规化的同时出现了脱离实际的严重弊端。

"隐性"存在于社会教育和家庭教育之中的古代职业教育的内容相当丰富,涉及生产、生活等各个领域的不同层次的技艺。在社会教育和家庭教育中"师傅带徒弟"、"父子相传"等是古代职业教育的特定组织方式。[3] 职业教育的发展也

---

① 王杰、曹阳:《中国职业技术教育历史和现实发展的若干思考》,《职教通讯》2007 年第 2 期。

② 赵成:《中国近代职业教育发展过程中社会心理因素的变迁》,《河南职业技术师范学院学报》(职业教育版)2003 年第 3 期。

③ 胡诚、胡萍:《中国职业技术教育及其研究的历史回顾》,《长春工业大学学报》(高教研究版)2006年第 3 期。

适应了自给自足的小农经济大环境的需求。但由于在正统教育中不占有重要地位,职业教育的发展始终难以受到官方足够的关注和重视。科举制的挤压使职业教育失去了在学校中生存的机会,而职业教育在民间自生自灭的存在方式也极大地限制了技术在社会上的传播与发展,在资本主义生产方式逐渐产生时,职业教育的"隐性"发展成为影响社会走向近代化的绊脚石。①

在古代中国始终处于"隐性"地位的职业教育在清朝末年借与西学的结合得以新的张扬,在传统"经世致用"实学教育理念下实现了突破,形成实业教育。② 吸取了"落后就要挨打"的教训后,清政府开始举办专门的实业学校,从"师夷长技以制夷"到"中学为体西学为用",再到"癸卯学制"的出台,职业教育开始"登堂入室"。因此,清朝末年近代职业教育制度的起步是新与旧、中与西不断斗争、不断妥协的过程,此种制度不是由政府自觉确立,而是由教育界有识之士发起、推动并促其形成的。③

半殖民地半封建的近代职业技术教育虽比西欧、北美的国家慢了许多年,④但近代中国特殊的国情使它具有在西方所不具有或者不明显的社会功效:她是中国社会进化和迈入近代社会的催化剂;她改变中国人的文化知识结构和思维模式;她是中国近代工业和近代军事产生的必要条件,并对它们早期的发展起着不可替代的推动作用;她对社会生计问题有一定的缓解作用。⑤

清末职业教育的发展不是一件孤零零的职业教育发展史。留学教育与职业(实业)教育在中国近代虽然均有各自的发展轨迹,但两者在中国教育近代化过程中就形成了一种极为密切的关系。洋务时期培育新式实业人才以达"自强求富"目的的历史动因催生了近代中国实业教育业,促进了留学教育的发展;晚清维新和"新政"时期留学日本成为国人寻求的一个新的学习西方的途径;实业教育地位在"癸卯学制"中首次确立更是晚清留学教育与实业教育间相互影响和相互推动的很好见证。⑥

---

① 王炳照:《中国职业技术教育问题的历史反思》,《教育学报》2005 年第 2 期。

② 王杰、曹阳:《中国职业技术教育历史和现实发展的若干思考》,《职教通讯》2007 年第 2 期。

③ 肖卫兵:《中国近代职业教育制度发展分析》,《铜陵职业技术学院学报》2007 年第 3 期。

④ 吴应彪:《中国职业技术教育的历史概况与现状分析》,《曲靖师专学报》1999 年第 4 期。具体来讲,初等职业技术教育开始兴办的时间,我国是 1902 年,比德国(1844 年)慢了 58 年,比美国(1876 年)慢了 26 年;中等职业技术教育开始兴办的时间,我国是 1860 年,比德国(1807 年)慢了 59 年,比美国(1820 年)慢了 46 年。

⑤ 王文涛:《简论中国近代职业教育的历史作用》,《渭南师范学院学报》2001 年第 6 期。

⑥ 高宇:《近代中国留学教育与职业教育发展研究 1872 年—1927 年》,《河北师范大学硕士论文》2007 年。

　　清末实业教育体系的确立不仅是一种职业教育理念及其实践的开始,更孕育了近代"职业教育"概念的产生,昭示着近代中国职业教育发展道路的转型。① 如果说近代中国职业教育的产生是一种对外来刺激的应激反应,在其发展中若存在较高层次社会心理的变迁历程,那么在经历对职业教育的抗拒与排斥、功利性与选择性的接纳之后,近代中国职业教育发展将进入本土化主动发展时期。②

　　资产阶级共和国的建立让中国人民逐渐挣脱封建思想的桎梏。致力于国家强盛的仁人志士在外国职业教育思想影响下认真考量中国社会的现实需要,酝酿并掀起中国近代第一次职业教育思潮。在中华职业教育社为骨干的职业教育社团的推动下,中国职业教育在吸收了国外职业教育的理念和方法后逐渐蜕变为近代中国职业技术教育。1922 年 11 月,民国政府颁布"壬戌学制",职业教育取代实业教育,从此职业教育被正式纳入国家学制系统。这是近代教育史中除此之外任何一种教育思潮和主张所未能有的成就。③ 在中国社会现实下,职业教育界开始提倡并探寻适合中国道路的职业教育观,为促进国家富强,挽救民族危亡而努力。

　　南京国民政府的成立让中国结束了军阀割据的局面,国民政府在反思历史教训基础上提出的若干职业教育改革政策引发了第二次职业思潮。1932—1933年学制的出台将职业教育的地位推向新高。随着 20 世纪 30 年代职业教育理论的基本成熟,职业教育制度逐步走向成熟。④

　　抗日战争以及国共内战时期职业教育也在不同程度上得到发展,这充分体现了职业教育是社会发展不可或缺的利刃。动荡与战争的社会局面向职业教育提出了"战时任务",以服务于战争需要为主要目的的职业教育改革也在国民政府的主导下进行着。职业教育因政治需求、经济发展和国计民生需要而"快速转向"的特点在该阶段表现明显。不可否认的是,国民政府在战争期间采取的大力发展职业教育的政策客观上也取得了一些成效,但是,独裁政权结束也正预示着中国职业教育事业发展的新的曙光。

---

① 肖卫兵:《中国近代职业教育制度发展分析》,《铜陵职业技术学院学报》2007 年第 3 期。

② 赵成:《中国近代职业教育发展过程中社会心理因素的变迁》,《河南职业技术师范学院学报》(职业教育版)2003 年第 3 期,第 70 页。

③ 王媛:《近代中国职业教育的初期发展》,《成都大学学报》(社科版)2003 年第 2 期,第 85—89 页。

④ 董步学、舒红群:《论近现代中国职业教育发展的三个阶段及启示》,《江西教育科研》2006 年第 4 期。

第2章 共和国诞生至"文化大革命"结束时期的职业教育

1921年中国共产党的成立,这是中国历史上开天辟地的大事。在中国共产党的领导下,中国人民经过28年艰苦卓绝的革命斗争,于1949年成立了中华人民共和国,中国历史从此翻开新的一页。承载着28年革命斗争的经验,在中国共产党领导下,新中国的职业教育事业也进入新的纪元。

新中国成立后,党和政府非常重视对职业教育发展的历史经验和国际经验的借鉴,接管、改造国民政府时期的职业学校,作出了大力发展技术教育的决定。在大力发展中等职业教育的政策引导下,新中国成立后17年间职业教育的发展推动了国家经济与社会进步,为新时期全面建设社会主义小康社会作出了不可磨灭的贡献。1966—1976年的"文化大革命"对文化教育产生了巨大冲击,职业教育在"文化大革命"初期进入了动荡阶段,职业教育制度受到严重破坏。随着政治形势的变化,"文化大革命"后期职业教育才开始缓慢恢复,直到"文化大革命"结束才迎来充满激荡的新生。

第一节 新中国职业教育的重建

新中国职业教育的发展并不是在"真空"中起步,而是在经历了共产党领导下的革命根据地建设时期的长期积累、对国民政府时期职业教育的有效批判与接管,并充分借鉴苏联职业教育模式基础上逐步发展起来的。

一、革命根据地职业教育先行探索

重视文化教育工作并视之为革命总战线中的一条必要和重要的战线,是中国共产党自1921年7月1日成立以来的重要战略措施。1921年8月中国共产党成立了"中国劳动组合书记部"作为工人运动的领导机关,派出许多党员深入工矿开展工人教育,并在全国各地相继办起了补习学校。1922年5月5日至10

日召开的中国社会主义青年团第一次全国代表大会及同年 7 月召开的中国共产党第二次全国代表大会即确定了包括社会教育、政治教育和学校教育的中心任务，其重点是工农教育和干部教育。在特定历史条件下，中国共产党领导并推行以干部教育和工农教育为核心的职业教育，这是以党的发展和革命队伍壮大为目的并在中国革命形势不断变化的情况下做出的政策选择。1922 年之后，随着北伐战争的胜利，农民教育运动蓬勃兴起，尤以广东省农民教育发展最迅速，该省农民代表大会通过的《农村教育决案》对开展农民教育的意义给予高度的重视，并对相关教育工作作了具体的规定。在党的领导下，1925 年全国劳动大会通过了《工人教育决议案》，进一步指出工人教育的任务分两个方面：一是促进阶级觉悟，二是训练斗争能力。这一系列面向工人和农民的教育为我党建立自己的革命队伍发挥了极其重要的重用。

1927 年大革命失败后，以毛泽东为代表的中国共产党人为了拯救革命，实行了武装斗争，创建农村革命根据地。自中国共产党成立至中华人民共和国建立，中国共产党领导下的中国革命经历了三个时期，即土地革命战争、抗日战争和解放战争时期。为了配合革命斗争任务和根据地建设的需要，中国共产党在不同时期探索发展了三种特殊形态的职业教育事业，制定了不同的教育方针，职业教育呈现出不同特色。

（一）土地革命战争时期的职业教育

在土地革命战争时期，中国共产党领导中国人民深入开展土地革命，反对国民党恐怖统治。在"一切苏维埃工作服从革命战争的要求"总方针指导下，该时期的职业教育侧重于工农教育、干部教育以及农业生产技术教育，教育的主要对象是各级干部、广大工农群众，在教育工作中十分强调把干部培训和教育与工农业生活相结合，将理论与实际相结合。

干部人才的培养在土地革命中占有重要战略地位，苏区教育始终把干部教育放在首位，这是当时严酷的战争环境的需要。出于革命初期干部管理和任用的特点，干部人才培养主要通过灵活的在职干部教育和相对"标准化"的干部学校教育两种方式进行。在职干部教育通常利用党内各种组织（如马克思主义研究会等）和会议或举办干部训练班的形式展开，形式灵活多样。为了进一步推动干部队伍建设，中国共产党于 1933 年以后建立了一批高级干部学校，苏区干部教育从不正规向正规化过渡，逐渐形成了完整的干部教育体系。推行干部教育的主要学校类型有以下几种：以培养农业建设中下级干部、搜集苏区农民群众经验和试验场的经验、规划苏区农业建设等为主要任务的中央农业学校；以培养能够领导革命政治工作干部为主要任务的中央党校,即马克思主义大学;以培养和造就大批军事政治干部为主要任务的红军学校。上述这些学校在中国共产党干部队伍职业化过程中起到巨大推动作用,为革命根据地开展武装斗争、进行地方群众工作和各项建设输送了大批优秀干部。

密切与工农阶级的关系并推广工农教育是中国共产党领导革命斗争不断取得胜利的法宝之一。在土地革命战争时期,中国共产党在工农教育方面非常重视工农、劳苦群众和士兵的文化水平,相应开展了全民的识字运动。根据革命战争和苏区建设的需要,识字运动往往同生产相结合、同战争相结合、同各种训练相结合,反映了当时的历史条件特点,具有一定职业性特色。同时,中国共产党对工农劳苦群众子女的教育也通过创办小学的形式开展着,其教育形式也通过与政治斗争和生产劳动相结合的形式进行着。

在新民主主义教育方针的指引下,在共产党领导下的职业教育不仅为党政军培养了大批优秀的无产阶级革命干部与军事人才,而且唤起民众觉悟,使教育成为革命战争和根据地建设、红军建设的有力武器,为新中国成立后改革旧教育、建设新教育提供了十分宝贵的经验。革命根据地时期以干部教育为重心的职业教育完全服从革命战争的需要,教学上坚持理论联系实际,教学方法上较多地使用启发式和讨论式教学,出色地贯彻了教育为革命战争和阶级斗争服务、与生产劳动联系的方针。

(二)抗日战争时期的职业教育

抗日战争的爆发让中华民族面临着内忧外患的发展困境,中国共产党以大局为重提出国共合作,共同抵御日本侵略的方针。抗日战争需要培养和造就大批的党政军干部、各种专业干部及从事群众工作的干部,因此,该时期的职业教育仍然坚持把干部教育视为抗日革命根据地教育的中心,提出了"干部教育重于群众教育"的方针。该时期的职业教育继承了土地革命时期职业教育为革命斗争服务、与生产劳动相结合的方针,深入贯彻群众路线,发扬艰苦奋斗的光荣传统,在一般干部学校和群众教育的课程设置中,除了文化课和与军事相关的专业课外,还提倡传授与生产劳动相结合的生产技术知识。

随着中国共产党领导下的干部队伍不断壮大,抗日战争时期的干部教育开始形成高级干部教育、中级干部教育和初级干部教育互相补充,协调发展的体系。各抗日根据地的干部教育分别由高等学校、中等学校及各种训练班和高等小学负责实施。影响较大的实施高级干部教育的高等学校主要有中共中央党校、中国人民抗日军政大学、陕北工学、华北联合大学和延安大学等。在八年抗战中,仅晋察冀边区就培养训练了8万5千多名干部,这些干部分别充实到军事、政治、经济和文化等各种事业中去,起到了先锋和骨干作用,对抗战做出了很大贡献。① 抗战时期中国共产党领导的干部教育在教学方法上非常注重学用一致,以达到教学直接为边区的抗战和建设服务的目标。

1942年的"整风"运动极大地促进了教育与生产劳动相结合方针的贯彻,解放区的各种专门学校和职业学校均十分重视组织师生参加农业和工业(主要是手工业)生产劳动,并直接把生产劳动列入学校教育计划。教学内容与生产结合并采取多种形式办学,有效地解决了工学的矛盾,有效地克服了旧教育遗留下的教育与生产脱离的弊病。走与工农相结合的道路,培养干部劳动观点、群众观点和艰苦创业精神在抗日战争时期具有强烈的教育意义。为了战胜敌人对解放区的经济封锁,创造物质财富和减轻人民负担,职业教育活动把生产活动和革命斗争有效结合,体现了职业教育活动的经济意义,同时也赋予了职业教育以自力更生战胜困难的政治意义。② 总的来看,抗日战争时期的根据地职业教育成为中国共产党培养干部、动员群众、支持抗战的重要武器之一,对边区建设和争取抗战的胜利起到了巨大作用。

(三)解放战争时期解放区的职业教育

在全国解放战争期间,随着解放区的不断扩大,职业教育所承担的责任也日益复杂多样。此阶段,中国共产党领导广大干部群众在巩固和提高老区的职业教育成果的同时发展新区教育。随着解放战争的推进,职业教育有效地配合着战争的顺利进行,为把各项事业从战争环境转入和平建设环境做了充分准备。中国共产党推出了一系列教育政策,使职业教育迅速发展,工农类学校迅速增多,同时,新增设一批专科学校,接收并改造了新解放区的专科学校和职业学校,职业教育逐步进入一个新的发展阶段。与解放战争的总体形势相应,学校教育工作仍继续实施战时教育方针政策,努力做到为解放战争和解放区新民主主义政治与经济建设服务,教育与生产劳动相结合。在教育对象上,职业教育的重点不仅局限于干部的培养,还重视工农业的发展,培养各种建设人才以适应经济恢复和建设的需要。以工业类科目为例,与抗日战争时期相比,解放战争时期在科目设置方面多设了矿冶、铁路、邮电、汽车、电机、水利和工商管理等十个门类,农业类科目中也多设置了林业、畜牧和兽医等课程。

解放战争期间,在中国共产党领导下的职业教育发展整体上并不平衡,这与

---

① 吴玉琦:《中国职业教育史》,吉林教育出版社1991年版,第69页。
② 李蔺田:《中国职业技术教育史》,高等教育出版社1994年版,第198页。

中国革命斗争形势息息相关。总体上看,东北根据地职业教育发展较快,根据地以发展生产支援战争为直接目的成立了各种职业学校,培养了大批能够胜任管理军事、政治、经济、党务和文化教育等工作的干部;另一方面,职业学校的建立与发展为全国解放及大规模经济建设活动作了充分的人才储蓄。根据地开设的工农类的专科学校和职业学校培养出大批建设性人才,有效地适应了解放战争形势的需要。

在中华人民共和国成立前,革命根据地较早地探索了新民主主义教育模式,出现了教育与生产劳动相结合、适应革命战争和老区建设需要的萌芽性职业教育。尽管物质条件艰苦、根据地的职业学校却代表着一种全新的职业教育办学体制和全新的教育思想。通过长期办学实践,在职业学校办学宗旨、指导思想和一系列方针政策上积累了宝贵的经验,形成了优良的传统。① 第一,在中国共产党领导下,为无产阶级革命事业和其所进行的革命战争与建设服务,真正贯彻落实知识分子与工农相结合、教育与生产劳动相结合,体现了全新的学风、校风和教风。第二,以多样的办学形式适应战争环境、农村特点、城乡发展不平衡和群众多种需要,重视思想政治教育、劳动教育,课程设置注重针对性和实用性,密切联系实际,教学方法采用启发式。第三,依靠群众办学,贯彻群众路线。革命根据地的职业教育经验已被历史证明是完全正确的。

二、接管旧中国职业教育

中国共产党对国民政府时期职业教育遗产的接管是随着革命根据地建设和中国革命不断前进、同步进行的。尤其是在解放战争阶段,随着解放战争的节节胜利,各地军事管制委员会及时部署了相关接收与接管工作,妥善接管了国民党政府遗留下来的职业教育遗产。新中国成立后,职业教育面临比较薄弱的局面,学校数量极少(学校不足千所,在校生不满十万,尤其是技工学校,全国仅有3所),基础薄弱(校舍设备均甚破旧),教育制度、教学内容、课程设置和管理制度在本质上与人民教育的要求不相符合(如训导制、以三民主义或宗教教义设课、教学脱离生产或社会实践等)。党和政府及时部署了对职业学校接管、改造和恢复的政策。②

当时的职业学校总体上可以分为三类,即公立、私立及教会学校。以中等职业学校为例,1949年共有职业学校564所(在校生77095人),其中私立235所,

---

① 闻友信、杨金梅:《职业教育史》,海南出版社2000年版,第30—31页。
② 闻友信、杨金梅:《职业教育史》,海南出版社2000年版,第24页。

外国人办的和接受外资津贴的,在华东地区有 28 所(全国接受外国津贴的中等学校共 514 所,但因普通中学与职业学校合为一个数字,无法分开,故全国数字欠缺)。[①] 中国人民解放军各地军事管制委员会妥善接收了国民党政府遗留下来的公立职业学校,还颁发有关私立学校的暂行办法,对私立学校进行了接管。这项工作早在 1948 年中共中央关于新区学校工作的指示和 1949 年 4 月 25 日中国人民解放军总部布告中就已经明确提出,即"保护一切公私学校、医院、文化教育机关、体育场所和其他一切公益事业。凡在这些机关供职的人员均望照常供职、人民解放军一律保护,不受侵犯","暂维现状,即日开学"。各地军事管制委员会对旧中国职业学校进行了有计划有步骤的接办和改造,并针对不同情况分别采取了不同的处理办法:对公立学校由各地军事管制委员会派代表进行接收,并采取"维持现状,立即开学"的办法;对于接受美国津贴的私立学校和教会学校,根据 1950 年 12 月政务院第 65 次政务会议通过的《关于处理接收美国津贴的文化教育救济机关及宗教团体的方针的决定》的精神,有的由政府接收改为公立,有的改组董事会与学校行政管理,行政权属于中国籍校长,有的改为完全由中国人自办的私立学校;对于中国人办的私立学校,一般采取"保护维持,加强领导,逐步改造"的方针,使之适应国家全面建设的需要,并对办学成绩较好的学校给予奖励或补助;对以纯粹谋利为办学目的的学校,予以整顿改造;对于办学经费短缺、师资不足的学校,经校董会同意,予以接办。政府还对私立技术补习学校进行整顿改造、登记和备案工作,并根据国家建设需要重新确定了各校新的方针任务和分工。[②]

党和政府对国民政府时期职业教育遗产进行接管的同时非常重视思想政治工作。职业学校被接管之后,政府委派校长全面主持学校工作,并清理教职工队伍,逐步推行教师专任制,学校实行经济公开、教职工民主评薪、改学生中的公费制为人民助学金制。党在学校中的作用和位置也发生改变,共产党组织得以公开,青年团组织,成立学生会等也逐步建立。在受接管学校的课程设置上,立即废除原来所设公民、党义、童子军训练等课程,迅速开设新民主主义论、共同纲领、中国革命常识和时事政策等政治理论课程。国家还采取了职业教育向工农开门方针,建国初期通过经过接管和改造的职业学校给予工农干部和工农群众提高文化水平的机会。经过调整和发展,各级各类的职业教育工作都得到加强,为进一步发展奠定了基础。

---

① 闻友信、杨金梅:《职业教育史》,海南出版社 2000 年版,第 24 页。
② 闻友信、杨金梅:《职业教育史》,海南出版社 2000 年版,第 23—24 页。

三、借鉴苏联教育模式建立职业教育新体制

新中国成立之初,诸多事业都受到了外交政策的影响。新中国自身缺乏建设社会主义的经验,又处于帝国主义的包围之中,在这种情况下 20 世纪 50 年代初期,我国教育界"以俄为师",全面学习苏联在职业教育方面的经验。

1949 年 12 月召开的新中国第一次全国教育工作会议确立了"以老解放区新教育经验为基础,吸收旧教育有用经验,借助苏联经验,建设新民主主义教育"的方针。[①] 其中学习苏联成为必需的要求,在职业教育方面学习苏联经验显得尤为迫切。建国初期,我国学习苏联经验,在教育体制上,取消专科,大力发展中专和技校,并把中专划归高等教育部管理,作为工程技术教育的起点;在教育制度上,以马克思主义关于人的全面发展、教育与生产劳动相结合,以及列宁论综合技术教育的学说为指导,全面移植了苏联三段式教学模式(即先公共基础课,后技术基础课,再专业课),明确三种课程结构的比例关系以及理论教学与实践教育(教学实习、生产实习、毕业设计或实践)的课时要求,引进苏联职业教育的各种教学环节、组织形式和教学文件,规范教学、教学检查及考核方法,使职业学校的教学制度走向系统化;在管理上,我国不少法规制度都在不同程度上参考了苏联的做法和要求,如中专学校设置、专业设置的做法和原则(即学校规模适当稳定,一般不超过四个专业,以学校附近有可实习工厂矿山为依据,等等)、专业划分、各种管理定额的确定等;在教育教学资源上,1951—1960 年,我国聘请苏联专家来华咨询指导,帮助拟定重要制度或教学文件,参加有关会议,作业务报告或专题指导,帮助培训师资、提高教学水平等,并且大范围地引进除文化课以外的苏联中专教材,此外,中专普遍建立了校内外生产实习(实践)基地,学习和汲取苏联教学与生产实际结合的优点。学习并借鉴苏联教育经验,对于短期内迅速建立社会主义教育制度、提高教育质量、加速人才培养起到了积极的作用。

第二节　技术本位职业教育政策的调整

1949 年 10 月新中国诞生后,中国开始了由新民主主义社会向社会主义社会的过渡。中国共产党领导人民巩固了人民政权,恢复和发展国民经济,教育也面临着重大的历史转折。在党和国家有关职业教育方针、政策的指引下,新中国

---

① 黄仁贤:《中国教育史》,福建人民出版社 2003 年版,第 501 页。

的职业教育接管了旧中国职业学校,并对之进行整顿与改造,同时充分借鉴移植苏联的办学经验,使新中国成立初期的职业教育得以快速重建,并逐步形成了技术本位的职业教育特色。

一、社会主义社会过渡时期:以大力发展中等职业教育为主导推行改革

新中国成立初期,为了加快恢复国民经济,建设新中国,党中央十分关心和重视职业教育,提出一系列整顿、改造和发展职业技术学校的措施。从 1953 年起,国家开始实施发展国民经济的第一个五年计划,提出了党在过渡时期总路线是实现国家的社会主义工业化,大力发展成职业教育为一个十分自然的决策选择。在这个时期,我国职业教育发展的力度、速度和规模,在职业教育史上都是空前的。

(一)党和政府正确认识并强调发展职业教育重要意义

1949 年 9 月 29 日,中国人民政治协商会议第一届全体会议通过的《共同纲领》规定:"中华人民共和国的文化教育为新民主主义的,即民族的、科学的、大众的文化教育","人民政府应有计划有步骤地改革旧的教育制度、教育内容和教学方法",并且要"注重技术教育"。[①] 1949 年 12 月第一次全国教育工作会议进一步强调指出,教育必须为国家建设服务,要按照《共同纲领》的规定,"有计划有步骤地实行普及教育,加强中等教育和高等教育,注重技术教育,加强劳动者的业余教育和在职干部教育"。会议提出,要改变旧中国遗留下来的普通中学与职业教育比例严重失调,特别是技术学校数量较少的状况。会议总结报告指出:为了培养大批中级建设干部,中等学校在今后若干年内应着重向中等技术学校发展。

1950 年 6 月 8 日,周恩来在全国高等教育工作会议上明确提出:"现在我们国家的经济正处在恢复阶段,需要人'急',需要才'专',这是事实。为了便于联系实际,适应建设的需要,由企业部门举办短期训练班或专科学校是必要的合理的","为了适应需要,可以创办中等技术学校。"[②]1952 年 3 月 31 日,周恩来署名发布了《关于整顿和发展中等技术教育的指示》,分析了"我们的国家正在积极地准备进行大规模的经济建设。培养技术人才是国家经济建设的必要条件,而大量地训练与培养中级和初级技术人才尤为当务之急"的形势,指出"我国现有的中等技术学校,在数量与质量上,均远不能适应此种需要。为此,各级人民政府

---

① 陈学恂:《中国教育史研究》(现代分卷),华东师范大学出版社 1994 年版,第 373—374 页。

② 周恩来:《在全国高等教育工作会议上的讲话》(1950 年 6 月 8 日),中共中央文献编辑委员会。周恩来选集,人民出版社 1984 年版,第 19 页。

应领导各有关部门共同积极整顿与发展中等技术教育,以解决国家建设所迫切需要的中级和初级技术干部的问题"。[①]

(二)中央关于大力发展中等职业教育的若干方针政策

新中国成立初期,国家积极地进行大规模的经济建设,需要大批技术人才,特别是重工业、国防工业对中等技术人才需求的迫切。因此,新民主主义教育制度中如何确立中等职业教育的地位,采用何种模式发展中等职业教育成为迫在眉睫的问题。

职业教育发展方针的改革是从教育部关于中等教育改革的调整政策开始的。1950 年教育部部长马叙伦在政务院的报告中提出了中等教育改革的重点:整顿和积极发展中等技术学校,大量培养中级技术干部;协同业务部门整顿和充实现有的 500 余所中等技术学校,并有计划地创办各种中等技术学校或技术训练班;有重点地在高级小学附设技术训练班;尽量设法使全国高小毕业生、初中毕业生除升入一般初中及高中或直接就业者外,能进入各类艺徒学校、技术学校或训练班,培养他们成为初级中级技术人员,为国家建设服务。

1951 年教育部召开的第一次全国中等教育会议提出了首先对中等技术学校进行整顿和发展的方针。同年 6 月,教育部召开了全国中等技术教育会议,会议决定针对全国中等技术教育采取以调整、整顿为主、有条件发展的方针。会议把中等技术教育的基本任务定位为培养大批具有一般文化科学的基本知识,掌握现代技术,体格健康,全心全意地为人民服务的初、中级技术人才,职业教育"技术本位"的思想得以确立。同年 10 月,政务院公布的《关于改革学制的决定》明确规定了中等技术学校在学校系统中的地位,其任务为培养工业、农业、交通、运输等方面的中级和初级技术人才。职业学校从类型上按照办学水平分为高级技术学校(相当高级中学程度)和初级技术学校(相当初级中学程度),正式将职业学校改称中等专业学校,并规定了修业年限和招生条件。其中,初级技术学校招收小学毕业生,修业年限为二至四年;中等技术学校招收初中毕业生,修业年限二至四年。另外,学制还规定专科学校修业年限为二至三年;各种高等学校可附设专修科;各类技术学校可附设技术训练班或技术补习班。

对中等技术教育的整顿和调整主要体现在对中等职业学校的具体办学方针上。1952 年 3 月 31 日,政务院发出《关于整顿和发展中等技术教育的指示》,要

---

① 周恩来:《政务院关于整顿和发展中等技术教育的指示》,人民日报 1952 年 4 月 8 日。

求各级各类中等技术学校实行专业化与单一化；正规的、速成的业余的各种技术学校或训练班适当配合发展。7 月 12 日，教育部颁布《中等技术学校暂行实施办法》，规定中等技术学校按其程度分为技术学校（相当于高级中学程度）与初级技术学校（相当于初级中学程度）两级，提出了"培养具有必要文化科学的基本知识，掌握一定的现代技术，身体健康，全心全意为人民服务的初级和中级技术人才"的培养目标。8 月 30 日，教育部颁发《各级中等技术教育委员会暂行组织条例》，规定了全国中等技术教育委员会的成员单位及职责。上述一系列规定说明，随着我国国民经济的恢复和由新民主主义向社会主义转变的逐步完成，职业教育已正式纳入了新中国的学制体系，各项制度臻于完善。

1952 年和 1953 年是党中央和国家对中等专业学校进行全国性调整的时期。1952 年 8 月 29 日，教育部发出《中等技术学校暂行实施方法》，对办学宗旨与任务、学生培养目标、课程、学时、成绩考查、教材编审、组织机构、人员编制、领导管理、职业分工及教师要求、学生分配等方面做出了相应规定。9 月教育部在《关于统一中等技术学校（包括专业学校）名称的规定》中首次提出并要求统一使用"中等专业学校"的名称。1953 年高教部发出《关于中等技术学校设置专业原则的通知》，进一步强调中等专业学校设置专业力求集中单一，专业不能超过 4 个。为了进一步规范中等专业学校的教学活动，1954 年 10 月高教部颁发 15 种教学表格专门用于统一各类学校教学计划。

1954 年 6 月，高等教育部召开全国中等专业教育行政会议，专题研究中等专业教育进一步整顿并有计划发展问题，明确领导关系，并要求努力学习苏联先进经验，积极改进教学方法，进而提高教学质量。11 月 24 日《中等专业学校章程》发布。《章程》对就读中等专业学校的人员资格作了规定，指出凡在初级中学毕业或具有同等学力，年龄自 15～25 周岁的中华人民共和国公民，均可报考中等专业学校。工农干部、产业工人和少数民族的入学年龄可放宽至 30 周岁。学生毕业后，由主管业务部门统一分配工作。服务满三年后，经服务机关批准后报考高等学校。1956 年 5 月高等教育部召开全国中等专业教育工作会议。会上提出在最近三年内加速发展中等专业教育，同时要积极发展业余中等专业教育。会议提出中等专业学校的领导关系应根据"谁用干部谁办学校"的原则，按照中央事业和地方事业的划分，分别由中央业务部门或省、市人民委员会直接领导。中央冶金、电力、铁道、城市建设、纺织、轻工、商业、食品工业、卫生、农业十个部都分别召开了本系统中等专业学校教育行政会议，讨论并部署职业教育办学及发展策略。至此，中等专业学校的招生规模的扩张成为职业教育整顿和进一步发展的重要任务。[①]

（三）多种形式共同推进职业技术教育

从 1949 年新中国成立到 20 世纪 50 年代初期，我国职业教育经历了学习、改革和蜕变，在反思历史中合理传承，在曲折探索中不断前行，在学习借鉴中自我发展。正是在这一背景之下，办学形式多种多样的职业教育得以形成。

1. 大力举办中等专业学校

新中国成立后，社会主义国有经济以较快速度发展，经济建设急需各种技术人才，而当时全国原有高级职业学校尚处在初步改造和适应期间，中等技术学校和学生人数相当有限，每年能提供的毕业生只有两万多人，无论数量和质量都难以满足建设需要。为了适应恢复发展经济的迫切需要，党和国家领导人明确指示，着重支持中等专业学校发展。从 1949—1952 年，中等专业学校由 1949 年的 1171 所发展到 1952 年的 1710 所，在校学生由 1949 年的 228845 人增加到 1952 年的 635609 人。[②]

新中国成立以后，党和政府大力发展中等职业教育，并在建设中等专业学校过程中取得了很大成就。深究其原因，我们可以把该阶段中等职业学校获得长足发展的原因归纳为以下几个方面。

第一，国家工作中心立足经济建设，在教育中实行"专业化与单一化"体制，把"学用脱节"的原有职业学校"通才"培养模式改成为国家经济建设服务的"专业"教育模式，迅速培养了一大批为社会急需的中等专业人才。为了加快培养社会建设者，教育政策加强了教育的针对性，借鉴了苏联的中等专业教育经验，把多科综合制职业学校改为单科设置，进一步明确了培养目标。1957 年中等技术学校学生数量比 1949 年增加了 11 倍，学校数量增加了 167 所，在当时国内技术人员奇缺、计划经济体制又要求岗位相对稳定的背景下，这种办学思路和专业模式客观上起到一定的积极作用。[③]

第二，中等专业专业学校的培养目标是企业技术骨干，其层次介于大学培养的工程师和技工学校培养的技术工人之间。20 世纪 50 年代初期，我国国民经济的底子还很薄弱，不可能创办很多的大学培养大批工程师，为此，通过大力发展既强化专业理论又突出生产一线实用技术的中等专业学校，可以在

---

① 教育部、高等教育部：《关于 1956 年中等学校招生工作的通知》，中华人民共和国国务院公报 1956 年第 17 期。

②③ 国家统计局：《新中国五十五年统计资料汇编》(1949—2004)（电子版），中国统计出版社 2005 年第 12 期。

一定程度上解决经济发展对中等专业人才的迫切需要。事实上,20 世纪 50 年代创办起来的一大批中等专业学校普遍重视专业理论教学,培养出来的学生具有十分扎实的理论知识基础,在我国国民经济各个行业的发展过程中发挥了十分重要的作用。到了 21 世纪初,我国高等职业教育的大发展在某种意义上也是建立在中等专业学校基础之上,大部分中等专业学校都升格成为"高等职业学院"。

2. 积极发展技工学校

新中国成立后,处于恢复时期的国家经济发展急需技术工人。在当时,不仅中等技术人才相当匮乏,技术工人队伍十分薄弱,人才分布很不平衡,而且新中国成立前遗留下来的大量失业工人也需要转业培训。为了解决就业问题,国家开始创办技工学校。国家确定技工学校的基本任务是为国民经济各部门培养和输送具有社会主义觉悟、能够掌握现代化生产知识和技能、身体健康的技术工人。从 1951 年政务院公布"关于改革学制的决定"并强调职业技术教育的重要性开始至 1952 年,全国已有技工学校 22 所,在校学生高达 15000 人。① 1953 年我国开始实施第一个五年计划,技工学校进入了新的发展时期。1955 年劳动部提出技工学校应积极贯彻生产实习为主的方针,其基本任务是培养中级技术人才,并举办了一大批技工学校。1956 年 9 月,中共中央转发劳动部党组《关于加强省、市党委对技工学校领导的建议》,中央批示指出:"办好技工学校,是满足国家工业建设对技术工人需要的一项非常重要的工作。"

"一五"期间,全国通过技工学校培养的技术工人近 14.7 万人,学徒培训仅工业企业、交通运输业就培养了 106.1 万人,两项总计约 121 万人。② 这一系列的成果表明技工教育开始进入与国民经济建设相适应发展的新时期,技工教育制度也随之建立并逐步完善起来,其主要特征表现在:

第一,培养目标逐渐明确。1953 年 5 月,中央劳动就业委员会、内务部、劳动部联合召开劳动就业座谈会,提出劳动部门应根据生产发展的需要培养技术工人,不应把技工训练作为单纯安置失业人员劳动就业的手段。《技工学校暂行办法(草案)》规定:"技工学校以培养四级技工为主。"③1955 年,劳动部等各部委

---

① 国家统计局:《新中国五十五年统计资料汇编》(1949—2004)(电子版),中国统计出版社 2005 年第 12 期。

② "一五":《计划期间培养技术工人的实施情况》。中国职业培训与技能鉴定信息咨询服务网. http://www.quota-work.com/dingebiaozhunjishu/ShowInfo.asp? InfoID=321. 2008-11-30。

③ 劳动部:《关于技工学校暂行办法草案》,见 http://www.people.com.cn/item/flfgk/gwyfg/1954/L35801195401.html/1954-04-25。

联合召开第一次全国工人技术学校校长会议,提出了技工学校积极贯彻以生产实习教学为主的方针,使培养的学生既有文化技术理论知识,又有实际操作技,到生产岗位后能较快地从事独立操作。1956 年劳动部颁发的《工人技术学校标准章程(草案)》中,工人技术学校的培养目标又修改为培养四级和五级技术工人,要求其"能(成为)掌握一定专业的现代技术操作技能和基础技术理论知识的、身体健康的、全心全意为社会主义建设服务的中级技术工人"。技工学校培养目标的进一步明确既表明技工学校已在培养技术工人上具备了充分条件,也体现了国家建设对高水平技术工人的需求越来越高。

第二,教学管理日益规范。1954—1956 年,劳动部制定的《技工学校暂行办法(草案)》、《工人技术学校标准章程(草案)》对技工学校的教学工作做了进一步明确。教学工作标准等工作由原先办学单位自行制定过渡到由主管部门统一管理。在教学安排上,学校根据教学计划和教学大纲的规定,编制学期和月份的生产实习计划以及文化、技术理论课的学期授课进度计划。教师要编制所教专业的生产实习计划和文化、技术理论课的授课计划,使教学工作有计划、有秩序地进行。在课程安排上,分为文化、技术理论课和生产实习课两种。前者注重加强基本知识、基本理论和基本技能的教学,重在培养学生的独立思考能力,要求教师组织好课堂教学,把课题讲解清楚,加强对学生学业成绩的考核;后者主要是结合生产进行,不适宜结合生产的工种,即采取实习、实验、模拟等形式培养学生的基本操作技能和解决实际问题的能力。生产实习教学时间与文化、技术理论课教学时间原则上各占一半,有的工种生产实习教学时间还在一半以上。对于生产实习教学,1955 年和 1956 年劳动部对不同工种班级的规模做出了限定,有效保障了教学质量。在教学研究上,1955 年底,劳动部成立了技工学校教学方法研究室,次年又颁发了《技工学校教学方法研究组工作规划》。此后,全国技工学校均建立了教学研究组,有的省市还建立了地区性的技工学校教学方法研究室,教师集体研究和互相帮助,着重研究贯彻执行教学计划和教学大纲的措施,研究教材内容、教学方法和采用新技术新工艺,总结交流教学工作经验,组织教师学习业务技术等。在学生表彰和处分方面,1956 年 12 月,劳动部颁发《工人技术学校学生学业成绩考查与考试暂行办法(草案)》,规定对于在道德品质、学习、生产劳动等方面表现优异的学生进行表扬、奖励和处分。

第三,学校管理走向科学。1954—1956 年间,劳动部陆续颁布了多个相关文件对技工学校的领导管理、学制、规模、工种设置、机构设置和人员编制、办学条件等作出明确要求,各项规章制度的出台使得技工学校的管理更具有科学性、系统性和全面性。学校管理由分散型、自发型向集中统一型管理方向发展。

为了加强对技工教育的统一管理，加速技工学校的发展建设，1953 年政务院决定由劳动部门对全国技工学校进行综合管理。劳动部门负责制定有关技工学校的方针、政策和规章制度；组织编写教材、审定教学计划、教学大纲；培训师资和提高师资水平；组织交流工作经验等。1954 年 4 月 25 日，中央财经委员会批转劳动部制定的《技工学校暂行办法（草案）》，规定各产业管理部门应根据自己对技工的需要设立技工学校，并对技工学校的开办、变更与停办进行审查批准。①

在教育发展需求旺盛和就业途径比较顺畅的情况下，1954 年和 1956 年国家相关文件中两次均提出将技工学校的学制确定为两年，学校主要招收招收高小毕业以上文化程度及身体健康、政治纯洁、年满 16 周岁至 23 周岁的青年，经考试合格后方可入学。各产业管理部门根据实际需要与所培养工种的不同，亦可适当予以增减学习期限。

技工学校的规模和工种设置是根据生产建设需要确定的，同时也必须考虑有利于组织教学、安排生产实习，并在规模上保持相对稳定。1954 年 4 月《技工学校暂行办法》中规定：各产业主管部门应根据本部门对于技工的需要设置学校，并按照国家批准的技工培训计划，培养其所需的技工，设置相应的工种。②1956 年，劳动部参照苏联的经验又对技工学校设置作出规定："每所工人技术学校的学生名额，以 200 至 800 人为标准；工种设置以 4 种至 7 种为标准。"

在经费管理方面，技工学校的运作经费来自于学校主管部门的事业经费中直接划拨，有效地保障了教育教学活动的有效运行。经费开支标准参照 1954 年 8 月 28 日中央财经委员会批转劳动部制定的《关于技工学校经常费用预算标准（草案）》的规定执行。

3. 尝试发展农村职业教育

随着社会主义新中国的发展以及诸如土地改革等运动的开展，农村生产力被大大解放，农业技术人才的需求也与日俱增。由于新中国成立初期职业教育重点在城市中等技术教育发展上，一定程度上忽视了对农村初等职业教育的发展需求的考量。再加之新中国成立初期农村经济和文化相对落后，客观上不具备大规模发展农村职业教育的条件，在一段时期内，农村职业教育一直未得到应有的重视。从 1949 年到 1956 年，农村教育中逐渐呈现出探索职业教育的萌芽，

---

①② 劳动部：《关于技工学校暂行办法草案》，见 http://www.people.com.cn/item/flfgk/gwyfg/1954/L35801195401.html/1954 - 04 - 25。

农村各类教育中已经渗透了某些职业因素,这些因素综合在一起逐步萌生出一些适合农村需要的职业教育雏形。

中国共产党成立以来,党领导革命根据地军民进行了多种形式的农民业余教育,对提高农民政治觉悟,完成各种对敌斗争任务起过伟大的作用。但由于长期处于战争环境,农村(农民)职业教育在提高农民的文化水平方面成绩还不很明显。新中国成立后,为尽快恢复和发展农业生产,党和政府开始有计划有步骤地领导并开展农民业余教育,提高农民的文化水平,这为农村职业教育的发展作了前期准备。1950 年 9 月 20 日至 29 日,教育部和全国总工会在京联合召开第一次全国工农教育会议,提出当前工农教育的方针要根据国家的总情况和总任务,以文化教育为主要内容,适当结合政治教育、生产技术教育和卫生教育。会议通过《关于举办工农速成中学和工农文化补习学校的指示》、《工农速成中学暂行实施办法》、《工农文化补习学校暂行实施办法》、《职工业余教育暂行实施办法》、《关于开展农民业余教育的指示》和《各级职工业余教育委员会组织条例》的等六个条例,经中央和政务院审查批转后很快在全国学习传达,为全国农村(农民)教育的开展指明了方向。

农村普通教育组织也为职业教育的萌生创造了条件,这主要体现在高小努力解决毕业生出路和在初中开设基本生产技术课两项工作上。1951 年开始有半数左右的高小毕业生出现不能升学的问题,该问题受到当年 6 月 12 日召开的第一次全国中等技术教育会议的关注,并同意今后采取各种方法让高小学生学到一技之长。1953 年,诸多农村小学开始组织学生参加生产劳动,《人民日报》为此发表社论予以提倡,劳动教育因而受到普遍重视。学校除了组织学生参加生产劳动从实践中学习外,还开设了一定课程补充相关的职业知识。1955 年 10 月 4 日中共中央对广东省委《关于在初中增加农业课程问题的报告》作出批示,肯定了学生参加生产劳动是克服脱离生产的偏向,同意在大中城市以外的一般地区的初中三年级暂设农业生产知识课,农业生产知识课作为临时的科目按照每周两课时开设。1956 年 1 月 26 日教育部专门召开座谈会讨论中学实施基本生产技术教育问题,要求从秋季新学期起,全国中学逐步实施,并讨论工业和农业基础知识教学大纲和建立实习园地、实习工厂等问题。同年 7 月 17 日教育部发出本学年度在中小学实施基本生产技术教育的通知,要求每个中学建立实验园地,使学生了解农业技术基本原理,获得农业劳动的技能技巧,培养从事劳动的兴趣。一系列在普通教育中开展职业教育相关活动的做法有效地推动了农村职业教育的发展。

与地方生产实际结合的技术教育活动也昭示着新中国农村职业教育的兴起。湘西自治州水利人才奇缺,1952 年湘西苗族自治区与黔阳专署联合办了湘西水利训练班,自治区选派了 144 名水利劳模和农民积极分子参加了学习,同年 12 月各县争相仿效举办了短期水利培训班,全州共培训农民技术员 4500 人次,为自治州普及水利电力技术,发展水利水电建设创造了条件。① 1953 年山西省解虞县西张耿村的农民普遍不懂棉花种植技术,棉花产量低,为此村里办起农业技术学校开展系列教育教学活动,110 名农民学员中 90 多人掌握了整枝打切、选种定苗、虫害防治等技术,收到了良好的教学效果。②

1956 年 5 月 14 日,全国中等专业教育工作会议讨论了 12 年发展规划问题,提出要配合农业合作化运动的迅速开展,培养农业技术干部和管理干部,要求在 12 年内高、中等专业人才的比例在农业方面要达到 1∶4～1∶5。从此,农村中等技术教育发展开始提上日程。总体上看,新中国农村职业教育的起步过程比较缓慢,虽然 1958 年前后普遍出现了大规模发展的态势,但那是"大跃进"的产物,其后很快又步入低谷。

从 1949 年到 1956 年是中国社会向新民主主义社会过渡时期,随着人民政权不断得到巩固,国民经济得到恢复发展,党和政府结合我国实际进行教育改革,建立并健全中等职业教育制度,逐渐形成中专、技工教育和职业培训为主的层次结构,并成为新中国教育体系的重要组成部分,从而为职业教育事业的健康发展奠定了坚实的基础。

二、全面建设社会主义时期:职业教育的曲折发展

(一)中共八大精神指导下的适度调整与发展

1956 年召开的中国共产党第八次全国代表大会引领全国人民将工作重心集中到发展社会生产力,实现国家工业化,逐步满足人民日益增长的物质和文化需要上来。在这个目标指引下,我国工农业生产取得了很大的成就。1966 年比 1956 年全国工业固定资产增长了 3 倍;电子、石化等一批新兴工业部门建立起来了;农业基本建设和技术改造也大规模展开。这一时期国家进行现代化建设的物质基础已初步奠定,教育事业也随之有了很大发展,全国经济文化建设等方面的骨干力量也大部分是在这个时期培养起来的。职业教育紧紧围绕社会发展、改革和经济建设的需要展开,并一直致力于为实现这一目标服务。

---

① 引自湖南省水利厅,http://www.waterpub.com.cn/SLJY/DetailSLJY.asp? id=127. 2008-11-22。
② 闻友信、杨金梅:《职业教育史》,海南出版社 2000 年版,第 45 页。

从 1956 年到 1957 年,职业教育事业进行了新的探索,中等专业教育发展初具规模并得到进一步发展。1956 年是第一个五年计划的第四年,中央提出了积极发展中等专业教育,提高办学质量的方针。9 月,刘少奇在《政治报告》中强调"第二个五年计划要求高等学校学生增加 1 倍左右,中等专业学校、高级中学和初级中学的学生也有相应地增加"的奋斗目标。周恩来在《关于发展国民经济的第二个五年计划的建议报告》中也提出要为国家培养各项建设人才,首先是工业技术人才和科学研究人才。在第二个五年计划中,应该进一步发展高等教育和中等专业教育。这些政策既进一步肯定了职业教育在国民经济建设中的重要作用,也给职业教育尤其是中等职业教育提出了很大发展空间。1957 年的教育事业计划提出"适当收缩,保证重点"的方针,要求职业学校在规模发展的同时要更加重视办学质量,提升职业教育对国民经济发展的贡献。

在中共八大重要精神的指引下,国家下发通知鼓励各类职业院校进行适度、合理的调整,正确处理职业教育办学规模和办学质量的关系。国家允许高等师范和中等师范、高中、城市和工矿区小学、工农业余教育等教育机构和场所根据需要与可能作适当发展。在办学主体上,在有条件的城市,政府主张提倡街道、机关、厂矿企业办学,适当扩大教育规模。1957 年 2 月 21 日高等教育部发出了关于业余高等学校的学习时间与整顿巩固提高教学质量的通知,把办学形式多样化条件下提高职业教育质量问题提到议事日程上来。

(二)"教育革命"促使职业教育迅猛扩张

1957 年 11 月,社会主义国家共产党和工人党代表会议在莫斯科召开,会议认为国际形势已是"东风压倒西风",不久中苏关系恶化,我国处于困难的境地。随着社会主义三大改造成功完成,1958 年 5 月党的八大二次会议改变了对国内主要矛盾的提法,强调阶级斗争是我国内部的主要矛盾,要培养工人阶级知识分子队伍,积极进行技术革命和文化革命。受到国际环境和国内政治经济形势影响,1958 年一场轰轰烈烈的"教育革命"展开了。1958 年 4 月,党中央召开教育工作会议,讨论教育方针,批判教条主义、右倾保守思想和脱离生产、脱离实际的倾向,直接提出了教育的问题和改革的任务,教育形势随之骤然变化。

1. 教育事业的"大跃进"

1958 年开始,国务院下放办学自主权并提倡多样化办学的政策客观上为教育事业上的"大跃进"推波助澜。1958 年 3 月,教育部在第四次全国教育行政会议上提出要大力举办农业中学、工业中学和手工业中学。8 月,国务院《关于教育事业管理权力问题的规定》指出:小学、普通中学、职业中学、一般的中等专业学校和各级业余学校的设置和发展,无论公办或民办,均由地方自行决定。新建高等学校和中等工科技术学校,地方可自行决定或由协作区协商决定。9 月,中共中央、国务院发布的《关于教育工作的指示》中指出多样化办学的指导方针,即国家办学与厂矿、企业、农业合作社办学并举,普通教育与职业(技术)教育并举,成人教育与儿童教育并举,全日制学校与半工半读、业余学校并举,学校教育与自学(包括函授学校、广播学校)并举,免费教育与非免费教育并举。

1958 年 5 月中国共产党八大二次会议提出了"鼓足干劲,力争上游,多快好省地建设社会主义"的总路线。会后,全国各地迅速掀起"大跃进"的高潮。1958 年 9 月,中共中央、国务院发布《关于教育工作的指示》。《指示》认为,"随着工农业生产的大跃进,文化革命已经开始进入高潮",因而"调动一切积极因素,鼓足干劲,力争上游,多快好省地扫除文盲,普及教育,培养出一支数以千万计的又红又专的工人阶级知识分子的队伍,是全党和全国人民的巨大的历史任务之一"。根据这一指示,一个以教育与生产劳动相结合为中心内容的教育大革命和"多快好省地发展教育事业"的群众运动,在全国范围内蓬勃发展起来。

"大跃进"中职业教育事业被摆在十分突出的位置,主要表现在:各处集资争办学校,或因陋就简,或委托老校包建新校,或"戴帽穿靴",开始出现盲目发展的局面。据 1956 年底的统计,中专由上年的 728 所,学生 48.2 万人,猛增至 2085 所,学生 108.3 万人;技工学校由 44 所,学生 6.6 万人,增到 417 所,16.9 万人。而到了 1958 年,中专、技校的学校数又上升近 2 倍,学生数也分别上升近 1.8 倍和 2 倍。[①] 各类职业学校急剧发展,数目之多,速度之快,造成师资、校舍、设备全面紧张,严重影响教育质量,而且增加了国家很多困难。比如农村劳力资源减少,影响农业生产;城镇人口增多,增加物资及商品量供应和国家财政开支;学校基础建设缺乏条件,质量严重下降等。教育事业的盲目发展给国家和社会带来严重的隐患和危害。

2."大跃进"过程中职业教育制度的变迁

(1)半工半读教育

1957 年 5、6 月间,《中国青年报》、《人民日报》相继发表了《提倡勤工俭学,开展课余活动》、《一面劳动,一面读书》等社论,提倡学生勤工俭学。1958 年 1 月 27 日,共青团中央发布《关于在学生中提倡勤工俭学的决定》。1958 年毛泽东在探索教育与生产劳动相结合的问题时,重点考察并肯定了半工半读、厂校结

---

① 国家统计局:《新中国五十五年统计资料汇编》(1949—2004)(电子版),中国统计出版社 2005 年版。

合的做法。他在视察天津大学和南开大学时指出:"以后要学校办工厂,工厂办学校。""学生要勤工俭学,教师也要搞。"学生和教师均可以通过多种形式参加劳动,实现教育和劳动的结合。根据毛泽东的号召,1958 年 9 月中共中央、国务院发布的《关于教育工作的指示》规定:在一切学校中,必须把生产劳动列为正式课程。在此号召下,学校掀起了大办工厂、农场的热潮。[①] 与此同时,中等以上学校的师生,分批到工厂,到矿山,到农村,与工人农民同吃同住同劳动,形成规模宏大的下厂下乡运动。在全民大炼钢铁的运动中,各地学校普遍停课,投入大炼钢铁和三秋劳动。

中共中央《关于在农村建立人民公社问题的决议》发表后,各地出现了人民公社化高潮,农村的全部中小学下放给公社领导管理。在河南、河北、广东、山东等一些省市,学校被合并,出现了一批集体住宿、集体吃饭、集体读书、集体劳动的学校。农村人民公社开始大办学校。一些工厂、人民公社、机关、街道办起了高等学校、中等专业学校、农业中学、普通中小学、幼儿园以及红专大学、劳动大学、市民学院等各种形式的学校。有的工厂、人民公社还宣布办成了从幼儿园到高等学校的"教育体系"、"教育网",实现了"人人劳动,人人学习"的"共产主义教育制度"。半工半读的教育制度成为当时职业教育的主要形式。

(2)两种教育制度

关于教育制度的改革,中共中央副主席、中华人民共和国主席刘少奇在"大跃进"年代提出过一套完整的设想,即推行"两种劳动制度和两种教育制度"。1958 年 5 月 30 日,刘少奇在中共中央政治局扩大会议上的讲话中谈到关于两种教育制度问题。他说:"我们国家应该有两种主要的学校教育制度和工厂农村的劳动制度。一种是现在全日制的学校教育制度和现在工厂里面、机关里面 8 小时工作的劳动制度。这是主要的。此外,是不是还可以采用一种制度,跟这种制度相并行,也成为主要制度之一,就是半工半读的学校教育制度和半工半读的劳动制度。"1958 年 6 月 8 日至 20 日,刘少奇又在两次会议上提出:"半工半读问题是从中国条件、中国特点提出的。中国特点是:人多、穷、生活水平低,要进行技术革命,人多劳动力够用。""学校分两类:第一类是全日制学校,第二类是半工半读、业余学校,主要是半工半读。""两类学校都算正规学校","这些都要规定为国家制度"。该提议一经提出,就受到全党和社会的高度关注和拥护。[②] 在

---

① 中共中央、国务院:《关于教育工作的指示》,见 http://www.cew.org.cn/wm/dangshijiaoyu/20070207/36736.shtml/1958 - 09 - 19。

② 陈学恂:《中国教育史研究现代分卷》,华东师范大学出版社 1994 年版,第 428 页。

农村,1958 年半农半读学校的学生就达到 374 万人,解决了当年高小毕业生的升学问题,吸收了不少往届高小毕业生,还为经济困难的家庭和学生解决了就读的困难。城市办的半工半读学校也成了把工人培养成为知识分子的重要形式,这类学校实行六小时生产、二小时学习的制度(简称六二制)。据不完全统计,到 1959 年末,全国参加半工半读的职工达 14.5 万人。就农业中学和其他职业中学而言,1959 年的学校数量高达 22302 所。① 受"大跃进"的影响,许多半工半读学校存在着不顾客观条件,急躁冒进,一哄而起的问题,到三年困难时期,这类学校能够坚持下来的寥寥可记,当然也没有将其作为一种国家教育制度确定下来。刘少奇同志提出的"两种教育制度"的设想最终也没有成为现实。

(3) 多形式多渠道办学

在"大跃进"的鼓噪下,掀起一阵多快好省地发展职业教育的热潮。建国后实行中央教育行政部门直接指挥和管理学校的制度,这种高度集中统一管理的弊病在 50 年代中叶已经开始显露,主要是地方的办学积极性不高,限制了教育事业的发展,不能满足人民群众日益增长的要求。于是,在 1958 年的教育革命大潮下,教育管理权限下放,打破了国家统办职业教育的局面。从过去只由中央部门或教育部门为主办学,到出现中央各部门、地方产业部门、教育部门、劳动部门及厂矿企事业单位等多形式、多种渠道办学的新局面。

在多形式多渠道办学的过程中,农业中学的出现是职业教育在该时期的"新鲜事"。1958 年 2 月 24 日,中共中央宣传部长陆定一向江苏省委提出创办农业中学的倡议。其后江苏省海安县双楼乡和邗江县施桥乡自办农业中学,并被证明为当地农业、农村发展作出了贡献。该时期农业中学的办学形式主要有三种:

① 大队单办或几个大队联办的小型分散的农业中学。

② 由公社兴办的住宿与走读相结合的农业中学。这种学校一般学校数量较少,办学规模较大。这种学校有些还办有少量的农业高中班。

③ 学生学习、劳动、生活都在学校,实行"三集中"的农业中学。

该种中学多由公社举办,为数不多,建校历史较长,有较多的生产基地和校舍,生产养校,经费可以全部、大部或部分自给。除以上三种类型的农业中学外,全日制中学、小学附设的农中耕读班;"长短结合"的班(即在三年制的农业中学开设短期的会计训练班)、电工训练班、农业技术员训练班等,立足于为生产队培

---

① 吴玉琦:《中国职业教育史》,吉林教育出版社 1991 年版,第 76 页。

养技术力量。由于农业中学主要面向农村生产,对文化课程的要求比较低,再加上办学灵活,因此便于普及。从 1958 年开始,农业中学在五六年中为社会输送了一大批有一定文化技术的农业劳动者和初级技术管理人员,对当地生产技术的改良和提高、农作物病虫害防治、农用化肥掌握、土壤改良、整枝修剪、良种选用、一般农用机具维修使用等方面都起了一定的作用。

继续大力发展技工学校也是多种形式、多渠道办学的重要内容。1958 年 3 月 20 日,劳动部在天津召开全国技工学校工作会议。马文瑞部长作了《勤俭办学、勤工办学,为培养思想好、技术好、身体好的新工人而努力》的报告,对技工学校在技工培训中的重要作用进行了肯定。1958 年 7 月 8 日,中共中央批转劳动部党组报告所提出的"今后技工学校还需大力发展"的要求。据此,一些地区开始大办技工学校。河南省充分发挥区、县、厂办学的积极性,短短几月,全省技校由原来的 9 所发展的 85 所,后调整到 63 所;湖南省原来只有 4 个市兴办技工学校,1957 年仅有 9 所技校,到 1958 年兴办技校的市已发展到 33 个,技校发展到 63 所。黑龙江省也从 1950 年只有一所技工学校发展到 1959 年 3 月的 17 所。1959 年 4 月,劳动部在上海召开全国技工学校工作会议,总结技工学校的发展情况、成绩及存在的问题,提出坚决贯彻执行党的教育方针,确定技工学校的培养目标、学制、课程设置、课时分配以及改进教学组织和教学方法,加强对技工学校的领导和管理。为了促进技工教育的发展,1960 年 3 月,劳动部在郑州召开全国技工培训工作现场会议,总结交流了湖南省大办技工学校的经验。到 1958 年底,中专学校由 1957 年的 728 所猛增到 2085 所,就读学生从 48.2 万人升至 1083 万人;技工学校由 144 所增至 417 所,学生从 6.6 万人升至 16.9 万人。[①] 但是,这种"大跃进"式的发展使教育事业计划失去控制,学校发展中一度出现混乱局面,教育教学质量也受到不同程度的冲击。

(三)压缩、整顿与调整职业教育

在 1958 年教育"大跃进"中,由于盲目追求高速度、高指标,造成教育质量严重下滑的不良后果,职业教育工作陷入发展误区。技工学校在"大办"和"县县办"的口号下,到 1961 年猛增加到 2100 多所。教学上的不稳定和数量上的急剧扩张,使中专、技校蒙受重大损失。[②] 为了纠正工作错误,1960 年 11 月 24 日至 12 月 12 日,中央文教小组召开全国文教工作会议,集中研究在教育工作中贯彻

---

① 国家统计局:《新中国五十五年统计资料汇编》(1949—2004)(电子版),中国统计出版社 2005 年版。

② 陈学恂:《中国教育史研究现代分卷》,华东师范大学出版社 1994 年版,第 445,469 页。

执行"调整、巩固、充实、提高"八字方针的问题,检查和批评文教战线的"共产风、浮夸风、强迫命令风、干部特殊风和瞎指挥风",强调要正确处理文教事业建设和生产发展特别是农业生产发展之间的关系,解决好教育事业发展过快、战线过长、占用劳动力过多的问题。会后,中央文教小组向中共中央提出了《关于1961年和今后一个时期文化教育工作安排的报告》,拉开了教育大调整的序幕。

1. 压缩教育事业规模

1961年1月党的八届九中全会批准试行"调整、巩固、充实、提高"八字方针,教育战线开始进行调整,缩短专线,压缩办学规模,裁减学校,精简教工。1961年6月,中共中央书记处举行会议讨论1961—1963年教育事业发展计划问题。同年7月,教育部召开了全国高等学校和中等学校调整工作会议,调整了招生指标,对中等专业学校进行规模压缩。在此政策指导下,1961—1963年间中等专业学校学生减少48%。1961年12月,教育部又召开了第二次高等学校和中等学校调整工作会议,讨论研究了进一步压缩教育事业规模,调整高等和中等学校问题,会议要求现有中专压缩到1670所(中央部属为中专269所、地方中专为1401所),较1960年减少2591所。[①] 1962年4月,教育部召开全国教育工作会议。进一步调整教育事业规模和精简各级各类学校教职工人数;5月,中共中央批发了教育部党组《关于进一步调整教育事业和精简学校教职工的报告》。中央批示:必须下最大决心,对教育事业、特别是对高等学校和中等专业学校进行进一步的调整,大量裁并1958年后新设立的条件很差的中等专业学校,并明确让保留下来的中等专业学校5年内实行内部招生。5月29日,教育部成立精简调整办公室,专门负责各级学校调整和教职工的精简工作。10月教育部召开的全国教育事业计划会议对1962年调整、精简工作进行了初步总结,并对1963年教育事业计划做了安排。至1963年11月,调整工作基本完成,精简调整办公室撤销。经过1961年至1963年的调整精简,对各级各类学校的规模、布局、专业、科类的比例等作了统一的调整和安排,使之更加合理。由此,随着国民经济的全面好转,教育事业重新走上有计划的稳定发展的轨道。

2. 倡导规范化办学

1960年,在第二届全国人民代表大会第二次会议上通过的《国民经济发展计划》提出积极发展中等专业学校,努力培养中级建设人才,把职业教育发展和国家经济发展总目标更加紧密地结合在一起。在此方针指导下,党和政府陆续

----

① 国家统计局:《新中国五十五年统计资料汇编》(1949—2004)(电子版),中国统计出版社2005年版。

出台了若干配套政策。

1963 年 3 月,中共中央宣传部《关于调整初级中学和加强农业、工业技术教育的初步意见(草稿)》中提出:积极设法恢复过去几年停办或者合并掉的一些农业学校和与农业有关的技术学校,视各地区农业生产发展的不同状况积极办好农业中学。同年 11、12 月,教育部召开教育事业规划座谈会,根据周恩来的指示,研究并着手编制中小学教育和职业教育七年规划。1964 年 1 月,教育部发出通知要求当年教育事业应当从实际情况出发,继续调整高等学校科类比例,适当发展中等专业教育,积极试办职业教育,进一步开展业余教育。1964 年 1 月25 日至 3 月 7 日教育部召开了教育工作会议,指出城市必须坚决贯彻执行普通教育与职业(技术)教育并举的方针;在 1965 年和第三个五年计划期间,有计划地将设置较多的普通中学改造为职业学校;积极发展职业教育,进一步发展工农业余教育。

职业教育教学质量日益成为该时期职业教育规范化办学的关注重点。为研究提高技工学校教学质量,1959 年 4 月劳动部召开全国技工学校工作会议,会议规定了一般的技工学校学制以 2 至 3 年为宜,确定了生产劳动时间和技术理论学习时间比例在 6∶4 到 7∶3 之间。1961 年 5 月,劳动部颁发施行了《技工学校通则》、《关于技工学校学生的学习、劳动、休息时间的暂行规定》和《技工学校人员编制标准(草案)》等一系列文件,对学校规模、工种、专业设置以及学生学习、人事编制等问题作出明确规定,使各项工作更加规范化。1963 年 6 月 5 日,教育部颁布了《教育部关于制定全日制中等专业学校教学计划的规定(草案)》,对中等专业学校的培养目标、修业年限、课程设置、学时安排、劳动实习、计划审批权限作出全面、明确规定。1964 年 3 月,教育部、文化部联合发出通知,规定各类职业学校,在正式教材未编出以前,可以根据学校的具体培养目标,暂时选用同级学校比较适用的教材,也可以另行选编试用教材,并要求做到课前到手,人手一册,印刷清楚。同年 4 月,教育部上报国务院《关于举办职业学校若干问题的意见》提出:各类职业学校应该由主管部门根据招生对象、修业年限和具体的培养目标,制定实行教学计划;制订教学计划的原则,由教育部另行规定;职业学校一般设有政治、文化、业务、生产劳动和实习四门课程。四类课程的比重和要求,根据学校类别和年级的不同而有所区别。20 世纪 60 年代起颁布实施的中等专业学校和技工学校的工作条例,改善和加强了调整时期的中等职业教育,有利于恢复和建立正常的教学秩序,对提高教育质量起到了积极的作用,使我国职业教育事业再度出现了繁荣的局面。

　　随着"两种教育制度"的试行,技工学校划归教育部管理。[①] 1964 年 4 月 2 日,国务院颁发《关于技工学校综合管理工作由劳动部划归教育部的通知》指出:为了进一步贯彻普通教育与职业教育并举的方针,大力发展职业教育,加强职业教育领导、管理和统筹安排,决定将技工学校的综合管理工作及相应经费额度由劳动部划归教育部主管和掌握,劳动部给予协助。[②] 6 月 15 日国务院批准教育部设立职业教育司,主管技工学校和职业学校。10 月 16 日,国务院文教办公室发出文件,同意将高教部中专司划归教育部。但仅隔两个月,教育部由将职教司与中专司合并(仍称中专司),另设半工半读教育办公室,把一个统一的事物又分解开来。对职业教育管理体制的调整,符合全国职业教育统筹管理的客观需要,但由于当时对职业教育统筹管理的必要性和重要性的认识不足,使得调整后局面更加复杂,以致后来教育部主动放弃了对技工教育的管理。1964 年 11 月,中共中央转发了江苏省委《关于发展半工(耕)半读教育制度的规划(草案)》。中央批示:半工半读学校、半农半读学校是今后教育的发展方向,对于今后实行两种教育制度,对于发展我国教育学的理论,都是非常重要的。以技工学校和中等专业学校为重要组成部分的职业教育办学主体开始沿着规范化办学的轨道前进。

　　积极调整职业学校的专业设置、招生和毕业分配工作并使之走向规范化是"大跃进"后职业教育调整的另一重点。1963 年 10 月,国务院批转教育部《关于中等专业学校专业的设置和调整问题的规定》,针对 1958 年以来由于统筹安排不够而出现薄弱环节和存在专业缺口等问题,规定各校设置专业要以教育部颁发的《中等专业学校专业目录》为准。教育部于 1963 年 6 月 15 日发出《关于颁发〈中等专业学校专业目录〉的通知》,共分 8 科 348 个专业。[③] 1963 年教育部发出《关于改进中等专业学校招生工作和毕业分配工作的意见》,规定中等专业学校一般在本地招生,招收初中毕业生。农、林、医、师范学校除招收初中毕业生外,可以采取公社保送和考试相结合的办法,从公社招收经过劳动锻炼的初中毕业生或具有同等学力的青年。各科学校可以内招一部分在职职工。公社保送的各种毕业生由原公社安排,内招职工毕业后由有关部门分配工作或回原单位。据此,农、林、医、师范等学校进行了"社来社去"的试点。到 1964 年,全国有 19 个省、自治区 81 所中等农业学校实行了"社来社去"的招生。这类学校先后从农

　　① 陈学恂:《中国教育史研究现代分卷》,华东师范大学出版社 1994 年版,第 445 页。
　　② 国务院:《关于技工学校综合管理工作由劳动部划归教育部的通知》,中华人民共和国国务院公报 1964 年第 6 期。
　　③ 中国教育年鉴编辑部:《中国教育年鉴》(1949—1981),中国大百科全书出版社 1984 年版,第 214 页。

村招收 11000 多名学生。1963 年 7 月教育部发出在中等专业学校试办招收高中毕业生班的通知，1964 年扩大到 12 个部门所属的 17 所中专学校，招生 1990人。1965 年，教育部国家计委联合通知，1965 年可以继续招高中生，但不扩大试验面，不再增加招生人数。由于 50 年代人口政策的失误，造成高中毕业生急剧上升，而高校招生人数有限，相当数量的高中毕业生不能升学，只有依托中专试招高中毕业生。此举给相关教育的学制增加了复杂性和不合理性，并给后来职业教育的发展造成长期不利的影响。

3. 继续推行两种教育制度

经过 1961 年到 1963 年三年的调整、整顿，我国职业教育事业得以健康稳定发展，教育质量逐年提高，为国家培养了一大批高质量的技术人才。1964 年，在调整和整顿的任务已经完成后，教育改革就开始提上党和国家的议事日程。1964 年 1 月 5 日，中共中央、国务院转发教育部《中小学教育和职业教育七年(1964 — 1970)规划要点(初步草案)》。《要点》提出今后七年内，必须从积极试办入手，努力发展职业教育。1964 年 2 月 13 日，毛泽东在人民大会堂召开教育工作座谈会(后来称此会为"春节座谈会")，就教育改革提出了许多意见。他说："教育的方针路线是正确的，但是办法不对。我看教育要改变，现在这样还不行。""学制可以缩短。""课程多、压得太重是很摧残人的。学制、课程、教学方法、考试方法都要改。"在上述精神指导下，各类中等职业教育改革再起。

1965 年 3 月，教育部召开了半农半读教育会议。会议提出：今后农村教育实行全日制和耕读小学两条腿走路，普及小学教育，扩大试办农业中学，积极试办半工半读中等技术学校。[①] 5 月教育部、国家计委联合发出通知，决定 1965 年初等和中等学校教育事业招生计划中央不再下达指标，由各省、市、自治区自行安排；积极发展半工(农)半读学校，少数试招高中毕业生的中等技术学校可以继续招生，但不再扩大试验面，不再增加招生数。同年 6 月，高等教育部决定发展半工(农)半读高等学校。从此，全国半工(农)半读教育纳入教育事业发展计划并获得较快的发展。10 月，教育部召开全国城市半工半读教育会议，会议要求目前正在全国各地试办的城市半工半读学校今后必须坚持"五年实验，十年推广"的方针，坚定方向，继续积极试办。

1964 年，半工半读教育又有了新的发展。5 月，中央工作会议提出要实行两种劳动制度、两种教育制度。1964 年 7 月到 8 月间，刘少奇再次提出他的"两种

---

① 中共中央. 关于半农半读教育工作的指示[EB/OL]. http://www.ce.cn/xwzx/gnsz/szyw/200706/13/t20070613_11731851.shtml. 1965 - 7 - 14。

教育制度"的方案,强调半工半读既是劳动制度,又是教育制度,两者是结合的。并且将其与"反修防修"联系起来,建议各省、市、自治区以及各大城市都着手试验、试办。1964 年 11 月 17 日中共中央《关于发展半工(农)半读教育制度问题的批示》指出:"从 1958 年以来,这些坚持下来的半工半读、半农半读的学校,虽然数量是小的,但是它们代表了我们今后教育的发展方向,因而是十分重要的。"①1965 年 11 月中旬中共中央政治局扩大会议讨论城市半工半读教育问题,刘少奇在会上说:"我们的国民教育有三种形式,一种是全日制;一种是业余教育,一种是半工半读。半工半读要培养有社会主义觉悟、有文化科学知识、有技术、有实际操作能力的新型劳动者。我们的目标应该是能达到当干部、当技术员、当工程师的水平,但是也要能当工人、农民。半工半读试验的重点是中等专业学校和高等学校。这样才能衔接起来,逐步定型,形成体系,防止资本主义复辟。坚持五年试验十年推广,不能动摇,不能发展太快。全日制学校还是需要的,要好好地办。"②

从 1964 年下半年起,京、津、沪等大城市又开始举办各种形式的半工半读学校,一些全日制的中专和技校试改为半工半读学校。为了更好地领导和推进半工(农)半读教育的试验工作,一些省市和中央部门成立了专门的领导管理机构,制订发展规划。教育部成立半工半读教育办公室,天津成立第二教育局,江苏省成立工读教育局,农业部、化工部成立半工半读领导小组等。1965 年 3 月教育部召开了全国农村半工半读教育会议,同年 10 月召开了全国城市半工半读会议,为进一步推动半工(农)半读教育深入发展,总结经验。会议确定在农村大力发展耕读小学,扩大试办农业中学和农业中等技术学校,在城市重点发展中等技术学校和高等学校的战略。

在国家两种教育制度的探索中,半工半读教育得到了很大发展。据教育部 1965 年下半年的不完全统计,有 8 个省份先后举办了半工(农)半读的高等学校;全国 6 所高等农业院校中,已试办半农半读的 37 所,学生占在校生人数的 15%;307 所中等农业学校中实行半农半读的有 220 所,学生占在校学生数的 52%。截止到 1965 年底,全国半工(农)半读学校已发展到 61626 所,在校生达 443.3 万人。③ 半

---

① 中共中央.关于发展半工(耕)半读教育制度问题的批示[EB/OL]. http://www.ce.cn/xwzx/gnsz/szyw/200706/13/t20070613_11731851.shtml.1964 - 11 - 17.

② 中国教育年鉴编辑部:《中国教育年鉴》(1949—1981),中国大百科全书出版社 1984 年版,第 468 页。

③ 国家统计局:《新中国五十五年统计资料汇编》(1949—2004)(电子版),中国统计出版社 2005 年版。

工半读教育制度的试点虽然时间不长,但也有一些效果:学生受到了实际锻炼,劳动观念得到加强,学会了操作技能,做到理论联系实际。当然其中也出现许多问题,值得后人总结与反思。

第三节 "文化大革命"和职业教育浩劫

经过社会主义过渡时期和全面建设社会主义时期的发展,我国职业教育打下了一定的基础并且也取得了一定的成就。但是,随之而来的"无产阶级文化大革命"迅速打碎了中华人民共和国成立 17 年来建立起来的职业教育体系,在极"左"路线的冲击下,职业教育几近瘫痪。

一、批判"两种教育制度"

(一)"文化大革命"始于"教育革命"

"文化大革命"开始前,毛泽东认为,"一大批资产阶级的代表人物、反革命的修正主义分子,已经混进党里、政府里、军队里和文化领域的各界里,多数的单位的领导权已经不在马克思主义者和人民群众手里,过去的各种斗争都不能解决问题,只有实行文化大革命,公开地、全面地、自下而上地发动广大群众来揭发上述的黑暗面,才能把被走资派篡夺的权力重新夺回来"。1966 年 5 月 7 日,毛泽东在审阅中国人民解放军总后勤部《关于进一步搞好部队农副业生产的报告》后,在一封信中写到:"……学生也是这样,以学为主,兼学别样,即不但学文,也要学工、学农、学军,也要批判资产阶级。学制要缩短,教育要革命,资产阶级知识分子统治我们学校的现象,再也不能继续下去了……"之后,毛泽东发出号召:"彻底批判教育界和其他文化领域的资产阶级反动思想,夺取这些文化领域中的领导权,批判混进党里、政府里、军队里和文化领域的各界里的资产阶级代表人物,清洗这些人。""在当前,我们的目的是斗垮走资本主义道路的当权派,批判资产阶级的反动学术权威。"于是,在教育领域开始了"停课闹革命"的"造反"逆流,整个教育秩序被严重破坏,正常的教育工作几乎停顿。

党的八届十中全会后,在毛泽东对全国政治社会形势作出错误估计的情况下,于 1966 年 5 月 16 日中共中央政治局扩大会议上通过《五一六通知》,宣布重新设立中央文化革命小组,对全面发动"文化大革命"运动的理论路线政策作了阐述,随后发布《关于无产阶级"文化大革命"的决定》。《决定》规定"文化大革命"的主要内容为:彻底批判教育界和其他文化领域的资产阶级反动思想,夺取这些文化领域的领导权,当前的目标是斗垮走资派。① 于是,当代中国历史上的一场文化与教育的浩劫便粉墨登场了。

在"文化大革命"中,教育领域的"造反"首当其冲,并且在"教育要革命"的口号之下,成为这场"革命"的重灾区。职业院校遭受的破坏和摧残最为严重,职业院校几乎全部被停办,"四人帮"把职业技术教育看做资产阶级"双轨制"教育的化身,一味盲目地发展普通教育,全面否定职业教育,到 1969 年技工学校、职业学校、半工农半读学校已经荡然无存。

(二)发难半工半读教育制度

半工半读制度本来是由刘少奇倡导,征得毛泽东同意并经中共中央政治局会议认可后才在国内大力提倡并实施的一项教育制度。早在 1958 年 1 月毛泽东在《工作方法六十条》(草案)就首次提出了"半工半读"的设想,他要求:"一切中等技术学校和技工学校,凡是可能的,一律试办工厂或者农场,做到自给或半自给,学生实行半工半读。在条件许可的情况下,这些学校可以多招些学生,但是不要国家多增加经费。"②中共中央、国务院《关于教育工作的指示》也充分肯定了这种学制。到 1965 年全国半工半读在校学生已达 443.3 万人,并开设了农、林、牧、工、渔、蚕等一大批实用专业。在"文化大革命"前夕,即 1965 年,教育部为了总结经验、汲取教训,先后召开了半农半读和半工半读教育会议,制定了具体的"五年试验,十年推广"的全国实施计划。

但到了 1966 年"文化大革命"开始时,由于刘少奇等领导人被错误地视为党内走资本主义道路的当权派,因此他积极倡导的两种教育制度及其半工半读学校也便被错误地视为"修正主义教育路线"和"资产阶级教育制度",并受到猛烈的批判。1967 年 7 月 18 日,人民日报发表题目为《打倒修正主义教育路线的总后台》的文章,不指名地提出打倒刘少奇,发动教育大批判。文章错误地全面否定新中国成立以来 17 年的教育工作成就和经验,认为教育工作推行的是修正主义路线,党内最大的走资本主义道路的当权派是修正主义教育路线的总后台。文章还错误地批判半工半读是资产阶级职业学校、两种教育制度是资本主义国家"双轨制"教育的翻版。这篇文章为批判半工半读和两种教育制度定了基调。刘少奇被打倒,他所倡导的半工半读被彻底否定,积极实施半工半读制度的职业教育也受到了空前的冲击,半工半读的学校全部停办,职业教育元气大伤。

---

① 《中国共产党中央委员会关于无产阶级文化大革命的决定》,《人民日报》,1967 年 8 月 9 日。

② 毛泽东:《工作方法六十条(草案)》,1958 年 1 月 31 日。

二、职业教育蒙受浩劫

持续十年的"文化大革命"大致分为两个阶段。第一个阶段是从 1966 年 5 月至 1970 年 6 月的"动乱"阶段。党、国家和人民遇到新中国成立以来最严重的挫折,整个教育事业也遭受了最严重的摧残和破坏。林彪和"四人帮"两个反革命集团为达到篡党夺权的政治目的,利用"文化大革命"在文化教育领域肆虐,一方面极力否定新中国成立后 17 年的教育工作。另一方面大力推行其"极左"路线、方针和政策。他们以批判所谓"修正主义教育路线"和"两种教育制度"为借口,把职业中学、农业中学全部砍光,中等专业学校、技工学校也基本上被迫停办。与此同时,普通高中得到盲目发展,教育事业出现严重的结构失调,国民教育畸形发展。这一时期的技工教育体系也完全被搞乱,工厂企业的职工教育机构被迫撤销,教师队伍被迫解散,多数职工学校被迫停办,教学设备与图书资料被毁坏,全国整个职工教育和培训体系基本上处于停顿或半停顿的状态。

(一)职业教育管理瘫痪

"文化大革命"开始后,经中共中央同意,高等教育部和教育部于 1966 年 7 月 23 日合并成立教育部,但随后即受到严重冲击并陷于瘫痪。1967 年 7 月到 9 月,毛泽东视察大江南北时阐述了干部政策:"绝大多数干部都是好的,不好的是极少数","要团结干部的大多数","要扩大教育面、缩小打击面","要解放一批干部,让干部站出来","正确地对待干部,是实行革命三结合,巩固革命大联合,搞好本单位斗批改的关键问题,一定要解决好"。此后,各地在"大联合"及成立"革命委员会"时"解放"了一批曾被"打倒"的领导干部,但这时被"解放"的干部仍然只是少数,大部分领导干部的处境仍旧十分困难。1968 年 7 月 27 日和 1969 年 4 月 3 日,教育部门先后实行军管,工宣队进驻,干部下放劳动,教育行政机关和学校领导部门几乎全部解散。1968 年 9 月 10 日,毛泽东针对当时的情况阐述了对知识分子要给出路的政策:"对过去大量的高等及中等学校毕业生早已从事工作及现在正从事工作的人们,要注意对他们进行再教育,使他们与工农结合起来。其中必有结合得好的并有所发明创造的,应予以报导,以资鼓励","需要打倒的只是极少数,就是对这些人,也要给出路"。上述干部政策和知识分子政策对解放干部和正确对待教师起了一定的作用,但由于当时各地"造反派"不遗余力地审查、批斗所谓的"走资派"和"反动学术权威",甚至在批斗整改中不惜逼供,制造了大批冤假错案,群众反映强烈。

教育干部下放基层参加劳动是毛泽东推行干部改造的主要措施。1968 年

10 月 5 日,毛泽东看了黑龙江省柳河"五七干校"的报道后指出:"广大干部下放劳动这对干部是一种极好的学习机会,除老弱病残者外,都应这样做,在职干部也应分批下放劳动。"从此,一大批包括职业教育在内的教育战线领导和教职员工被陆续下放到"五七干校"改造思想,1969 年 10 月林彪"第一号令"的下达后教育界的干部和教师下放"五七干校"的进程大大加快,与此同时,众多的职业学校也被迫停办、撤销。这一状况直至 1970 年 7 月国务院科教组成立后方得到纠正,干部和教师开始陆续从"五七干校"返回学校。至此,全国教育行政领导中断长达四年之久,包括职业教育在内的教育战线的许多工作长期荒废。

在"文化大革命"期间,毛泽东和中共中央、国务院、中央军委、中央文革领导小组在领导"文化大革命"时,将指示、决定、通知等通过文件、报刊、广播直接传达到学校。人民日报、解放军报、红旗杂志不断发表毛泽东的指示、各种文章、报道、社论、评论员文章、编者按语等直接"指导"着"教育革命"。1971 年 4 月,"四人帮"出台了"两个估计"的《纪要》,全盘否定 17 年的教育成果,教育战线陷入了空前的混乱,学校不敢抓质量,教师不敢管学生,一大批教师和干部遭到残酷迫害,教育事业惨遭摧残。直到"林彪事件"以后,局面才开始有所改善,受到迫害的干部开始大范围被"解放",教育战线的正常秩序才得以逐步恢复。

(二)职业学校遭到重大破坏

1. 职业学校严重萎缩

"文化大革命"初期,半工半读学校和职业中学全部停办。据统计,1965 年至 1972 年间,全国各级中等技术学校减少 397 所,占学校总数的 45%,中等师范学校减少 47 所,占学校总数的 11.9%。[①] 1969 年 8 月 7 日《人民日报》发表了北京电力学校(中等技术学校)革命委员会和驻校工军宣队的调查报告,反映了当时学校的混乱情况。报告说:"目前中等技术学校的状况是:有的已经改成工厂,有的准备继续办下去,有的干脆下马不办了。相当数量的中等技术学校举棋不定,等着瞧……"中等专业学校(含中等师范学校)在 1966 年至 1970 年基本停止招生,只零星招生 139 万人(其中,高等技术学校 7.6 万人,中等师范学校 6.3 万人)。按 1965 年招生数为基准计算,应招生 104 万人,减去已招生的 13.9 万人,约少招生 90 万人。大量职业学校的停办反映了"文化大革命"对职业教育的巨大影响。[②]

大量农业院校和中等专业学校下放到农村或下放到各省市管理直接造成职

---

① 国家统计局:《新中国五十五年统计资料汇编》(1949—2004)(电子版),中国统计出版社 2005 年版。

② 李蔺田、王萍:《中国职业技术教育史》,高等教育出版社 1994 年版,第 336 页。

业院校的停办或疏于管理。1968 年 12 月 10 日,《人民日报》刊登相关报告指出:农业院校"统统搬到农村,由贫下中农管理学校",有些中等农业学校在"文化大革命"一开始就已搬到农村,随着"文化大革命"的开展,越来越多的学校搬迁到农村。由于办学主体不明,管理混乱,教学缺乏秩序,学校运转失控。1969年 10 月 26 日,中共中央发出"关于高等学校下放问题的通知",此后,国务院有关部委的直属中等专业学校绝大部分改变了原有的隶属关系,下放到省、市、自治区有关厅局或企业。如第一机械工业部原来共有部属中等专业学校 16 所,全部下放。由于全国处在动乱时期,学校下放后,无人管理,很快就停办。1971 年全国教育工作会议虽然重申了毛泽东关于半工半读的指示,但由于种种原因,半工半读学校在"文化大革命"期间一直没有恢复。在"文化大革命"前,许多农业中学多是由普通中学改办的,这时绝大多数又改回来,变成普通中学。中等技术学校在"文化大革命"前多数是半工半读学校,此时全部停办,改为工厂。第一机械工业部所属系统办有各类中等专业学校 72 所,其中有 70 所改为工厂;外贸部所属系统总共有 10 所中等专业学校,全部停办;邮电系统所属中等专业学校有38 所,1968 年减为 7 所,1970 年全部停止招生,半工半读学校和职业中学在长达 10 年的时间内一直停止招生。如若以中等专业学校 1965 年招生数 52 万人为基数计算(未计算年递增数和初级职业中学部分),"文化大革命"期间全国共少招生约 533 万人。[①]

2. 大量校舍被占

由于毕业生离校,教师下放,许多厂矿企业占据学校,当时主管学校日常事务的工宣队或军宣传队纷纷主动出让校舍和设备,学校名存实亡。根据 1980 年全国中等专业教育工作会议时的统计,全国中等专业学校校舍被工矿企业单位占用约 750 万平方米,相当于 37 万学生所需的校舍容量。例如:在邮电部统所属的 38 所中等专业学校中,就有 28 万平方米的校舍被工矿企业单位所占用;四川省中等专业学校校舍被占 162 万平方米;北京地区原有 10 所部属的专业学校,校舍面积总计 434531 平方米,被工矿企业单位占用了 355908 平方米,占用率高达 89.1%;上海市 19 所中等技术学校,总计有 253.517 万平方米被占用,其中有 13 所学校的校舍全部被占用;其他工半读学校、技工学校、职业中学全部停办,校舍被占面积没有详细的统计资料,但实际损失巨大。[②]

[①] 国家统计局:《新中国成立十五年统计资料汇编》(1949—2004)(电子版),中国统计出版社2005 版。

[②] 李蔺田、王萍:《中国职业技术教育史》,高等教育出版社 1994 年版,第 338—339 页。

职业学校校舍被严重占用这一情况,给学校恢复正常教学秩序的工作带来巨大困难,以至以"文化大革命"结束之后,退还校舍成为当时职业教育的首要任务,也是当时十分艰难的一项任务。"文化大革命"结束后,许多职业学校面临的困难首先是没有教学场地,如何想方设法借用到校舍成为学校领导的头等大事。由于校舍缺乏保证,不仅教学条件很差、教学设施严重不足,而且还由于学校经常搬迁,教学质量受到严重影响。以北京地区为例,在"文化大革命"结束之后最初几年,第一轻工业学校四处借房,几乎年年搬家;戏剧学校、工艺美术学校等学校也因为校舍严重不足而借场地办学,垂阳柳医院卫生学校甚至是在两间只有十几平方米的洗衣房里办学;更有甚者,宣武区卫生学校由于借不到合适的房子,迫不得已,只好在马路边搭起两间简易木板房作为教室;其他许多专业学校或技工学校也有类似情况,办学条件十分艰苦。①

3. 职业学校教师大量流失

在林彪、"四人帮"的肆虐之下,"文化大革命"期间政治斗争不断被扩大,所谓的"革命大批判"成为"造反派"助纣为虐的尚方宝剑,一时教育战线人心惶惶,坐无宁日,加之许多职业学校停办或陷于瘫痪,所以大量教师或转入其他行业,或者下放工厂和干校劳动,甚至有些还长期遭受批斗和强制改造。新中国成立以来经过十多年的努力逐渐建设起来的一支职业教育师资队伍被毁,教师队伍大量流失,即使是仍然留守在职业学校的教师,也因多年不从事教学工作而业务荒废。据不完全统计,1966 年全国共有中等技术学校教师为 48 万,但是到了1970 年便锐减为 26 万人,1971 年更减至 24 万人,只有 1966 年教师人数的一半。②

教师队伍的大量流失使职业教育受到重创,这种影响不仅体现在数量上,更重要的是对职业教育的认识和信心上,加之林彪、"四人帮"倒行逆施,污蔑职业教育推行了"资产阶段两种教育制度",一时间从事职业教育的干部和教师人人自危,职业教育几乎陷于绝境。

4. 教育秩序混乱不堪

(1)学生停课"闹革命"

林彪、"四人帮"在"文化大革命"中把学校功能丑化为培养修正主义苗子的场所,以"两条路线斗争"为幌子,攻击新中国成立以来的教育是一条走"白专"道

---

① 李蔺田、王萍:《中国职业技术教育史》,高等教育出版社 1994 年版,第 344—345 页。
② 国家统计局:《新中国五十五年统计资料汇编》(1949—2004)(电子版),中国统计出版社 2005年版。

路的教育,蛊惑青年学生"踢开党委闹革命",许多干部和教师被视为资产阶级代表人物而打倒,学校全面停课,"造反"声四起,教育界出现大动乱。1966 年 9 月,中共中央、国务院发出通知,要求各地组织高等学校革命学生、中等学校学生代表以及"革命"教职工代表来京参观"文化大革命"并参加领袖接见,全国"大串联"局势形成。在"大串联"中,中等专业学校,半工半读学校赴京团体很多,有的还在北京长期设有联络机构,其中较有影响的驻京联络机构是:半工半读学校代表团、20 世纪 60 年代中等专业学校调整下放回农村的学生上访团、中等农业学校招收的"社来社去"班学生上访团。① 学生长期"串联"、"上访",不仅背离了"学生以学为主"的要求,而且也导致了巨大的社会问题。为此,1966 年 10 月中共中央为结束当时的混乱局面多次发出紧急通知,反复重申停止"大串联",要求"串联"学生立即返回学校复课,投入"斗批改"。1967 年 3 月,中共中央规定各级各类学校要"复课闹革命",同年 5 月,中共中央等四个部门联合发出《关于半工半读学校复课闹革命和毕业生分配问题的通知》,全国"大串联"的动荡局势才得到初步的控制,学生普遍回校。

但在此后相当一段时期内,由于"文化大革命"运动愈演愈烈,回到学校后的"红卫兵"学生并没有真正"复课",而是开始全面清算 17 年教育,从"打砸抢"转向"斗批改",职业教育的秩序进一步动荡。

(2)军宣队、工宣队进驻学校

1966 年 12 月 31 日起,中共中央、国务院多次发出通知,由人民解放军派出军代表进驻包括职业学校在内的各大中学校,对学生进行军训,并且建立由军代表参加的"三结合"领导班子,整顿学校组织,开展教育活动,领导学校开展"斗批改"工作。1967 年 5 月 4 日,中共中央等四部门联合发出《关于半工半读学校复课闹革命和毕业生分配问题的通知》,要求"实行半工半读的中等专业学校,技术学校和职业学校以及厂矿企业附设的半工半读学校的学生,都要回到原生产单位或本校,按照中共中央的有关规定,积极'复课闹革命',同时参加生产劳动"。然而,在当时举国动乱的形势下,学生虽然普遍返校,但是"红卫兵"之间的派别斗争十分激烈,"武斗"现象此起彼伏,学校局势混乱不堪,"复课"成为一句空话。为了扭转这种局面,中央采取紧急措施,派出由人民解放军组成的"毛泽东思想宣传队"(简称"军宣队")进驻学校。1968 年 8 月 25 日,中共中央等四部门又联合发出通知,要求各地组织"工人宣传队"(简称"工宣队")进驻学校,配合"军宣

---

① 李蔺田、王萍:《中国职业技术教育史》,高等教育出版社 1994 年版,第 332—333 页。

队"领导学校工作。至此,职业学校的教育管理权就为"军宣队"和"工宣队"所掌控,学校的管理干部及广大教师失去了对教育的话语权,在很长一段时间内,在"政治挂帅"的幌子下,学校周而复始地陷于政治运动之中,教育活动很难有序开展。

（3）学生"斗批改"

1968 年 9 月,"文化大革命"的"夺权"运动已告一段落,这以全国各省、市、自治区均先后建立了革命委员会为标志。为此,《人民日报》和《解放军报》发表社论,指出整个运动已在全国范围内进入了"斗、批、改"的阶段,并且传达了毛泽东的意见:"建立三结合的革命委员会,大批判、清理阶级队伍,整党、精简机构,改革不合理的规章制度,下放科室人员,工厂里的斗、批、改大体经历这么几个阶段。"事实上,毛泽东试图通过"斗、批、改"达到"天下大治"的理想,同时实现其政治斗争的目的。

1969 年,毛泽东把"六厂二校"作为批改的试点,并将其树立为全国工矿企业和工人阶级"斗、批、改"的先进典型,向全国推广"六厂二校"的经验,要求各地加快"斗、批、改"的步伐。自然,全国各地的职业技术学校也雷厉风行,学生普遍投入到"斗、批、改"运动中。在"斗、批、改"的过程中,职业学校的干部和骨干教师大部分都受到冲击,被批斗、游街、监督劳动甚至抄家或羁押,普遍被剥夺了工作和教育的权利,"造反派"可任意揪斗所谓的"走资派"、"保皇派"、"反动学术权威"或被戴上莫须有罪名的人,人身安全得不到保证。此外,"造反派"还在"革命"的名义下,破坏学校的生活设施,捣毁教学设备和仪器,焚烧图书资料,职业学校实际上已成为"精神沙漠"。

（4）职业教育极度萎缩

因为受到"文化大革命"运动的严重冲击,一方面大量的职业学校或被撤销或被停办,另一方面仍然在举办的职业学校则在诸如"斗、批、改"之类浊流的干扰下难于开展正常的招生和教育工作,所以,职业教育的规模急剧萎缩,在校生数跌至新中国成立后的低谷。1969 年全国中等专业学校在校生仅有 3.8 万人,其中中等技术学校 2.3 万人,中等师范学校 1.5 万人,职业学校、技工学校、半工半读学校已不存在,没有学生。[①] 这是新中国成立以来职业技术学校在校学生人数最少的年份。

---

① 国家统计局:《新中国五十五年统计资料汇编》(1949—2004)(电子版),中国统计出版社 2005年版。

三、"文化大革命"后期职业教育艰难恢复

（一）职业教育重新受到重视

1. 职业教育与经济建设同行

在"文化大革命"中,我国国民经济发展受到空前的破坏,社会物资供应严重短缺,这一状况到了 20 世纪 70 年代初期开始受到国家高层领导的重视,与此同时,在"文化大革命"中受到极大冲击的教育与科技工作也开始引起各方高度的关注。1970 年,中央成立了国务院科教组这一临时性的决策机构,加强了国家对教育事业的领导,高等学校恢复招生。1971 年 9 月,林彪集团反革命政变被粉碎后,周恩来在毛泽东支持下主持中央日常工作。为了稳定国内局势,尽快提高人民生活水平,中央在政治、经济、外交等方面采取了许多措施,批判极"左"思潮,重申"又红又专"的人才培养方针,使各方面的工作有了转机。在这一大的背景下,由于职业学校在"文化大革命"初期被戴上"两种教育制度"的帽子,而且在"文化大革命"中受到极大的破坏,所以,要不要办职业教育,怎样办职业教育,就成为当时高层领导考虑的一个重大问题。

伴随着恢复经济建设工作的开展,职业教育被严重破坏的后果开始凸现出来,要求国家加强技术人才培养的呼声越来越大,也越来越强烈。燃料化学工业部在经过系统调查之后,向中央提交了一份《关于中等技术学校的情况和意见》,指出了在"文化大革命"中部属中等专业学校大量被停办,而当时生产一线迫切需要大量的技术力量却得不到满足,技术工人和技术人员严重匮乏。因此,《意见》强调"燃化系统的中等技术学校还是要办,而且要办好"。1971 年 7 月全国教育工作会议在北京召开,会上有关部委和省市代表强烈要求恢复和办好中等专业学校和技术学校,1971 年 7 月 10 日的全国教育会议《简报》汇总了各方代表呼吁办好中专的意见,强调指出"中等专业学校和技工学校是我国普及科学技术文化教育的一支重要力量,必须认真办好"。会上,代表们还建议,对于已经撤销或改为工厂的学校,各地应根据需要和可能,能恢复就恢复,能再改过来办成学校的就改过来。周恩来在接见会议领导小组时指出:"中专可以委托厂矿来办,或联合办,或地方办,多种多样",从而肯定了中等专业学校必须要办的这样一个大方向。在这次全国教育会议上,经过讨论,决定要恢复职业教育,并且一定要办好职业教育。此后,国家有关部委开始重建职业学校,对外贸易部率先于1971 年 8 月 27 日向国务院报送了《关于我部开办外贸中等专业学校的请示报告》,国务院很快批准这一报告,对外贸易部根据国务院的指示并结合对外贸易

的迫切需要陆续恢复一批中等专业学校。各级地方政府也从本地实际出发,开始重视职业教育的发展,一大批中等专业学校和技术学校在较短的时间内得到了恢复。

2. 职业教育在艰难中恢复

从 1972 年,我国各项教育开始步入恢复和发展阶段,各地的中等专业学校和技术学校也陆续复课,逐渐恢复正常教学秩序。但刚刚开始恢复元气的职业教育事业常常遭到"四人帮"一伙的干扰和攻击,而毛泽东也认为当时的任务仍然是反对"极右",从而使批"左"的正确意见被否定,"左"倾路线继续膨胀发展,这些使得职业教育的完全恢复步履维艰。

1973 年 3 月,中央恢复了邓小平国务院副总理的职务。同年 5 月 30 日,国务院科教组发出《关于 1974 年教育事业计划(草案)的通知》,要求 1974 年教育事业发展重点是继续大力普及农村小学五年教育;加强并发展高等教育;发展"七二一"大学;积极开展工农特别是上山下乡知青的业余教育;在保证重点的前提下,有计划地安排中等专业学校和技工学校。于是,职业教育的恢复与发展问题被提到议事日程上来。1973 年 7 月 3 日,国务院科教组又颁发了《关于中等专业学校、技工学校办学几个问题的意见》,提出要抓紧对中等专业学校、技工学校进行布局规划的调整工作,根据需要和可能适当发展中等职业教育。鉴于我国职业教育在"文化大革命"中受到严重冲击,教学秩序和规范受到严重破坏,国家计委和国务院科教组针对性地发布了《关于中等专业学校、技工学校办学中几个问题的意见》,对中等专业学校、技工学校的办学方针、任务、管理体制、学制、培养目标、招生、毕业生分配、学生待遇等一系列的问题作出了明确的规定,使逐步恢复的职业学校教育教学工作中有章可循。国务院于 1973 年 7 月 3 日批转了这份《意见》。[①] 1973 年 7 月 27 日中共中央、中央军委在批转军队的三个报告时,又强调了军队必须采取坚决措施返还所占的学校、医院和工矿企业的房屋。1973 年 8 月,中国共产党第十次全国代表大会在北京召开,"四人帮"一伙篡夺了党内重要职务,并且阻挠周恩来等领导同志提出的发展职业教育的正确主张,但其意图很快被识破,阴谋并未得逞。

1975 年 1 月,四届人大任命了以周恩来为总理、邓小平等为副总理的国务院领导班子,并撤销科教组,成立了教育部行使科教组的相关职能。会后,邓小平在毛泽东、周恩来支持下主持中央日常工作,坚持"科学技术是生产力"的观

---

① 李蔺田、王萍:《中国职业技术教育史》,高等教育出版社 1994 年版,第 342—343 页。

点,亲自抓科技和教育工作,大力落实党的干部政策和知识分子政策,着手开展包括职业教育在内的多方面的整顿工作。此后,我国职业教育事业发展的局面有了明显好转。9月15日邓小平在农业学大寨会议上提出军队要整顿,地方要整顿,我们的文化教育也要整顿。9月26日,邓小平又进一步指出,我们有个危机,可能发生在教学部门,影响了整个现代化建设:"现在相当多的学校学生不读书,这也不符合毛泽东思想,毛泽东同志反对的是教育脱离群众、脱离实际、脱离劳动,并不是不要读书,而是要读得更好。"在邓小平的领导下,当时的教育部部长周荣鑫积极贯彻执行邓小平关于整顿教育的指示,包括职业教育在内的各级各类教育工作全面复苏。

此时期,经过一系列的整顿,我国国民经济开始回升,教育事业得到进一步的恢复和发展,中等专业学校和技工学校的办学规模和办学水平发生了明显的变化。但是,邓小平全面纠正"文化大革命"中相关错误的举措被"四人帮"视为眼中钉,"四人帮"随后发动了"批邓、反击右倾翻案风"运动,1976年4月7日邓小平被撤除党内外一切职务,停止在中央的一切工作,刚刚出现生机的教育整顿工作又夭折,职业教育的恢复也因此停滞。直到1976年粉碎了"四人帮"反革命集团,结束了"文化大革命"后,职业教育事业才真正开始进入全面恢复和快速发展时期。

(二)职业教育的恢复成效

1970年7月以后,我国职业教育步入了恢复性增长时期,职业教育在曲折、起伏和艰难中逐步得到发展。通过对"文化大革命"实行的"左倾"路线的自觉反思,在发展经济、改善人民生活条件的呼声下,职业教育之于经济社会发展的意义和价值又成为人们关注的重点之一。周恩来总理、邓小平副总理等中央领导审时度势,及时提出了整顿、发展教育的方针,采取有力的措施积极扶植、支持职业教育事业的开展,取得了较为明显的成效。

1971年到1976年间,我国中等职业教育各级各类学校均得到不同程度的恢复和增长。中等技术学校已经从1965年的871所上升到1461所,技工学校由1965年的400所变为1267所,学校数、招生数和在校学生数恢复很快,甚至超过了"文化大革命"前的水平。[①] 各地还陆续创办了一批二、三年制的职业大学。1976年4月在全国教育工作会议上正式提出改革中等教育结构,恢复建设一批半工半读职业学校,开办培养职业教育师资的技工师范学院等。

---

① 国家统计局:《新中国五十五年统计资料汇编》(1949—2004)(电子版),中国统计出版社 2005 年版。

当然，由于处在"文化大革命"这一特定的历史背景中，职业教育事业的恢复和发展过程举步维艰，不仅随着政治局势的变化而起伏不定，而且各地职业教育的发展也存在着很大不平衡性。在上海市，"四人帮"的势力百般阻挠职业教育的发展，1972 年冶金部提出要求上海冶金学校恢复招生，便受到当时上海市某负责人的阻挠。作为我国经济社会发展的重镇之地，上海市的中等专业学校招生数虽然在 1972 年和 1973 年恢复到"文化大革命"前的 50％左右，但其后在1974 至 1976 年三年间又猛降，分别只有 0.5 万人、0.8 万人、0.4 万人。[①] 为了满足社会需求，工科、财经、卫生学校等不得不采用招收、开设技工班、短训班的方式来弥补生产需要。与上海职业教育跌宕起伏的情形截然不同，其他一些省市的中等职业教育发展速度很快，如广东省中等专业学校由 1970 年的 8 所猛增至1975 的 193 所，四川省中等专业学校数量也从 1971 年的 35 所猛增至 1976 年的127 所。

小　　结

在中国共产党的领导下，中国人民进行了长达 38 年的艰苦卓绝的反帝反封建、反侵略、反专制的革命斗争。在艰苦斗争中党领导广大革命群众形成了重视干部教育、工农教育的传统，形成了重视生产实践和职业教育相结合、思想政治教育和职业教育相结合等光荣传统。这些长期积累的光荣传统成为新中国职业教育起步与发展的宝贵财富。建国初期，我国职业教育在旧中国遗存下来的极为薄弱的基础上，凭借着战争时期积累起来的经验与传统，通过学习借鉴苏联发展技工教育的经验，在很短的时间内使得我国社会主义职业教育事业得以起步和发展，为共和国早期的经济社会发展作出了积极的贡献。

经过社会主义过渡时期的积累，中国职业教育在社会主义建设总路线的指引下，全面大跃进。但持续的大跃进造成了各地不顾实际条件盲目"大办"学校的情况，学校数和在校学生数激增。中共八大及中共八大二次会议后，在"鼓足干劲、力争上游、多快好省地建设社会主义"社会主义建设总路线的指导下，若忽视客观经济规律、夸大主观能动性的做法让"大跃进"运动和人民公社运动登上历史舞台。按照"调整、巩固、充实、提高"的方针，国家对一些教育领域的问题进行整顿，对各类职业技术学校和学徒培训班等作了很大压缩，稳定了学校秩序，

---

① 国家统计局：《新中国五十五年统计资料汇编》(1949—2004)（电子版），中国统计出版社 2005年版。

提高了教学质量。经过调整和巩固,职业教育发展回到正轨。

新中国成立后17年间的职业教育发展并不一帆风顺。在结合我国自身实际情况的条件下探索社会主义职业教育的发展道路,经历了蓬勃发展的高潮和曲折发展的调整过程。通过"教育革命"进行改革,创新试行两种教育制度,推动半工半读教育发展,创办农业中学,探索多种渠道发展职业教育,既适应当时生产建设的需要,又创造出我国社会主义社会职业教育的特色,为今后职业教育事业发展积累了成功的经验。但职业教育在发展中也存在失误,急于求成、大胆冒进的作法导致职业教育大起大落;缺乏统筹管理意识,导致管理体制多头等问题时有发生。从建国后至"文化大革命"前期职业教育发展的历程可以明显看出,发展职业教育虽然直接服务于经济建设,但其最根本的目的却在于满足政治的需要。职业教育的命运同政治休戚相关,兴衰成败取决于政治需要,表现出强烈的政治驱动特征。

"文化大革命"期间学生停课"闹革命",正规的职业教育制度崩溃,学校教育一度中断,职业教育遭受严重的摧残,职校几乎全部停办,中等职业教育和农村职业教育受到毁灭性破坏,中等教育结构单一化,脱离建设需要,更严重的是致使教育教学质量严重下降。这是"文化大革命"之痛。"文化大革命"动乱对中国职业教育体系造成的震荡以及由此引发的对中国城市工业体系、农村职业技术教育的破坏无可计量。但是,"文化大革命"却在特殊时期以特殊的形式给予职业教育或教育领域"貌似不合理"的启迪。在"文化大革命"初期虽然半工半读学校和职业学校几乎全部停办,但是"两种教育制度、两种劳动制度"、"勤工俭学"、"半工半读"、"教育与生产劳动、理论同实践、脑力劳动同体力劳动"的"三结合"的思想仍深刻地影响着当代教育,这是毛泽东第一代领导集体的伟大的职业教育思想理念的重要组成部分。"文化大革命"一定程度上冲击了"学而优则仕"的观念,职业教育的工学结合、典型工艺带动教学的方法不失为有效的教育、教学方法。

第3章 中等教育结构调整下的职业教育发展

十年"文化大革命"使得我国的教育事业备受摧残,人才培养几近处于枯竭的边缘。粉碎"四人帮"后,教育领域掀起批判"两个估计"的热潮,并且开始拨乱反正,纠正"文化大革命"期间对职业教育的错误的认识,制定了一系列有利于职业教育发展的政策与措施,在"文化大革命"期间被破坏殆尽的职业教育又开始慢慢恢复发展起来。

"文化大革命"结束到 1985 年中央出台《中共中央关于教育体制改革决定》是新中国职业教育恢复、发展、探索的阶段。这段时间内职业教育的改革与发展体现在以下几个方面:首先,以改革中等教育结构为切入点,着手恢复"文化大革命"中被破坏的中专和技校,努力发展职业高中,使我国中等教育结构符合经济社会发展的需要,同时也起到稳定当时政治局面的作用。其次,对中等职业教育机构进行调整和改革,使中等职业学校及技工学校的办学秩序得以稳定并逐步走向规范。第三,尝试兴办五年制大专,探索高等职业技术教育的改革;同时兴办电大、干部管理学院等非全日制机构,满足社会主义现代化建设对人才的巨大需求。第四,大力发展农村职业技术教育,解决改革开放之初的农村、农业及农民问题。总的来说,在中等教育结构改革的宏观政策之下,这一阶段除了中等职业教育受到特别关注以外,高等职业教育、农民职业技术教育、小学职业技术教育、青工培训均受到不同程度的重视,并取得了一定进展。

第一节 改革中等教育结构,大力发展职业教育

"文化大革命"对职业教育的破坏主要体现在大批职业院校被下放或停办,承担职业教育人才培养的教育机构数量急剧减少。党的十一届三中全会后,中国进入建设社会主义的新时期。为了适应新的形势需要,推行什么样的职业教育,培养什么样的职业教育人才成为党和政府及教育界共同关注的话题。

一、中等教育结构改革背景

（一）中等教育结构改革的驱动力

在新形势下，中等教育结构成为教育整体政策调整的重点，而以下多重因素成为中等教育结构改革的驱动力。

首先，"文化大革命"期间遭到严重破坏的职业教育已显露出负面效应。工人进厂之前没有经过技术教育，导致工厂需要对新员工进行两到三年的技术培训，这给企业带来巨大压力。此外，由于没有经过系统的技术教育，厂矿企业的事故不断，生产效率不高，产品质量低下给企业的生产和发展带来很大的困难。

其次，高考制度的恢复形成的"千军万马过独木桥"的局面，已成为影响社会稳定重要因素。在"文化大革命"期间，中等专业学校和技术学校被破坏以后，中等教育结构单一，普通高中一统天下，绝大部分学生只有升高中考大学这条路。但在当时高校的吸收能力十分有限，高等教育毛入学率只有 4%～5% 左右，能够上大学的人仅仅占高中生的极少部分。这就导致大量的高中生在没有一技之长的情况下就走上社会，而且这也很不利于社会的稳定。为了使众多的初、高中毕业生拥有一技之长，成为国家建设的有用人才，不至于成为社会的闲散游民，形成社会的不安定因素，国家决意改革中等教育结构，大力发展职业教育。

第三，产业结构的调整需要大量职业教育人才及时补充到经济建设队伍中来。十一届三中全会以后，我国把主要的精力集中到经济建设上来，搞经济建设需要大量的技术人才，不仅仅需要工程师，更需要大量的技术工人作为后盾。同时，社会大发展也离不开第三产业。或者说产业结构是否合理会直接影响到整个社会能否和谐发展，改革开放后迅速发展起来的第三产业需要的大量员工亟待职业教育培养。

第四，历史积累的人口数量和质量之间的矛盾日渐突出。人口问题来源于两个方面。第一，在"文化大革命"期间，由于没有实行计划生育政策，导致人口数量剧增。普通高中的学生在校生和毕业生比"文化大革命"前成倍增加。第二，随着"文化大革命"的结束，上山下乡的知识青年回城大潮也随之到来。大部分知青都是在初中或者高中毕业后就下乡了，没有经过职业技能专业培训。随着人口高峰期的到来和知识青年的返城潮，就业形势严峻，这也是改革中等教育结构的因素之一。

（二）《关于中等教育结构改革的报告》的颁布

1979 年 4 月 22 日至 5 月 16 日，全国教育工作会议召开。22 日，邓小平发表重要讲话,他强调指出要提高教育质量,提高科学文化的教学水平,更好地为社会主义建设服务;学校要大力加强革命秩序和革命纪律教育,促进整个社会风气的革命化;教育事业必须同国民经济发展的要求相适应,培养社会主义建设需要的合格人才;尊重教师的劳动,提高教师的质量。在这次会议上提出了改革中等教育结构的问题引起各方的广泛关注。教育部部长刘西尧在会议报告中陈述了如下事实:由于当时我国的中等教育发展过快,普通高中在校生达到了 1800 万人,是 1965 年的 7.6 倍,1977 年的高中毕业生是 600 万人,而且这个数字还会逐年增加,而另一方面这个庞大的高中毕业生人群中,只有极少部分人可以升大学,绝大部分要走上工作岗位。为了把这些毕业生培养成合格的劳动者,必须适当控制和调整普通高中的发展,大力发展中等专业学校和技工学校,农村要大力发展农业中学。邓小平在会议总结中提出:要扩大农业中学、中等专业学校、技工学校的比例,各地在考虑教育事业发展规划时,"要着重研究中等教育的结构调整问题"。

全国教育工作会议可以视为是中等教育结构改革的动员大会。会后,我国城乡开始了中等教育结构调整的试点工作。根据中央的指示,教育部联合劳动部门、财政部、国家计委、国家农委以及农业部等部门调研并起草了关于中等教育结构调整的报告。1980 年 10 月 7 日,国务院批转了教育部、国家劳动总局《关于中等教育结构改革的报告》,把改革中等教育结构、大力发展职业技术教育列为教育改革的重要内容之一。这份报告提出:改革中等教育结构主要是改革高中阶段的教育,改变高中阶段教育单一化的局面,主要是通过在普通高中开设职业班或者把普通高中改制成职业高中来合理调整中等教育结构。此后各地认真落实报告的精神,积极开展改革中等职业教育结构的活动。到 1980 年,全国职业中学 3314 所,在校生 45.4 万人。其中农村职业中学 2924 所,占学校总数的 74%;学生人数达 32 万人,占职业中学学生总数的 70%。[①] 至此,改革中等教育结构,发展职业教育的外部环境已经具备。全国各地都结合自身的实际,大刀阔斧地开展中等教育结构改革。

二、发展中等职业教育的若干举措

为了配合中等教育结构的改革,国家出台了一系列措施,从政策支持到财政投入等方面推动中等职业教育的发展。国家出台的措施包括:

---

① 李蔺田:《中国职业技术教育史》,高等教育出版社 1994 年版,第 358 页。

（一）加强宏观管理，加大拨款经费

经国务院批准，1982 年 8 月 16 日，教育部将原中等专业教育司改设为职业技术教育司，承担全国的中等专业学校（不含中师）、农业中学、职业中学的管理工作。

1983 年 6 月，教育部和财政部联合向各省、市、自治区教育、财政厅（局）发出《关于追加发展城乡职业技术教育开办补助费的通知》，指出："改革中等教育结构，发展职业技术教育，是适应社会主义现代化建设需要的一项战略措施……为了支持城乡职业技术教育的顺利发展，1983 年由中央财政对教育部门办的职业技术教育追加一次性开办补助经费"，并且规定"追加的补助经费，要有计划、有重点地用于改革中等教育结构，对于发展城乡职业技术教育决心大并作出成绩的地（州、盟）市、县（旗），不进行平均分配"，要求"各地在安排使用追加的补助经费的同时，根据地方财力，也应尽可能地拨出相应的经费，积极支持城乡职业技术教育事业的发展"，"职业中学（班）、职业技术学校要管好、用好追加的补助经费，把钱用在发展职业教育最急需的方面。要讲求经济效益，少花钱多办事，事办好。"从 1983—1985 年，中央财政每年都拨出 500 万元的职业教育补助费，各省、地、县财政也依照上述精神，相应增加了职教补助费。这些款项使职业教育得以扩大招生规模，改善办学条件，特别是职业学校的教学仪器设备得到了很大的补充，为提高教学质量提供了物质基础，筹建了职业技术教育中心，并有计划地开展专业课师资的培训工作。①

（二）加强经验推广与交流

中央关于改革中等教育结构，大力发展职业教育的决策确定以后，地方政府随机进行改革试点工作，教育部的相关部门也根据试点情况积极进行了经验总结并大力推广改革经验。1982 年教育部向各省、市、自治区教育厅（局）发出《关于批转辽宁省改革中等教育结构，发展职业技术教育经验交流会议纪要的通知》中指出："这个文件很好，既总结了几年来改革中等教育结构，发展职业技术教育所取得的成绩和经验，也针对当前工作中存在的问题提出了比较切实可行的解决意见和办法。可供各地研究参考。"

在教育部等行政主管部门倡议下，职业教育经验交流活动陆续展开。1984 年 5 月，教育部职业技术教育司在山东省青岛市召开了职业技术教育小型座谈会。参加会议的有山东、辽宁、吉林、黑龙江、河北、山西、河南和内蒙古八省、区

---

① 中国教育年鉴编辑部：《中国教育年鉴》（1982—1984），中国大百科全书出版社 1985 年版，第 97 页。

教育厅职教处处长。会议对农业中学、职业中学师资队伍建设、农村职业教育、职业教育的领导管理、职业教育经费和城市职业中学毕业生的安置等问题,进行了研讨并交流了各地的经验和做法。1984年9月,教育部职业技术教育司,在福建省厦门市召开了职业技术教育小型座谈会。参加会议的有福建、江苏、浙江、安徽、江西、湖北、广东、四川八省教育厅和重庆市教育局的职教处处长。会议研讨了农村职业技术教育的现状和发展趋势、职业技术教育领导管理体制的改革,职业教育经费和毕业生安置等问题,并交流了经验。教育部职业技术教育司还于1984年12月上旬委托陕西省教育厅在西安市召开了农业中学、职业中学教学计划研讨会。出席会议的有陕西、山东、辽宁、吉林、黑龙江、河北、贵州和北京市八省、市教育厅(局)的职教处处长。会议对农、职业中学的性质和任务、培养目标、制订教学计划的原则,课程设置和时间安排等问题进行了研讨,并交流了经验。①

20世纪70年代末80年代初的中等职业教育结构改革总体上来讲是成功的。到1984年末,根据中等教育结构改革的方针和要求,各地从本地区的实际情况出发,对普通中学的发展进行全面规划,调整合并一部分普通高中,有计划地将一部分普通高中改办为职业中学或农业中学,学校布局趋于合理,中等教育结构比例趋于协调,普通高中盲目的发展状况得到有效的控制和压缩。1984年,全国普通中学93714所,在校学生4554.15万人,其中普通高中17847所,在校学生689.81万人,普通高中学校数和在校学生人数分别比1978年减少63.8%和55.6%。由于调整压缩,普通高中得到进一步的充实和加强,教育质量有较大提高。1984年全国中等专业学校达到3301所,招生54.61万人,在校学生132.5万人,比1978年增长49%;技工学校3465所,招生30.9万人,在校学生63.92万人,比1978年增长67.3%;农业中学、职业中学7002所,招生93.9万人,在校学生174.48万人,农业中学、职业中学基本上是近几年发展起来的。当年,全国高级中学在校学生中,接受职业技术教育的学生比重已从1978年的7.6%提高到1984年的32.3%。中等教育结构不合理的状况有了明显的改变。②

(三)培养专业课师资

1983年5月11日,教育部发出了《关于编报1983—1985年培养职业学校专业课师资计划的通知》。通知要求各省、市、自治区教育厅(局)"为了促进职业

---

① 中国教育年鉴编辑部:《中国教育年鉴》(1982—1984),中国大百科全书出版社1985年版,第99页。
② 中国教育年鉴编辑部:《中国教育年鉴》(1982—1984),中国大百科全书出版社1985年版,第59页。

技术教育的顺利发展,必须从现在起,通过各种途径,对专业课师资进行有计划地培养","应抓紧与有关高等院校协商,提出 1983 年—1985 年培养专业课师资的计划,分别报学校主管部门审批,并报教育部、国家计委,纳入高等学校统一招生计划,向社会统一招生,毕业后分配到职业学校任教"。全国各省市的职业教育师资培养机构也自中等教育结构改革开始就逐步加大师资培养力度,进行师资培养机制改革。1982 年以来,江苏省在华东工程学院、华东水利学院、苏州蚕桑专科学校、扬州工业专科学校等大专院校和部分条件较好的老中专学校设立了农业中学、职业中学师资班,列入高校招生计划,实行定向招生、定向培养专业课师资。这些院校在 1983 年招生 500 多人,1984 年招生 680 多人,1985 年招生 800 多人。职教师资培养学制分二年、三年、四年不等。从 1982 年开始,山东省先后在山东工业大学、山东农业大学、山东师范大学、莱阳农学院、山东海洋学院、山东建筑工程学院及部分专科学校,设置了电气工程师范、机械工程师范、农业教育、农村经济管理、农村机电、水产养殖、畜牧兽医、林果园艺、农产品加工、果品储藏加工、城乡建设师范、学前教育等专业努力满足职业学校相关专业课师资的培养和培训的需求,累计招生 1645 人。吉林、辽宁、北京、河北、江苏、上海、江西等省、市还办有高等职业技术师范院校,有些省、市、自治区在所属高等学校设置了职业技术师范系,有计划地为农业中等职业中学培养专业课师资,使专业师资有一个比较稳定的来源。①

(四)培训职业教育管理干部

为了扩大国内外职业技术教育的经验交流,培训提高等职业教育管理干部的业务水平,1983 年 6 月至 7 月,在联合国教科文组织亚太地区教育办事处的资助下,教育部职业技术教育司与中央教育科学研究所举办了培训班,对来自全国 28 个省、市、自治区主管职业教育的负责人,部分职业中学负责人等共 47 人进行了短期培训。在培训班上,除了邀请日本、澳大利亚的两位职业技术教育专家介绍外国的职业教育外,还邀请了国内有关专家作报告,对各地经验进行了交流。培训班还对办学指导思想等一些重大问题交换了意见。②这是我国改革开放后较早举办的职业教育管理干部培训,为我国各地职业技术教育的培养了一批管理干部。

(五)启动专业教材编写

和职业教育管理体制相一致,该一时期职业教育专业教材的编写是在教育

①② 中国教育年鉴编辑部:《中国教育年鉴》(1982—1984),中国大百科全书出版社 1985 年版,第 98 页。

部职业教育司和其他相关部委联合倡导、组织下进行的。1981 年 6 月 27 日,教育部发出《关于确定和实施中等专业学校通用教材五年规划的几点意见》,提出:① 教材规划的范围只包括适应面较广的工科类、财经类普通课及工科类通用的技术基础课教材,其他教材仍由有关对口部、委及其所属出版社负责组织编审、出版。② 规划的目标是至 1985 年争取做到通用的工科类、财经类普通课及工科类技术基础课教材(含大纲,下同)基本配套,并配合教材的使用,编写出版必要的习题集和实习、实验、课程设计指导书以及教学参考书和挂图等。规划所列教材项目由教育部委托国务院有关部、委和部分省、市、自治区高教(教育)厅(局)承编,人民教育出版社负责通用教材的出版。1984 年 8 月,教育部职业技术教育司与林业部教育司在河北省承德市联合召开了林业职业技术教育教材会议,修订了"林业专业教学计划"和"林业建筑工程专业教学计划",同时确定组织编写这两个专业的 20 种专业教材。1985 年 4 月,教育部职业技术教育司与城乡建设环境保护部在浙江省杭州市召开了职业高中教材编审会议,修订了职业高中"建筑施工"和"城镇建设"两个专业的教学计划以及教材编写大纲,并确定编写出版 21 种专业教材。同年 8 月 13 日,城乡建设环境保护部和教育部将上述两个教学计划印发各地试行。①

(六)社会力量参与、推广职业补习及培训

改革开放之初,除了政府大力推动职业学校建设外,民主党派和其他一些社会团体纷纷提出建议并直接参与职业补习和员工培训。1981 年 1 月 25 日《人民日报》报道,政协教育组座谈会要求各级领导加强职业教育,动员社会力量办学,采取积极措施扶持。民主党派成员包括中国国民党革命委员会、中国民主同盟、中国民主建国会、中国民主促进会、中国农工民主党、九三学社、民主党派及中华全国工商业者联合会、中华职业教育社的地方组织已经在全国 22 个大中型城市举办了业余、补习学校 50 所,深受各界青年欢迎。1981 年 10 月 17 日中共中央、国务院在《关于广开门路,搞活经济解决城镇就业问题的若干决定》文件提出:"要普遍开展对城镇待业青年就业的培训,逐步做到一切需要进行培训的人员,先经过培训以后再就业","对于关键性的技术岗位,要逐步实行未经考核合格不能上岗位的制度","招工用人要坚持实行全面考核,择优录用"。

青壮年职工是中等教育结构调整政策下没有条件进入职业学校进行正规学习的群体。为了更好发挥该群体的作用,教育部于 1981 年 11 月 18 日发出通

---

① 中国教育年鉴编辑部:《中国教育年鉴》(1949—1981),中国大百科全书出版社 1985 年版,第 98 页。

知：凡"文化大革命"以来参加工作的青壮年职工，其语文、数学、物理、化学的实际水平不及初中毕业程度者，一般应予补课。1982 年 1 月 12 日，全国职工教育管理委员会、教育部、国家劳动总局、中华全国总工会、共青团中央发出《关于切实搞好青壮年职工文化、技术补课工作的联合通知》。此后，各地及企业开展"双补"工作。1983 年 8 月 18 日辽宁省劳动局、教育厅作出规定：工矿企业招工要择优录用职业高中毕业生；要逐步变"先就业，后培训"为"先培训，后就业"；统一规划和管理城镇职业技术高中毕业生；退休工人子女接班顶替也需经过职业技术培训。

第二节　中等职业教育制度改革

1979 年 11 月 5 日，教育部发出《关于全日制中等专业学校领导管理体制的暂行规定》，对中等专业学校实行分工分级，按系统归口的管理制度。中等专业学校按照领导关系，分为国务院部属学校和地方学校。国务院部委所属中等专业学校，由有关部委直接领导，省、市、自治区所属中等专业学校由省、市、自治区领导，由有关业务部门主管。教育部根据党的教育方针和党中央、国务院的指示，对中等专业教育事业负责业务指导，制定有关中等专业教育的具体方针、政策和规章制度等。根据这些指示，各地积极开展中等专业学校的改革，改革的目的之一是恢复并提高中等专业学校的教学质量。

党的十一届三中全会以后，负责承担职业教育的机构主要是中等专业学校（中专）和技工学校（技校）。因此，这一时期职业教育机构的调整与改革主要体现在这两类学校上。

一、技工学校管理权的转移及配套改革

（一）技工学校计划、管理权限转移

发端于建国初期的技工学校是以培养一线操作工人为目的的，由于"文化大革命"的破坏，工厂和技工学校间的分工也越来越模糊。为了更加明确技工学校在培养技术工人方面的任务，国家教育部门和劳动部门对技工学校的管理权限进行了重新划分。1977 年 12 月 15 日，教育部、国家劳动总局上报国务院《关于全国技工学校计划、管理工作划归国家劳动总局的请示报告》，国务院领导作出批示，后经国家计委、教育部、国家劳动总局研究，一致同意将技工学校的计划、管理工作由教育部划归国家劳动总局和地方劳动部门领导。1978 年 2 月 11

日,教育部、国家劳动总局发出《关于全国技工学校综合管理工作由教育部划归国家劳动总局的通知》。从此,全国技工学校的综合管理工作,由教育部划归国家劳动总局主管,教育部给予协助。这是中等教育改革迈出的第一步,在技工学校的领导体制的转变上,一方面从技术工人培养和使用的一体化上理顺了关系,另一方面,在培养环节上,很多由行业或企业举办的技工学校在培养技术工人过程中可以很好利用行业、企业提供的技术、设备,设实现工人学习和工作间的紧密结合。因此,技工学校领导体制的改革客观上促进了技工培养的质量和水平。

(二)劳动总局对技工学校管理的强化

为提高技工学校的教学质量和管理水平,1979 年 2 月国家劳动总局颁发《技工学校工作条例(试行)》。《条例(试行)》从技工学校的培养目标、教学工作、思想政治工作、生产管理和财务工作、教师、学生和行政工作六个部分对国家开办技工学校的宗旨进行了说明。[①]《条例(试行)》明确指出技工学校是培养技术工人的学校,是国家教育事业的重要组成部分,技工学校的基本任务是为实现社会主义的四个现代化培养有社会主义觉悟的能够掌握现代生产技能的四级技术工人(指实行八级技术等级标准的工种)。在教学方面,技工学校要按照教学计划和教学大纲的要求,组织生产、实习教学和文化、技术理论教学。这明显区别于中等专业学校的教学目标。

技工学校与中等专业学校在机构设置上也存在着明显的差别。《条例(试行)》对技工学校内部的机构设置作出原则规定:学校可以根据工作需要设立办公室,以及教导、总务、财务等机构和实习工厂。实习工厂根据业务需要配备计划调度、供销、技术、检验、机修、工具材料保管等人员,或者设立若干职能机构,协助实习工厂负责人组织生产实习。供销任务比较大的学校,可以单独设立供销室。[②]从机构设置的原则可以发现,在劳动部门的直接管理下,技工学校的机构设置明显不同于在教育部领导下的学校机构的设置原则,这是职业教育办学机构管理体制改革中值得探讨之处。

为了贯彻执行《中共中央关于教育体制改革的决定》(1985 年)颁布之后,为贯彻《中共中央关于教育体制改革的决定》中的有关规定,适应国民经济和社会发展的需要,国家劳动人事部和国家教育委员会联合颁布了《技工学校工作条例》。[③]《条例》在完善试行版本的基础上,对技工学校的办学规律和办学特点进行了更为详尽的论述,对技工学校的生产、实习和教学工作做出了全面、具体的

---

①②③ 国家劳动总局:《技工学校工作条例(试行)》,见 http://www. hroot. com/article/html/2008 - 8 - 25/2008825140125. htm/2008 - 10 - 24。

规定,为教育体制改革的不断推进,尤其是对中等专业学校的改革提供了正确的指导。1986 年 4 月劳动人事部发出《关于改革技工学校毕业生分配制度等问题的意见》,要求"凡 1982 年底以前招收的学生,毕业时可仍按原规定的分配办法办理;凡 1983 年以后招收的学生,毕业时根据需要和'三结合'的就业方针,统筹安排,择优分配,不合格的不录用"。这是技工学校办学历史上针对就业问题做出的较早论述,同时也反映了技工学校办学过程中对培养高质量技术工人这一目标的关注。

二、改革中等专业学校

(一)加强思想政治教育工作

重视思想政治工作是我党的优良传统。1979 年 8 月 1 日至 11 日,教育部在北京召开全国学校思想政治教育工作会议。会议强调,要以中共中央《关于建国以来党的若干历史问题的决议》为教材,加强学生的思想政治工作,全面贯彻党的教育方针,积极引导学生德智体全面发展,走又红又专的道路。

1984 年 9 月 10 日中共中央宣传部、中共教育部党组联合发出《关于加强和改进中等专业学校当前思想政治工作的几点意见》。《意见》提出:中等专业学校担负着为社会主义建设事业培养德智体全面发展的中级专门人才的重任。在新的历史时期,我国社会主义建设事业对中等专业教育提出了更高的要求。在中等专业学校中,建立起强有力的思想政治工作是适应新形势、完成新任务的根本保证。因此必须以"教育要面向现代化、面向世界、面向未来"为指导思想,认真总结新中国成立以来正反两方面的经验,特别是近几年来的新经验,努力探索新时期学校思想政治工作的规律,坚持一切从实际出发,对思想政治工作的内容和方法进行必要的改革,努力开创中等专业学校思想政治工作的新局面。

《意见》对中等职业学校思想政治工作的基本要求、工作重点、工作方式及教育内容均作出了详细的说明。中等专业学校思想政治工作的基本要求是:在马列主义、毛泽东思想指导下,对全体师生员工进行爱国主义、集体主义、社会主义、共产主义教育,反对和抵制精神污染,不断提高全体师生员工的思想政治觉悟,形成良好的校风,保证培养德智体全面发展的中级专门人才和其他各项任务的完成,把学校建成社会主义精神文明的坚强阵地。中等专业学校的思想政治工作应当以学生为重点,其目的是着重帮助学生明确改革的方向和目的。同时,思想政治工作也要实现思想政治工作自身的改革。《意见》针对中等专业学校学生在世界观和人生观的形成过程中存在的问题,提出应研究新形势下学生思想的特点,探索和采用新的工作方法和活动形式,使思想政治工作更有战斗力、说服力和吸引力。通过加强政治理论课教学,向学生进行马列主义理论教育、形势与政策教育、革命人生观教育、职业道德教育和劳动教育。在思想政治教育形式上,《意见》提出了通过学科教学进行思想政治教育的方法,这是思想政治教育工作方式的创新。

教职工思想政治水平和思想政治工作队伍建设的思想政治水平直接影响着中等职业学校思想政治工作的成效。《意见》对如何做好教职工的思想政治工作作了专门说明。在对教师和学校职工进行思想政治教育时,要进一步落实党的知识分子政策,绝不可低估"左"的思想在这方面的影响,充分调动广大教师的积极性。同时,要求中等专业学校的职工要牢固树立学校后勤工作为教学服务的思想,整体上为职业教育活动的展开创造条件。思想政治工作队伍建设是做好中等专业学校思想政治工作的组织保证。《意见》要求职业学校采取专职和兼职相结合的办法,逐步健全、扩大思想政治工作队伍。选调一些思想好、水平高、能力强的中青年教师和适合做思想政治工作的本校毕业生充实这支队伍。

国务院各部委和各省、自治区、直辖市的教育部门,也在积极创造条件和利用高等院校的条件,定期或不定期地举办各种形式的思想政治工作干部培训班。为了多渠道开展中等专业学校的思想政治工作,1982 年 10 月 18 日共青团中央、教育部联合印发《关于加强中等专业学校共青团工作的意见》的通知,希望通过团的工作来带动中等专业学校的思政工作。《通知》指出,中等专业学校中团员比例已达到 70%～80%,在整个中等专业学校思想政治教育中,共青团组织担负着十分重要的任务。但是,就全国来看,中等专业学校共青团工作在整个学校系统还是一个比较突出的薄弱环节,务须采取措施,尽快改变这种状况。《通知》规定:各级团组织必须加强对中等专业学校共青团工作的领导。在中等专业学校领导体制比较复杂的情况下,主管业务部门团委要加强对下属中等专业学校的领导,要主动与上级团委取得联系,共青团各省(市、自治区)、地(市、州)委学校部应有一名同志分管此项工作。各地(市、州)团委(包括省会所在市团委)学校部,要把指导所在地各类中等专业学校(不管其隶属关系)开展好团的工作列入自己的职责范围。

(二)招生制度改革

随着学校办学的逐步规范,规范学校招生制度,改革原有招生考试的弊端,势在必行。

1. 招生对象逐步单一化

此前学校的招生条件比较多样,程度也参差不齐,为此 1982 年 4 月 15 日教育部发出《关于 1982 年中等专业学校招生工作的意见》中规定：今后中等专业学校招生应按专业的不同特点确定招生对象，逐步增加初中毕业生的比重。同一学校要招收一种对象。招收初中毕业生，年龄为 15 周岁至 18 周岁，学习年限一般为 4 年，个别为 5 年，有的专业仍保持 3 年。招收高中毕业生，年龄不超过 22 周岁，学习年限一般为 2 年，医科和工科有些专业可为 2 年半或 3 年（凡是 2 年或 2 年半能达到培养目标要求的，就不要安排 3 年），在学习期间和毕业后的待遇，与招收的初中毕业生相同。国家和集体企事业单位的职工，须经所在单位批准方能报考，年龄不得超过 22 周岁，限未婚青年。在校学习期间的生活待遇，实行人民助学金制度。1981 年已被中等专业学校录取而不服从分配的考生，不能报考。

1984 年 4 月教育部发出《1984 年普通中等专业学校招生规定》进一步明确："中等专业学校（不含中师）的招生对象要逐步过渡到以招收初中毕业生为主上来。原来招收初小毕业生的学校，不要改招高中毕业生。新办学校除特殊专业外，应招收初中毕业生"，国家和集体企事业单位的职工，报考年龄不得超过 25 周岁。1985 年 4 月 6 日教育部印发了《关于转发辽宁省人民政府办公厅辽政办发(1985)11 号文件的通知》，《通知》指出，根据当前教育改革的形势，在调整理顺中等专业学校学制的过程中，今年应尽量不再保留招收高中毕业生学习 3 年的学制，请各省、自治区、直辖市及有关部门结合实际情况研究执行。1985 年 5 月 2 日教育部发出了招生通知。规定新办学校除特殊专业经中央主管部门和省（自治区、直辖市）教育部门批准外，都应招收初中毕业生。此后，学校基本上只招生应届初中毕业生。

2. 改革招生考试

招生考试方面，教育部最早是要求采取全国统一考试和单独统一命题相结合的方式进行。1982 年开始实行招生考试由省、市、自治区统一命题，县（区）组织考试，地（市）评卷录取。招收初中毕业生的也可与高中升学考试结合进行，招收高中毕业生的，也可与高等学校全国统考结合进行。单独统一命题的考试科目：政治、语文、数学、理化。如需要加试科目，由省、市、自治区自定。主要考查学生掌握基础知识水平和理解、运用、分析问题的能力。要正确掌握评分标准，做好登分、复查工作，确保评卷质量。与"文化大革命"期间采取推荐入学、看家庭出身的政策相比，80 年代初中等专业学校的录取标准更加综合化，更加注重对一个人综合素质的考察。1982 年国家出台的招生制度规定，录取新生的工作应在各省、市、自治区招生委员会统一领导下进行。要求录取工作认真贯彻德智体全面考核、择优录取的原则。在政审、体检合格的前提下,从高分到低分分段,参照考生所填志愿顺序,注意相关科目成绩、德智体全面考核,择优录取。但是,这个时期中等专业学校的考试并没有对学生的专业技能、专业知识和专业态度等进行测评,简单按照文化课成绩进行考试的特点尤为突出。

在中等专业学校招生过程中,国家政策体现出很大的灵活性。首先,各省、市、自治区划分数段时,留给录取学校有一定的选择余地。重点中专学校,部、委所属学校和跨省招生的学校一般应优先录取。上述学校招收初中毕业生的,应与重点高中同等对待,优先录取。其次,考虑到地区差异,对边疆、山区、牧区少数民族聚居地区的少数民族考生,可根据当地的实际情况,适当降低录取分数。对散居在汉族地区的少数民族考生,在与汉族考生同等条件下优先录取。对归国华侨青年、归侨子女和台湾省籍青年,在与其他考生同等条件下优先录取。第三,在不同专业和地区生产特色上,在同一分数段内,煤炭、石油、地质、林业、农垦、水产、盐业学校要优先录取该系统所属厂矿、企业的职工和矿区、林区、垦区、渔区、盐区中学毕业生;卫生学校要优先录取赤脚医生;农业学校主要招收农村学生,并优先录取农业科技积极分子和农业中学毕业生以及上山下乡、回乡知识青年。最后,在性别区分上注意招收女生。除有些特殊要求的专业外,原则上不划分男、女生的比例。诸如此类的灵活性的招生政策是我国改革开放之初在教育领域思想观念不断走向开放,不拘一格选拔并教育人才的体现。

3. 扩大招生规模

改革开放之后,在大力发展中等职业教育这一政策指引下,中等专业学校的招生规模日益扩大。1983 年 6 月 18 日,教育部与国家计委联合发出《关于完成和扩大 1983 年中等专业学校招生计划等问题的通知》指出:遵照国务院领导同志最近提出的"要认真办好中专","要多办中专"的指示精神,对 1983 年中等专业学校招生等工作作出扩招的安排。《通知》要求切实保证完成 1983 年中专招生计划,争取更多招一些。在完成国家已下达的招生计划的同时,对社会需要、学校又有能力多培养的专业,特别是工科、农林、财经、政法等某些短线专业,应扩大招生任务。本系统、本地区暂时不需要,而外系统、外地区需要,学校又有能力扩招的专业,经双方协商,准备工作来得及的,可采取接受委托培养的办法,扩大招生。中共中央、国务院在《关于加强和改革农村学校教育若干问题的通知》中明确规定:在不影响国家计划的前提下,实行计划外的合同制招生。

除了招收初中和高中毕业生外,国务院强调全日制中等专业学校应该承担起对职工进行培训的责任。1982 年 9 月 9 日《国务院批转教育部〈关于举办职工中等专业学校的试行办法〉的通知》第15条规定："全日制中等专业学校在保证完成国家招生任务的前提下,如有潜力,可举办少量的职工中专班。"但不得减少或不完成面向社会的招生任务,或对本来可以扩招的专业不安排扩招任务。职工中专班所占比重不宜过大,其招生指标要列入全日制中等专业学校招生计划,并加以注明,报教育部、国家计委审核同意,由国家统一下达后招生。总之,在招生规模上,国家把重视中等专业教育和实现"四化"联系起来,强调全面地、合理地安排事业发展规划,确保了中专招生人数持续增长,在某些程度上满足了社会对技术干部持续增长的需求。

4. 招生形式多样化

在中等专业学校招生形式上,各省基本上实施统一分配招生指标的方式确定中等专业学校的规模。但出于人才个性化培养和满足社会发展需求多样化的考虑,国家对招生形式做了较大的改革。

首先,允许中等职业学校跨省招生和单独招生。1982年招生文件规定,面向全国或地区的学校、专业实行跨省招生。国务院各部、委所属学校和地方学校中,面向全国或地区的专业的跨省招生来源方案,由教育部下达。除根据国家需要进行调整外,上述学校毕业生应按招生时所定培养计划,返回原地区,原部门分配。所需劳动指标,各部、委和省、市、自治区分别予以保证,不得移作他用。新生入学和毕业分配时,按照国发〔1977〕140号文件规定,地方应准予迁入户口。1985年招生文件补充了农业系统招收农村有实践经验的优秀青年入学,在有条件的地区,可由省、自治区、直辖市农业厅(局)会同当地教育部门和招生部门试行单独报考、单独招生。

其次,在招生总数中划拨部分定向招生和委托培养的份额,打破了统一招生分数的惯例。1983年招生文件规定,为了使招生来源与毕业生分配适当结合起来,农业、林业、商业、卫生、煤炭、地质、石油学校,试行部分定向招生,即规定一定比例面向文化基础薄弱的农村、林区、山区、牧区、矿区、基地、油田、地质队招生,比例大小由省、市、自治区根据实际情况自行决定,适当降低分数要求,择优录取,学生毕业后回本地区、本部门工作。在前期试点摸索的基础上,1985年规范了开展委托培养招生的政策,即此类招生必须在学校完成国家下达的招生计划的前提下,经主管部门批准,方可与用人单位签订委托培养人才的合同,同时作为国家计划的补充,列入学校招生计划。

(三)加强领导班子建设

1984年1月12日教育部征得中共中央宣传部同意,发出了《关于中等专业学校领导班子调整工作的几点意见》。《意见》指出,根据中央"要坚决按照精干的原则和革命化、年轻化、知识化、专业化"的指示精神,从现在开始,分期分批,力争在半年至一年的时间内把所属中等专业学校的领导班子调整好,使之真正成为政治上、业务上强有力的、能够开创新局面的工作班子。为此,推出七条学校领导班子建设的具体要求。

第一,坚决按照德才兼备的原则,配齐配好领导班子。要求每一个领导成员都能够胜任所担负的工作,同党中央在政治上保持一致。坚持四项基本原则,认真执行党的路线、方针、政策;忠诚社会主义教育事业,熟悉教育规律和中等专业学校工作。

第二,健全体制,党政要分工,尽量减少交叉兼职。中等专业学校实行党委领导下的校长负责制,党委(总支)设正、副书记1～2人,行政设正、副校长2～3人,规模小于600人的学校,党政领导总人数为3～4人,大于600人的学校,为4～5人。要精心挑选党政第一把手,这一点特别重要,除第一项的共同要求外,党委书记还要有较高的马克思主义理论修养,具有党的工作和学校工作的经验,能认真贯彻执行民主集中制,能团结一班人并密切联系群众,能正确执行党的干部政策和知识分子政策。校长要能坚持社会主义办学方向,有较多的教学经验,并力求在业务上有一定造诣和实际工作经验,组织领导能力较强。

第三,领导班子成员要力求年富力强,有利于新老交替。平均年龄原则上要求在50岁以下,45岁以下的应占三分之一左右。中专学校一般不设顾问。

第四,领导班子成员的知识结构、专业结构要与主管业务相适应。校长和教务副校长须有大学本、专科毕业学历或具有讲师以上教师职称。其他成员也应力求具有大、中专毕业以上文化程度,熟悉主管范围内的业务。重点中专学校领导班子成员的文化程度要求应更高一些。

第五,在调整学校领导班子工作中,要坚持领导和群众相结合,充分走群众路线,克服论资排辈思想,排除派性干扰,立足本校,注意从20世纪50年代和60年代大学毕业生或具有讲师以上教师职称的干部或教师(包括妇女和非党同志)中选拔。校长由上级任命;副校长由校长推荐,上级任命。任期均为4年,也可连任一次。党委(总支)正、副书记的产生与任期,按照新党章规定执行。

第六,学校主管部门要在学校所在地党委的支持下,切实加强对所属中等专业学校领导班子调整工作的领导,对新提拔进领导班子的干部和退出或调离第一线的原领导班子成员,都应充分做好思想工作。对退、离休的老同志要妥善加以安排。学校领导干部的任免、调进和调出,均需征得有关教育部门的同意。

第七,建立优秀中青年后备干部名单。中等专业学校在领导班子调整工作大体结束以后,即应着手选择3～5名优秀中青年干部列入校级领导干部的后备名单,加以培养。

(四)建立学校基金制度

长期以来,我国中等专业学校的经费几乎全部靠政府拨款支持。随着中等专业学校招生政策的立体化改革,政府不断调整教育经费管理政策,给予学校以较大的财务管理权限。1984年11月24日教育部与财政部联合发出《关于在全日制普通中等专业学校建立学校基金制度几项原则意见的通知》,要求:凡是有条件建立学校基金的全日制普通中等专业学校,在不增加国家财政开支和人员编制的前提下,可以建立学校基金制度。学校基金的来源主要是:

(1)在完成国家下达的指令性招生计划之外,接受委托培养人才任务(包括举办各种培训班、职工中专班)所得的收入,扣除人员经费、业务费和公务费后的净收入。

(2)校办工厂(车间)、农(林、牧)场实现的纯利润(具体核算办法按教育部、财政部的有关规定执行)。

(3)学校在上级下达任务并核拨经费之外,承担的科研、设计、实验、技术推广、服务、咨询等任务所得收入,扣除原材料、水电、差旅、资料等有关费用后的净收入。

(4)其他预算外净收入和经上级批准从预算节余经费中结转的经费。

在学校基金的使用方面,原则上60％用于事业发展,40％用于开支奖金和集体福利,学校基金在规定的比例范围内如何使用,由学校自行支配。必须加强领导,防止片面追求"创收"而影响国家下达任务的完成。学校基金由学校财务部门统一管理,经校长批准使用。学校基金的使用情况,要接受财政部门、主管部门的检查和群众的监督。各上级有关主管部门不要因为学校有了基金而削减学校的经费,挪用或摊派经费。

第三节　发展高等职业教育

新中国成立之初,我国的高等职业教育就开始了起步,但和其他教育一样,由于各种原因,在改革开放前高等职业教育的发展一直很慢。20世纪80年代初以来,为了推进中等专业教育的不断深化,提高教育质量,国家于1980年对全国中专进行了初步评价,除了确定了100多所重点中专,还将原先一部分办过大专和本科院校的中专学校升格为大专,与此同时调整高等教育的结构、层次比例,积极提倡大城市、经济发展较快的中等城市以及大型企业举办高等专科学校和职业大学。到 1985 年,单独立设置的高等职业院校招生数达到 3.01 万,在校生 6.31 万。我国职业教育又一次发生历史性的跨越,高等职业教育得到了强劲的发展。

从"文化大革命"结束以后到 1985 年《中共中央关于教育体制改革的决定》发布之前的这一段时期内,随着改革开放的不断深入,高等职业教育整体布局也在慢慢发生着变化。总体上看,高等职业教育的尝试与探索一直在进行着,主要表现在以下五种形式。

一、创办职业技术师范学院

与改革开放初国家有计划培养中等职业教育专业师资的政策相呼应,职业技术师范学院的建设是我国高等职业教育发展的标志性事件。早在 1979 年 2 月,经国务院批准国家劳动总局在天津市和吉林省创办了两所技工师范学院,后改名为职业技术师范学院。这类学院是职业技术教育体系中的高等教育部分,它是职业技术教育体系中的重要组成部分,在培养职业技术学校教师和职业技术教育的科学研究工作等方面发挥了巨大的作用。1980 年,国务院批转教育部、国家劳动总局关于中等教育结构改革的报告中也强调指出,为了有计划地培养职业技术学校教师,省、市、自治区应积极筹办职业技术师范学院。独立设置的职业技术师范学院的创建和在综合性大学及师范大学中设立的职教师资培训项目实际上发挥着为职业教育保驾护航的重任。

二、规范整顿职工大学

顾名思义,职工大学往往是企业创办,由于企业的实力、条件、需求以及认识程度的不同,各个学校的办学条件差异较大。为了规范职工大学的办学,1979 年 9 月教育部颁发了《关于举办职工、农民高等院校审批程序的暂行规定》,次年教育部下发了《关于办理职工高等院校备案手续的通知》,对原来的职工大学(业余大学)、七二一大学、五七大学开始了全面整顿和重新审批。各省、市、自治区人民政府和国务院各部委,各级教育行政部门、主管业务部门和工会均在整顿和审批过程中做了大量工作。审批工作取得了一定成绩,职工大学办学活动有了新的制度约束。

1981 年 12 月,教育部下发了《关于职工大学和职工业余大学建校审批工作及毕业生学历等若干问题的意见》,《意见》对职工大学和职工业余大学的审批范围进行了全面的界定:普通大学分校、自费走读班、招收社会待业青年各种学习班等,不能在职工大学或职工业余大学附设。经省、市、自治区广播电视大学正式承认的电视大学教学班,不论是否增设专业课,均不属职工大学和职工业余大学的审批范围。职工大学主要招收具有二年以上工龄和高中毕业实际水平的正式职工,年龄一般不超过 30 岁。职工大学要按教育部规定的考试办法进行严格的入学考试,德智体全面衡量,择优录取,并尽量做到专业对口。关于毕业生学历问题,《意见》规定,凡按有关文件正式批准、备案后,按照规定招收的学生,学完大专教学计划、教学大纲规定的课程,按规定考试及格,取得毕业资格者,国家承认其学历。批准、备案时的在校生,学校要采取措施(必要时应适当延长学习时间进行补课),使所学课程达到新批准的教学计划、教学大纲的要求,按规定考试及格,取得毕业资格者,国家才承认其学历。《意见》下发后,各省、市、自治区,国务院各部、委对前一段批准举办的职工大学和职工业余大学普遍进行了一次复查。此后,职工大学(业余大学)走上了规范发展的道路,成为高等职业教育的重要组成部分。

三、兴办城市职业大学

随着全国经济迅速恢复和发展,经济建设对各种人才的需求日益凸显,经济发达地区的需求尤为强盛。如天津、无锡等城市就开始试办"坚持为当地服务"的新型地方性大学和职业大学满足当地经济发展的需求。1980 年,教育部根据地方经济和社会发展对一线人才的迫切需要,批准成立了金陵职业大学、无锡职业大学、江汉大学、成都大学等 13 所职业大学。1982 年全国五届人大五次会议提出,"要试办一批花钱少,见效快,可收学费,学生尽可能走读,毕业生择优录取的专科学校和短期大学"。1983 年初,教育部、国家计委向国务院提交了《关于加速发展高等教育的报告》(以下简称《报告》),1983 年 4 月 28 日国务院批转了这一报告。《报告》指出,为了实现党的十二大提出的奋斗目标,各条战线和各个地区都深感专门人才缺乏,迫切要求教育先行,为国家早出人才,多出人才。加速发展高等教育事业,已成为刻不容缓的大事,必须采取有力措施,促使整个高等教育事业在近期(五年左右)就有计划按比例地有一个较大的发展,并为今后更大的发展打下基础。

在扩大高等教育规模的同时,根据国家"四化"建设的需要,需调整和改革高等教育内部结构,增加专科和短线专业的比重。《报告》提出:第一,充分发挥现有高等学校特别是老校的潜力。一方面要根据需要尽可能多招学生,有条件的本科院校,要办些专科;另一方面可以分出一批教师和干部,采取"下蛋"办法,举办分校或夜大学。为解决学校教育资源不足的情况,《决定》要求从当年招收的新生开始,凡家在学校所在城市,离学校不太远的,一律实行走读。这一年也是各高校招收"走读生"的开始。第二,积极提倡大城市、经济发展较快的中等城市和大企业举办高等专科学校和短期职业大学,为本地区、本单位培养人才,办学方式可采取单独办,也可以与有基础的院校合办。鼓励民主党派、群众团体和爱国人士举办这类学校。为了提高办学的投资效益和人才质量,院校规模不宜过小,并且可酌收学费,实行走读。今后成立高等专科学校和短期职业大学以及其他各类短学制的院校,分别由主管的省、自治区、直辖市人民政府和中央各部委按规定的办学标准和审批程序审批,报教育部、国家计委备案。第三,大力发展广播电视大学、函授大学、夜大学,扩大招生规模,加大国家急需专业招生规模。要求百万人口以上的大城市,要逐步成立教育电视台,增加财经、政法和应用文科等科类的专业。从此开始,全国"地方性大学"建设进入快速发展时期。仅1983 年教育部就批准新建了 33 所,1984 年批准了 22 所,其中,1984 年江苏省还创办了全国第一所县办职业大学——沙洲职业工学院。

四、试办五年制高等职业教育

1983 年颁布的《关于加速发展高等教育的报告》提出:"以中等职业技术教育为重点……同时积极发展高等职业技术院校。""高中毕业生一部分升入普通大学,一部分接受高等职业技术教育。"这是我国官方文件首次规范地表述高等职业技术教育这一概念。

积极发展高等教育,主要是基于经济建设的背景。党的十二大报告提出了在 20 世纪末实现工农业年总产值翻两番的目标,党的十二届三中全会又作出了经济体制改革的决定。因此,我国的社会主义现代化建设急需"数以亿计的工业、农业、商业等各行各业有文化、懂技术、业务熟练的劳动者","数以千万计的具有现代科学技术和经营管理知识,具有开拓能力的厂长、经理、工程师、农艺师、经济师、会计师、统计师和其他经济、技术工作人员"。但是,"经济建设大量急需的职业和技术教育没有得到应有的发展","我国的职业教育无论规模、规格和质量……在整个教育事业中仍然是很薄弱的环节"。当时我国的高等院校中,培养应用型人才的专科教育十分薄弱,1981 年专科生仅占本专科生总数的17.1%。因此,为了适应经济建设的需要,必须调整高等教育的结构,在大力发展高等专科教育的同时,也需要积极发展职业技术教育。这一时期试办高等职业教育的政策取得较好成效,表现在:第一,短期职业大学发展迅速。改革开放初仅为几所,1983 年已多达 52 所。第二,国家已经在大专院校和研究机构进行高等职业教育的试点以解决中等职业技术教育的师资问题。[1]

1983 年 11 月下旬教育部高教二司在杭州召开"高等工程教育层次、规格、学制研讨会",会上新中国成立前后在苏州招收初中毕业生、学制五年的苏南工业专科学校的办学特点以及毕业生在 80 年代初的工作情况受到与会代表的高度推崇。教育部文件《关于高等工程教育层次、规格和学习年限调整改革问题的几点意见》之中,明确提出了初中后五年制的高等专科学制,并建议试办五年制高等专科教育。此后集美航海专科学校等少部分工科学校成为试点学校,试办五年制专科教育。由于在试点过程中产生了五年制高等职业向普通本科院校靠拢的情况,随后,教育部职教司开始研究建立职业教育体系问题,五年制高等职业教育又重新提上议事日程。为了有效地培养大批生产第一线的技术人员、管理人员、业务人员,同时又避免中专升格专科后向本科靠拢的倾向,并且也为了把专科与中专联结在一起,求得共同提高,职教司提出试办"初中后五年制的技术专科学校"的实施方案,决定先在航空工业、机电工业、地震预测行业进行小规模的试点。[2] 虽然若干年后这一五年制高等职业的尝试被终止了,但这一尝试充分体现了国家探索高等职业教育的热情。

五、管理干部学院的起步与发展

粉碎"四人帮"以后,一大批老干部被解放出来,重新走上各级领导岗位,同时国家确立了从"以阶级斗争为纲"转为"以经济建设为中心"的政治路线。为了适应新时期干部教育经常化、正规化、制度化的要求,一些省、自治区、直辖市和中央部门提出要举办培训在职管理干部的院校,以满足形势发展的需要。1983年 5 月,教育部、国家计委、国家经委、劳动人事部、财政部向国务院提交了《关于成立管理干部学院问题的请示》,5 月 18 日国务院批转了请示。《请示》规定,凡培训具有高中毕业以上文化程度的、学制在二年以上的、按大专院校课程进行教育的在职管理干部的院校,称为××管理干部学院(如煤炭管理干部学院),以便

---

① 陈亚玲:《改革开放以来中国高等职业技术教育的政策文本分析》,《洛阳师范学院学报》,2006 年第 4 期,第 12—16 页。

② 杨仲雄:《关于五年制高等职业教育的由来与特色》,《中国职业技术教育》,1998 年第 10 期,第 51—52 页。

有别于面向社会招收高中毕业生的普通高等学校。鉴于当前中级技术人员的培养力量薄弱,不宜采取撤销中等专业学校的办法来办管理干部学院。

管理干部学院从学制上类似于二、三年制的干部专修科和半年或一年左右的短训班。干部专修科按照大专院校培养专门人才的基本要求,参照大专院校教学计划、教学大纲,并结合培训干部的具体要求,安排教学,学员按规定考试及格者,毕业时发给高等学校专科毕业文凭,仍回原单位工作。短训班的教学内容和招生计划由主管学院的省、自治区、直辖市和部门自行安排,结业时发给短训班结业证书。关于招生对象规定,管理干部学院招收的干部专修科学员应是拥护党的路线、方针、政策,具有高中毕业文化程度,身体健康,有五年以上工龄,年龄一般在 40 周岁以下的在职管理干部。短训班入学条件要根据各短训班的要求分别有相应规定。此后,不少行业系统以部(委)或以省开始组建了一定数量的干部管理学院,如政法管理干部学院、煤炭管理干部学院等。

独立设置的教育学院是改革开放初期专门从事教育领域干部培训和进修的高等职业教育机构。早在 1982 年 10 月,教育部颁发了《教育部关于加强教育学院建设若干问题的暂行规定》,对教育学院的任务、招生对象、师资队伍建设、经费、基本建设、编制及教学设备、领导体制及组织机构等均作了要求。省、自治区、直辖市人民政府举办的教育学院受省、自治区、直辖市人民政府领导,由省、自治区、直辖市人民政府教育厅(局)主管。省、自治区人民政府委托行署和盟举办的以及市、州举办的教育学院受省、自治区人民政府和行署、盟、市、州双重领导。凡按规定手续批准,由省、自治区、直辖市人民政府举办的教育学院在地位和待遇上,与师范学院相同;由省、自治区人民政府委托行署、盟领导的以及市、州举办的教育学院,在地位和待遇上,与师范专科学院相同。从这个规定的具体内容看,教育学院被赋予了管理干部学院的性质。

第四节　发展农村技术教育

1982 年 5 月 6 日中共中央、国务院发出《关于加强和改革农村学校教育若干问题的通知》,①这是改革开放后我国第一次以农村教育为主题的文件。同年 11 月,教育部、农业部、共青团中央,中国科协联合召开了第二次全国农民教育工作会议,确定新时期农民教育的奋斗目标是把农民提高到中等农业

---

① 中共中央国务院:《关于加强和改革农村学校教育若干问题的通知》,《中国教育报》,1982 年 5 月 19 日第 1 版。

技术水平,而现阶段农民教育的具体任务之一是广泛开展技术教育。1982 年
8 月 28 日,教育部又向各省、市、自治区教育厅(局)转出了中共山东省委、山
东省人民政府批转该省中等教育结构改革领导小组《关于加速农村中等教育
结构改革问题的报告》,并在"批语"中指出,"改革农村中等教育结构,加速发
展农业技术教育,大量培养农业技术人才和经营管理人才,普遍提高广大农
民、首先是青年农民的文化科学技术水平,是实现农业现代化的重要条件。各
级党委和政府一定要把这项工作当作一件大事来抓,决心要大,步子要快些,
组织有关部门切实抓紧抓好。"①为了适应农村技术教育发展的需要,各地开展
了多种探索尝试。

一、鼓励县办农民技术学校

1982 年 6 月 9 日,教育部颁发《县办农民技术学校暂行办法》。②《办法》指
出,农民技术学校属于农业(包括林、牧、副、渔、工等)中等专业教育性质的学校,
其任务是为农村人民公社、生产大队、生产队培养具有相当于中等农业科学技术
水平的人才。以县(市、区)为单位设置,邻近县也可以联合办学。招收具有初中
毕业以上实际文化程度的社队管理干部、技术员、有一定生产经验的农村青年和
从事农民教育的教师。学生学习期满,成绩合格者,由学校发给毕业证书,由哪
里来,仍回哪里去,国家不包工作分配。

《暂行办法》规定:县办农民技术学校的学生将学习比较系统的农业科学基
础知识和基本技能,切实提高解决实际问题的能力。学习年限二年或三年,教学
计划、教学大纲由省、市、自治区教育、农业等部门根据学校特点,参考普通中等
农业学校的同类专业制定。县办农民技术学校应以教学为中心,建立健全正常
的教学制度和教学秩序,坚持理论联系实际的原则进行基础理论、基本知识、基
本技能的教学和训练,合理安排课堂教学、教学实验、生产实习和生产劳动。学
校还可以在不影响教学工作的前提下,接受委托办短训班,开展较多形式的农民
技术培训。《暂行办法》还在学校的人员配备、专业设置、教学实验、实习的设备、
经费来源和财务制度等多方面对办学要求进行了说明。此后,全国各地普遍兴
起县办农民技术学校的热潮。

---

① 中国教育年鉴编辑部:《中国教育年鉴》(1978—1982),中国大百科全书出版社 1982 年版,
第 98 页。
② 教育部:《县办农民技术学校暂行办法》,见 http://law.baidu.com/pages/chinalawinfo/4/16/
786636c806912b62f57c492ee48e7a83_0.html/2009-03-22。

二、组织编写农民职业技术教育教材

为了满足发展农业技术教育、提高广大农民的文化科学技术水平,农牧渔业部教育司和教育部成人教育司于 1982 年 12 月 20 日至 26 日,在陕西渭南县联合召开了十省、市农民职业技术教育教材编写座谈会,讨论编写农民职业技术教育教材的问题。会议确定了编写农民职业技术教育教材的指导思想,指出必须因地制宜,面向农村实际,充分注意广大农民发展生产,劳动致富,渴望学习科学技术的要求;必须适应农村劳动、生活的特点和农民接受能力的实际水平。要统筹规划,突出重点,明确培养目标,着重实用性,坚持理论与实际结合,传统农业与现代农业结合,普及与提高结合,要体现具有我国特色社会主义农业现代化的要求。要注意教材的科学性、系统性和农民自学的需要,教材的数据、图表要准确,文字要鲜明简洁,层次清晰,结构严谨,图文并茂,通俗易懂;要注意各门课程之间的相互呼应和衔接,避免重复、遗漏。1983 年 1 月 24 日,农牧渔业部、教育部发出《关于编写农民职业技术教育教材的通知》,正式启动农民职业技术教育教材编写工作。

农民职业技术教育教材的编写计划包括初级本和中级本两类教材。初级本主要适用于具有初中和实践经验丰富的高小文化程度的大队干部、小队干部、专业户、科技示范户、专业组的骨干等青壮年农民学习,并且按学制一年、专业基础课和技术课讲授 400～500 学时编写。通过学习,达到农村初级职业学校毕业的水平。中级本主要适用于具有初、高中文化程度的县、社干部、农民技术员和农村知识青年学习,并且按学制二年、专业基础课和技术课讲授 800～1000 学时编写。通过学习,达到农村中级职业学校毕业的水平。

农牧渔业部和教育部成立农民职业技术教育教材编辑委员会,负责领导并决定编写方针、原则、研究解决有关的重要问题。各省或片也组成相应的分编部分编辑委员会。各门教材的编写单位,认真选派业务能力强、熟悉农村生产实际、教学经验丰富的教师担任主笔,并邀请有关高、中等农业院校、科研单位和县农业技术推广人员参加审定工作。

三、探索县办农民中等专业学校教学计划、教学大纲和教材

1983 年 7 月 6 日,教育部发出关于印发《省、市县办农民中等专业学校协作会议纪要》和《县办农民中等专业学校农学、果林、畜牧兽医专业教学计划试行草案》的通知,要求从 1983 年新生班开始试行县办农民中等专业学校农学、果林、

畜牧、兽医专业教学计划(试行草案)。通知要求:在完成培养目标、保证教学质量的前提下,课程设置、学时分配。可按照各地不同的特点与自己要求,适当灵活掌握,尽量使教学计划更加切合实际,办出县办农民中等专业学校的特色,努力把县办农民中等专业学校办成受广大农民欢迎的学校。

为配合县办中等专业学校的建设,国家和地方采取召开座谈会和经验交流的形式推动农村职业教育配套改革。1983 年 1 月 28 日至 2 月 2 日,教育部在北京召开了改革农村学校教育工作座谈会。会议要求,必须尽快改革农村学校教育,要普及小学、发展中等和职业技术学校。山东省委、省政府于 8 月 12 至 8 月16 日召开全省教育工作会议,主要研究加速发展农村职业技术教育的相关问题。1984 年 9 月 15 日《中国教育报》第一版报道了山东省加速发展农村中等职业技术教育的经验。1984 年 11 月 6 日《人民日报》第三版报道了教育部在山东济南召开了全国农民教育座谈会,要求在继续搞好扫盲教育的同时,大力发展农民技术教育。

小　　结

党的十一届三中全会宣告了十年"文化大革命"混乱局面的终结,并且十分及时地将全党和全国的工作重心转移到经济建设上来。在经济建设急需大量人才的特定历史时期,周期短、见效快、用得上的实用人才培养是教育改革、尤其是职业教育改革的重点。《中共中央关于教育体制改革的决定》这一历史性文献颁布之后,中国职业教育也随之成为教育改革的前沿阵地。在这历史时期,中等教育结构调整成效显著,并且让中等专业学校成为承载职业教育人才培养的主要阵地,技工学校也成为新时期培养技术工人的主要场所,中等专业学校和技工学校的调整改革成为整个教育体制改革的重点。

中等职业教育的发展导致教师资匮乏这一新问题出现。以培养中等职业教育师资为己任的职业技术师范学院作为一种职业化、专业化非常强的高等职业教育形式首先出现。其后,职工大学、城市职业大学、五年制高等职业和管理干部学院都成为中等职业教育在发展过程中不断向高等教育层次延伸的表现。农村农业生产在改革开放推动下释放出新的生产力,也急需技术及人才的支撑,作为推广农业技术的重要形式,围绕县办农民技术学校的建设,农民职业技术教育教材编写受到重视。尝试县办农民中等专业学校与农民技术学校也成为该时期农民职业教育的重要载体。

　　"十年浩劫"似一场噩梦给中国社会带来巨大冲击。十一届三中全会的召开及其后形成的稳定的政治环境,为党在新时期制定合理的社会发展规划提供了制度基础。为了缓解高考制度恢复后所造成的"千军万马过独木桥"的状况及其潜在的社会压力,中等教育结构改革势在必行。从十一届三中全会至 1985 年《中共中央国务院关于教育体制改革的决定》颁发,中国职业教育实现了自身的蜕变,并且在这一蜕变中形成了进一步发展的积极条件与前提。

第4章 市场经济背景下的职业教育政策的调整

如果说"文化大革命"结束后至 1984 年是我国职业技术教育的恢复和发展时期的话,那么之后的 1985 年至 1993 年则可被视为职业技术教育的调整与改革后的快速发展期,也是我国职业技术教育体制的形成期。邓小平南方谈话后,社会主义市场经济大潮开始冲击并影响着职业教育的改革和发展方向。这一时期起于 1985 年 5 月全国教育工作会议的召开,大约止于 20 世纪末,以 1996 年《中华人民共和国职业教育法》和 1998 年《中华人民共和国高等教育法》出台为标志。此间 1991 年国务院做出的《关于大力发展职业技术教育的决定》明确了职业技术教育进一步的发展目标与任务,1993 年国家教委《中国教育改革和发展纲要》的颁发规划了中国职业教育在世纪之交发展的大方向。这一时期职业技术教育的特点主要有三方面:其一是外延发展迅速,具体表现为职业院校数量的增加和学生人数的增长,并初步建立起我国的职业技术教育体系;其二是办学理念转变,具体表现为职业教育结构的变化以及职业教育办学机构开始面向市场办学;第三是《中华人民共和国职业教育法》的出台让中国职业教育发展有了自己的专门法,职业教育在中国教育体系中的地位和作用再一次得到明确,职业教育进入法制化健康发展的轨道。

第一节 经济体制改革驱动下的职业技术教育的发展

一、经济体制改革对职业技术教育的推动

(一)酝酿改革教育体制

1984 年 10 月 20 日党的十二届三中全会通过了《中共中央关于经济体制改革的决定》,这标志着经济建设直接成为我国社会主义改革的主战场。10 月 29 日,中央书记处开会讨论决定,将科技、教育改革提上日程,并成立领导小组。会

议要求尽快提出关于教育体制和科技体制改革的初步方案,会后教育体制改革文件起草工作正式启动。

为起草《中共中央关于教育体制改革的决定》,胡启立同志带领带着教育部、中央办公厅和文件的起草班子乘火车南下,第一站到了安徽,在合肥、芜湖,先后同省市各级教育行政部门,以及大学、中学、小学的校领导和教师们座谈。而后从安徽到达江苏,先后在南京、苏州、无锡等地进行了考察和调研。调研组发现江苏和安徽存在着一个共同问题,这就是僵化的管理体制束缚了教育发展。江苏地处长三角,特别是苏南地区,经济发展很快,乡镇企业异军突起,在全国处于领跑地位。这就使得江苏省对职业技术教育有着更深切的感受和更紧迫的要求。例如,苏州市从 1982 年开始全市已普及初中教育,毕业生约 75% 升学,在升学的部分中学生就读进普通高中与职业高中的比例达到 1:1。这个比例无论在江苏省乃至全国都是高的。在这个前提下,苏州市形成了自己的一种职业培训体系,未升学的初中毕业生经过学校一年半培训进厂当工人,职业高中学生经过学校两三年培训当技工,高等职业学校学生经过三年培训当技术员和高级技工。这样一个培训体系,使全市劳动力素质迅速提高,而劳动力素质的提高,又强有力地推动了苏州市经济、社会的快速发展。苏州的经验为其后国家出台相关教育体制改革的决定提供了很好的案例。

1985 年 5 月 15 至 20 日,由党中央、国务院召开的全国教育工作会议在北京举行。这是党的十一届三中全会决定把全党全国的工作重点转移到社会主义现代化建设以后,教育战线的一次空前盛会。会议的中心议题是讨论《中共中央关于教育体制改革的决定》(草案),研究实行教育体制改革的步骤和措施。指出了发展教育和改革教育体制的重要性和迫切性,提出了必须改变不适应社会主义现代化建设的教育思想、教学方法。5 月 27 日,《中共中央关于教育体制改革的决定》颁布。

(二)重视发展职业技术教育

党和中央认识到,改革开放以来在教育体系内部仍然存在着管得过多,统得过死的情况。因此,《中共中央关于教育体制改革的决定》(以下简称《决定》)首先提出要系统地进行教育体制改革,扩大学校办学自主权。鉴于面临中国经济发展的大好形势,人才需求旺盛要求再进一步调整中等教育机构,大力发展职业技术教育。《决定》提出相应地改革劳动人事制度;改革同社会主义现代化不相适应的教育思想、教育内容与教学方法。总体上看,《决定》所提出的推进教育体制改革的目的,就是要使各级各类教育能够主动适应经济和社会发展的多方面的需要。

为什么要大力发展职业教育？《决定》在正确分析社会发展形势的基础上指出，社会主义现代化建设不但需要高级科学技术专家，而且迫切需要千百万受过良好职业技术教育的中、初级技术人员、管理人员、技工和其他受过良好职业培训的劳动者。没有这样一支劳动大军，先进的科学技术和先进设备就不能成为现实的社会生产力。但是，职业技术教育恰恰是我国整个教育事业最薄弱的环节。《决定》认为：职业技术教育已经强调多年，但局面没有真正打开，其原因在于长期以来就业者的政治文化技术准备缺乏应有的要求，在于历史遗留的鄙薄职业技术的陈腐观念根深蒂固。因此，要在全党和全社会进行教育，树立行行光荣、行行出状元的观念，树立劳动就业必须有一定的政治、文化和技能准备的观念，并且在改革教育体制的同时改革有关的劳动人事制度，实行"先培训，后就业"的原则。《决定》提出：一定要采取切实有效的措施改变这种状况，力争职业技术教育有一个大的发展。逐步建立一个从初级到高级、行业配套、结构合理又能与普通教育相互沟通的职业技术教育体系。《决定》首次提到"高等职业技术院校"，并将其定位为高中后实施、有别于普通高等教育并且是与行业配套的一种新的教育类型。

《决定》明确了职业技术教育在我国现代化建设中的地位和作用，为我国 20世纪 80 年代中后期至 90 年代末建立职业教育体系提供了指导方针。随后，在《决定》精神的指导下，"七五"计划的第一年，即 1986 年 5 月，职业技术教育委员会正式成立。作为国家的教育行政部门的一个协商、咨询机构，负责协调各部委、各有关部门和省、市、自治区、直辖市的职业技术教育工作，并对涉及部门之间的有关职业技术教育工作的重大问题进行磋商或提出建议、意见、方案。

（三）大力发展中等职业技术教育

1986 年的 7 月 2 日至 6 日，国家教委、国家计委、国家经委、劳动人事部联合召开了第一次全国职业技术教育工作会议。中共中央政治局委员、中央书记处书记、国务院副总理兼国家教育委员会主任李鹏出席闭幕大会并作重要讲话，国家教委副主任何东昌做工作报告。会议的主要任务是贯彻落实《中共中央关于教育体制改革的决定》的精神，总结、交流经验、研究、确定今后一个时期改革和发展职业技术教育的任务、工作方针和政策措施。会议提出要积极调整中等教育结构，大力发展中等职业技术教育。同年 12 月 1 日至 5 日，国家教委、国家计委、国家经委、劳动人事部、中央组织部和全国职工教育委员会在山东烟台联合召开全国成人教育工作会议，研究成人教育的改革和发展问题。会上，国务院副总理兼国家教委主任李鹏作题为《改革成人教育，发展成人教育》的讲话，为我国成人教育的改革与发展指明了方向，同时也提出通过将成人教育和职业教育有效结合的方式，推进教育事业整体进步。

在举国大力发展职业教育的同时，对职业技术教育的理论与实践研究活动也开始得到重视，职业技术教育研究机构开始筹建并形成一定的气候。1978 年中央教育科学研究所重建后，设立了"教育制度研究室"，开始进行中等教育结构及职业技术教育的研究，1986 年改为"职业技术教育研究室及成人教育研究室"，其后部分省市及高校也先后建立起一些职教研究机构。截止 1986 年，中央及省（自治区）、直辖市建有职教科研机构 12 个，高校建立的职教科研机构也有 12 个；各部委和省、自治区、直辖市先后成立的职教学会、职教研究会等学术团体达 75 个。

（四）职业技术教育发展成就斐然

第一次全国教育工作会议之后，我国教育体制改革不断取得进展，形成了从中央到地方重视教育改革与发展的大好局面。国家调整中等教育结构，大力发展职业技术教育，职业技术教育也获得了发展，整个 20 世纪 80 年代中后期，职业技术教育在规模上得到显著扩充，到 1987 年中等职业技术学校学校总学生数已经占到了高中阶段学生总数的 40%，[①]而到 1990 年，这一比例进一步提高到了 45.7%，基本上改变了我国中等教育结构单一的状况。在这个时期，我国各级职业技术教育都得到长期的发展：

高等职业技术教育方面，已形成三种类型的高等职业技术教育机构：一类是高等职业技术师范院校，到 1990 年全国共有 14 所；一类是短期职业大学，到 1990 年全国共开办了 114 所，在校生有 7.2 万人；还有一类是五年制技术专科学校，这是根据 1985 年 7 月国家教委《关于同意试办三所五年制技术专科学校的通知》而创办的。

中等职业技术教育方面，构建了包括中专学校、技工学校、职业中学、职业技术教育中心和就业培训中心等多种类型的教育体系。到 1990 年底，各类中等职业技术学校已发展到 16300 多所，在校生超过 600 万人，同时全国建有就业培训中心 2100 余所，每年培训待业人员 90 多万人，在整个"七五"期间，全国共培养中等职技人才 860 万。

初等职业教育方面举办有初级职业中学，主要设在农村，到 1990 年全国共

---

① 何沁：《中华人民共和国史》，高等教育出版社 1999 年版，第 319 页。

有 1509 所这样的教育机构。

二、职业技术教育改革不断深化

1990 年 12 月 25 日至 30 日中国共产党十三届七中全会在北京举行,确定了我国实现第二步战略目标的行动纲领,标志着我国社会主义现代化建设将进入一个关键性的新的发展阶段。职业技术教育的规模和水平影响着产品质量、经济效益和发展速度,要实现到 20 世纪末"再翻一番"和 21 世纪经济振兴的目标,就必须高度重视和大力发展职业技能教育。发展职业技术教育,不仅是提高劳动者思想道德和科学文化素质、实现社会主义现代化的一项具有战略意义的基础建设,而且对于进一步巩固以工人阶级为领导的、以工农联盟为基础的社会主义制度具有特殊重要的意义。

(一)确定"八五"期间职业技术教育发展任务

为了解决我国职业教育发展与社会需要间的脱节问题并进一步明确职业教育发展的任务,1991 年 1 月,国家教委、国家计委、劳动部、人事部、财政部召开了第二次全国职业技术教育工作会议。我国的经济建设需要有亿万高素质的劳动者,会议认为我国大力发展职业技术教育有着重要的现实意义。从我国目前的实际状况看,由于教育普及程度不高,在 18～25 岁间的劳动力群力群体中只有 80％的人小学毕业,50％的人初中毕业,20％的人完成高中阶段学习,能接受系统的高中阶段职业技术教育的人只有 10％,在每年不能升入上一级学校的 550 万小学毕业生和 700 万初中毕业生中,绝大部分又未能接受必要的职业技术教育和培训就直接进入劳动岗位。再加上劳动者中还有相当比例的文盲和半文盲,造成我国劳动者水平普遍较低,使得我国劳动者文化技术素质问题更加突出。正是由于这个原因,许多先进的科技成果难以推广应用,影响了产品质量和经济效益,严重制约了我国现代化的进程。在农村这种状况尤为明显。例如,我们有 70％的现成农业科技成果得不到推广应用,重要原因之一是农民的文化技术素质低,不能很好地接受和掌握新知识、新技术。这不仅影响了农业生产水平的提高,也直接影响农民的收入。据有关部门调查,农民人均收入是随着受教育年限增加而增加的,其中受过中等职业技术教育的农民收入明显高于其他的人。国家统计局 1989 年对 67000 户农民跟踪调查表明,人均收入与教育程度和教育结构的关系是:文盲户 442.84 元,小学户 542.96 元,初中户 616.3 元,高中户 639.85 元,中等职业技术教育户 740.9 元;同 1985 年相比,文盲户人均收入增长率是 45.6％,小学户是 54.9％,初中户是 56.1％;高中户是 53.9％,中等职业技术教育户是 68％。由此可以清楚地看出,职业技术教育同经济建设密切相关,同人民的富裕、生活幸福密切相关。一个国家、一个地区,生产设备和某些技术可以引进,但劳动者的素质是无法引进的。要提高劳动者素质,就必须在努力提高教育普及程度的同时,大力发展职业技术教育。没有职业技术教育的发展,就没有现代化。这已为许多发达国家工业化的历史所证实。①

基于这些认识,第二次全国职业技术教育工作会议提出了"八五"期间职业技术教育的发展任务,主要包括:努力办好现有各类职业技术学校,挖掘潜力,扩大招生规模,特别是扩大中等职业技术学校的规模,使全国的初中毕业生升入高中阶段职业技术学校的人数,超过升入普通高中的人数,努力提高这些学校的办学效益和教育质量;开展多种业务的短期职业技术培训,努力办好各种培训机构,包括劳动部门举办的就业训练中心,各类职业技术学校也要挖掘潜力,积极开展各种短期培训,"六加一"、"三加一"或初三分流等职业技术培训形式,要进一步总结和完善,使中小学毕业生中未能升入高一层次学校学习的青少年在从业前基本上都能有机会接受多种形式的短期职业技术培训;在普通教育的适当阶段,因地制宜地引进职业技术教育因素,从小培养学生热爱劳动、热爱科学技术的精神,养成良好的习惯与作风;重视并积极办好成人教育机构,各地政府和有关部门要统筹规划,加强职后与职前的职业技术教育的密切合作;适应对外开放的要求,根据国际劳务市场的需要,培养符合要求的各种职业人员。

（二）探索并构建职业技术教育体系框架

第二次全国职业技术教育工作会议后,国务院颁布了《关于大力发展职业技术教育的决定》。《决定》指出,要高度重视职业技术教育的战略地位和作用,进一步提高对职业技术教育战略地位和作用的认识,采取有力的措施,齐心协力地大力发展职业技术教育。《决定》提出,在 20 世纪 90 年代要根据我国经济和社会发展的需要使大多数新增劳动力基本上能够接受适应从业岗位需要的最基本的职业技术训练,在一些专业性技术性要求较高的劳动岗位,就业者能较普遍地受到系统的、严格的职业技术教育;初步建立起有中国特色的,从初级到高级、行业配套、结构合理、形式多样,又能与其他教育相互沟通、协调发展的职业技术教育体系的基本框架。

为促进职业技术教育的发展,《决定》提出以下具体政策。要在各级政府的统筹下,发展行业、企事业单位办学和各方面联合办学,鼓励民主党派、社会团体

① 李铁映:《大力发展职业技术教育促进我国经济建设和社会发展——在全国职业技术教育工作会议上的报告》,见 http://www.51labour.com/labour-law/show-5145.html/2008－11－24。

和个人办学,充分发挥企业在培养技术工人方面的优势和力量;各级政府、各级财政部门、各有关业务主管部及厂矿企业等要从财力和政策上支持职业技术教育的发展,努力增加对职业技术教育的投入;职业技术学校和培训中心应根据教学需要和所具有的条件,积极发展校办产业,办好生产实习基地;各级政府和有关部门应该制定有关法规,采取必要的行政和经济手段,有步骤地推行"先培训,后就业"的原则,凡进行技术等级考核的工种,逐步实行"双证书"(即毕业证书和技术等级或岗位合格证书)制度;要在充分利用现有相应机构的基础上,逐步建立健全职业技术教育的研究、教材出版、信息交流、师资和干部培训等服务体系。

在职业技术教育的改革和基本建设方面,《决定》指出,各级各类职业技术学校要把德育放在首位,坚持不懈地进行四项基本原则和国情教育,进行爱国主义、社会主义、集体主义及共产主义人生观等思想政治教育;面向社会实际需要,合理规划职业技术学校的布局和专业设置;改革教学内容和教学方法,突出实践性教学环节,加强职业技能训练;教学安排中要注意增强适应性、实用性和灵活性;积极稳妥地改革中等专业学校和技工学校的招生和毕业生分配制度,按照国家计划分配、用人单位择优录用和个人自谋职业相结合的就业方针,面向城乡多种所有制的需要培养人才,根据专业特点,合理安排毕业生去向,特别是要打开中级技术人才通向农村的通道;大力加强师资、实验实习基地和教材的基本建设。

(三)南方讲话后职业技术教育的进一步发展

1992年初,改革开放和现代化建设的总设计师邓小平同志先后到武昌、深圳、珠海、上海等地进行视察和调研,发表了一系列重要谈话。他的谈话贯穿了一个中心思想,就是要坚定不移地全面贯彻执行党的基本路线,解放思想,实事求是,大胆试验,排除各种干扰,抓住有利时机,深化改革,扩大开放,加快经济发展,把有中国特色社会主义事业全面推向前进。邓小平的南方讲话在建设有中国特色社会主义关键时刻发表的,为全党和全国人民指明了前进的方向,极大地明确了20世纪90年代后我国社会主义现代化建设和改革开放的新思路。

1992年10月,党的十四大胜利召开,会议提出要加快改革开放和现代化建设步伐,明确指出了我国经济体制改革的目标是建立社会主义市场经济体制,确立了我国经济体制改革的目标、模式,从而标志着我国的经济体制改革和经济发展进入了一个全新的历史发展阶段。同时,大会提出:必须把教育摆在优先发展的战略地位,要积极发展职业教育,进一步改革教育体制、教学内容和教学方法,加强师资队伍的培养和建设,扩大学校办学自主权,促进教育同经济、科技的密切结合。

总之,受国家宏观经济情况好转以及经济快速发展的影响,随着经济体制改革的深入推进以及社会主义市场经济体制的逐步建立,此期间我国的职业技术教育在办学规模上进一步扩大,办学条件不断改善,办学体制和办学思想逐步朝着更加科学的方向转变。

(四)此时期职业技术教育的发展成就

1992 年,我国中等职业技术教育机构年招生人数已经达到 192.19 万人,其中工科占 27.25%,农科占 16.96%,财经占 15.65%,修理服务 12.44%。成人高等学校各类非学历教育培训结业人数达 188.02 万人,其中岗位资格性、适应性培训为 145.03 万人。职业初中文化课教师学历合格率为 41.5%,职业高中文化课教师学历合格率为 28.23%,分别比上一年增长 3.28% 和 1.73%。1992 年底,全国 9860 所职业高中的办学条件指标达标率明显提高,其中实验室建筑面积达标率为 20.66%(1991 年为 18.27%),体育场地面积达标率为 17.03%(1991 年为 15.41%),理科实验设备达标率为 16.50%(1991 年为 16.27%),教学实验分组达标率为 21.23%(1991 年为 19.53%),图书配置达标率为 21.48%(1991 年为 20.15%)。[①]

随着我国经济体制改革的深入,教育改革也全方位展开,职业技术教育逐步面向市场。中国的职业教育为了适应社会主义市场经济体制的需要,也从体制上进行了改革,这一改革在 1992 年以后便开始成为潮流。

第二节　职业教育市场化运行机制的萌芽

20 世纪 80 年代中期以来,我国的改革开放极大促进了经济的发展,职业技术教育的发展也取得了很大成就,不仅具有相当的规模,而且教育的层次从以中等职业技术教育为主向高等职业技术教育延伸,教育的类型从以学历教育为主向非学历教育的各种培训、职前和职后的职业技术教育拓展。然而,职业技术教育在其发展中也遇到了问题,其中,运行机制是一个突出的问题,即如何建立并完善一个与社会主义现代化建设,主要特别是商品经济社会相适应的市场化运行机制。

在计划经济体制下,学校所有的资源配置都服从国家统一的计划,学校主管部门代表国家意志制定并实施计划,主要表现在:办学主体和经费来源方面,由

---

① 国家教委计划建设司、上海市智力开发研究所"1992 年我国教育事业发展统计快报编写组"《1992 年我国职业技术教育与成人教育发展调查》,《教育与职业》,1993 年第 10 期,第 43 页。

教育行政部门根据国家的人才需求计划确定一所学校学生人数的最大发展规模,然后根据这个规模制订基本方案,由国家财政按计划拨款;经常性教育经费方面,根据学校注册学生人数,呈经费主管部门审核批准,国家财政核拨;在人事管理方面,学校教职员由主管部门根据国家统一规定的编制定额配给,学校一般无权自行聘任;招生方面,按国家下达的当年招生计划和国家的统一规定录取新生,招生定额的完成得到国家计划的保障,同时不许学校随意改变定额;毕业生就业方面,由国家统一分配,学校的任务是组织好分配工作,学生可事先申报志愿,但须服从最后的分配决定;专业设置方面,由主管部门根据国家统一的专业目录和本部门主管范围的人才需求状况下达指令,或由学校提出申请,经主管部门批准后设置。

建立一个有效的适应市场化经济需要的运行机制的重要性和紧迫性主要在于,我国 20 世纪 80 年代的教育体制基本上还是沿袭 20 世纪 50 年代高度集中的、僵化的计划经济体制下形成的模式,这种模式与我国发展有计划的商品经济模式产生了尖锐的矛盾和严重的不适应,并且这种矛盾和不适应随着经济体制改革的深化有进一步加剧和扩大之势。例如在用人问题上,过去我们实行的是"统包统配"改革,对各类学校毕业生是统一分配,对社会劳动力是统一调配,而商品经济社会要求择优录取和竞争上岗,也就是要把用人权真正交给企业,把就业权交给劳动者,通过企业与毕业生的双向选择,达到劳动力与生产资料优化配置的目的。

在职业教育发展过程中,原有教育体制与商品经济发展间存在着严重的不适应和矛盾,这主要表现在以下方面:第一,当时的教育体制是自上而下单向运行的行政管理,学校实际上处于政府的依附地位,难以根据社会、经济发展的不断变化灵活地做出自主调整。因此,教育脱离实际,教育与经济脱节以及封闭式办学等问题长期得不到解决。第二,由于学校没有办学自主权,学校的法人地位没有确立,因而学校也无法按照自身的规律去发展。在这种情况下,学校内部的若干改革,如校长负责制,员工聘任制及工资制度的改革等很难有实质的进展。第三,我国的职业技术学校大都是经济主管部门或大型企业举办,这固然能调动部门和企业办学的积极性,但随之而来的部门所有制又限制了学校潜力的发挥,以致重复办学现象屡见不鲜。联合办学屡遭部门主管的牵制和非议,也无法发挥职业技术教育的真正优势。① 职业技术教育要从这样一种困境中摆脱出来,

---

① 费重阳:《形成有效机制是当前改革和发展职业技术教育的首要问题》,《职业技术教育》,1989 年第 1 期,第 5 页。

关键问题是深化改革,从各方面进行综合治理,但其核心是逐步建立起一个与国家经济、社会发展和科技进步相适应的职业技术教育有效运行机制。

一、改革传统教育模式

(一) 更新办学理念

发展职业技术教育,最基本的问题是如何使职业技术教育主动适应社会的变革和发展,更好地为区域经济社会发展服务。职业技术教育发展最基本的动力,源自于经济、社会发展对劳动力的需求;职业技术教育最基本的职能,是通过提高学习者的劳动能力,服务于社会。因此,在考虑职业技术教育适应社会的问题时,首先要考虑其如何适应经济的发展。换言之,职业技术教育与经济之间的基本关系是职业技术教育为经济发展提供作为生产力要素之一的劳动者,而经济发展则为职业技术教育提供基本动力(就业需求和物质资料)。在这种关系中,首先是经济发展的状况,如生产力发展水平、产业结构、对劳动力的需求等因素对职业技术教育发展的规模和结构起决定作用。职业技术教育的发展越是满足经济、社会发展的需要,其发展就越健康,越能促进经济的发展。这种关系的存在,还说明经济对职业技术教育的依赖。经济发展要想获取满意的劳动资源,必须将一部分物质资源投入职业技术教育,刺激职业技术教育与其同步发展。但是,经济、社会的发展和职业技术教育之间的关系,并不总是和谐发展,彼此适应的。

在很多情况下,两者之间存在着程度不同的不适应现象,在整个 20 世纪 80 年代经济转轨的时期,这种现象表现得更为明显。这主要体现在两个方面:首先,职业技术教育的计划招生和分配与市场变化存在着矛盾。长期以来,职业技术学校招生和分配都是按计划办事的,学校无权决定。在计划经济条件下,无论是产业结构或和经济发展都相对稳定,变化比较缓慢,而市场经济特点之一是变化迅速,因此习惯于计划经济体制的职业技术学校就难以适应市场变化对人才的需要。其次,职业技术教育专业设置与市场需求不相适应,原有专业日趋老化但不能随意停办,社会发展亟待的新专业又不能适时增设,从而导致市场不需要或需要不多的专业学校继续开办,而市场急需的专业,学校又没能力及时开办,再加上课程内容陈旧,与新技术发展水平差距明显等问题,职业技术教育的办学道路越走越窄。

(二) 接轨社会主义市场经济

在商品经济获得充分发展、市场经济不断建立并完善的情况下,职业技术教育机构开始直接与市场接轨。市场经济的本质特征是市场,一切经济活动都要以市场为中心,受市场的调节,市场经济中的各种"计划",均是建立在市场需求的基础之上。对职业技术教育的运行与调整,起决定性作用的是"市场"而不是"计划";"计划"是在"市场"基础上的"计划",是市场信息的综合载体及其传导方式和手段。因此,要调节经济社会发展与职业技术教育之间的关系,使两者能够协调发展,必须给学校一定的办学自主权,学校必须主动转变办学观念,突破计划经济的框架,解放思想,深化改革,不能再是简单地仅仅按照上级指令性计划办学,而是要为市场经济的发展服务,为经济、社会发展培养人才。

1991 年,国务院《关于大力发展职业技术教育的决定》提出,"教育必须为社会主义建设服务,社会主义建设必须依靠教育",这是职业技术教育机构办学的根本指导思想。同时,《决定》明确要求,职业技术教育要面向社会实际需要,合理规划职业技术学校的布局和专业设置。在农村,要重视办好直接为农林牧业服务、特别是与发展粮棉油生产有关的专业,同时也要注意培养其他各种专业技术人才。专业设置要适应农村经济需要和农民生产经营体制。在城市,要根据国家产业政策加强技术工人的培养。同时,要积极办好适应城市商业和各类服务业发展需要的职业技术教育。

(三)服务区域经济社会发展

由于中国经济体制的急剧转变和经济所有制类型、产业结构的变革,职业技术教育自身需要进行深刻的调整。在 20 世纪 80 年代末至 90 年代初,虽然这些转变是初步的,但不断解决转变过程产生的新的矛盾,正是推动中国职业技术教育改革日益深化的原动力。80 年代中期以后,正是我国产业结构、生产方式、生产水平及人民生活水平发生巨大变化的时期,一系列新行业、新工种层出不穷,例如生物技术、商品销售、农村家庭综合经营、首饰鉴定与制作、证券交易管理、时装设计、时装表演、美容美发、商品供应与销售、装潢设计与施工、工艺美术、信息技术、计算机应用、家用电器维修、数控机床操作与维护、报关与理货、保税仓储、物业管理等,经济领域的新变化,促使职业技术教育在办学思想进行转变的同时,必须使自身的办学行为符合经济、社会的发展需要,满足劳动力市场的需求。

江苏省海门县(现为海门市)的职业技术教育根据经济和社会发展的需要,及时转变办学思想,调整办学方向,在满足经济发展对人才需要的同时,自身也获得了良好的社会效益和经济效益。首先,该县的职业技术学校根据农村产业结构的调整开班办学。20 世纪 80 年代初期,乡镇企业在农村异军突起,当地的职业技术教育机构迅速抓住机遇，开办乡镇企业财会班，为乡镇企业培养当家理财的能手。80 年代中期，面对着海门建筑大军走南闯北，建筑劳务大量输出以及海门县农村大力发展庭院经济的新形势，他们迅速创办了建筑专业和农村家庭经营专业班。进入 90 年代，随着外向型经济的发展，他们又开办了丝织、环保和乡镇企业文秘专业。80 年代中后期到 90 年代初期，该县根据当地经济社会的发展要求先后兴办了三所职业中学，另外还在 10 所普通中学中开办了职业班。全县共有职业班 75 个，涵盖 23 个专业，全县职业中学和职业班的毕业学生多达 3750 人。其次，该县的职业技术学校根据地方区域性经济特点开班办学。80 年代后期以来，海门县经济发展显示了越来越明显的区域性特点。为此，该县职业技术教育的专业设置、课程安排充分考虑了这一因素，使培养的人才专业对口、学以致用。该县三星乡以全国最大的叠石桥绣品市场闻名于海内外，海门县教育部门自 80 年代中期就开始在该乡开办了"刺绣职业班"，为当地输送了大量有文化、懂技术、会推销的毕业生。在搞活经济的浪潮中，海门县的第三产业发展较快，海门县教育部门又不失时机地在县城及有关乡镇的职业中学开办了家电维修、烹饪、幼教等专业班。第三，该县职业技术学校根据未来对人才需求的趋势开班办学，进行超前性培训。该县 90 年代前后桑蚕业发展较快，蚕茧收烘质量一直保持全国领先地位，加上绸厂、绣衣厂和丝厂的兴建与扩建，他们预计到全县将需要大批这方面的实用型人才，为此，在 1990 年前后，他们就办起了丝织、真丝绣衣等专业班。此外，他们还根据办公现代化的发展趋势，创办了办公现代化专业班等。[1] 通过转变办学观念，调整办学思路，海门县的职业技术教育满足了经济社会发展和人民安居乐业的需要，出现了大量应届初中毕业生自费读职业学校的现象，获得了良好的社会效益和经济效益。

北京市的职业技术教育则根据首都经济结构调整、大力发展第三产业的实际需要，及时转变办学方向，进行专业调整，提出要为第三产业服务，为第三产业的发展培养急需人才。20 世纪 80 年代中后期，仅仅在餐旅业就为首都一百多家大饭店培养了一万多名服务管理人员，为发展北京的旅游事业作出了贡献。北京市旅游局局长说，没有职业高中，就没有今天的北京旅游事业。中外闻名的北京饭店职工中有三分之一就是北京外事服务职业高中毕业生，其中烹饪专业 86 级的毕业生郎福玲，后来成为北京饭店面点制作主要技术骨干，能做近百种高级面点，为国家领导人宴请外国元首做过食品，受到中外国家领导人的赞赏和

---

① 施平：《海门职教办得好学生自费上职中》，《教育与职业》，1992 年第 12 期，第 32 页。

接见。外事服务职业高中烹饪专业学生屠蔷 1987 年毕业后分配到钓鱼台国宾馆工作,运用在校学习的冷拼盘技术,引进国外国家领导人喜爱的六十多种名菜肴,能组织大型宴会,赢得了党和国家领导人的好评,曾被评为外交系统的先进团员。北京市的职业技术教育通过调整办学方向,为经济和社会服务,培养了一批学有专长的人才。

改革开放后,特别是 20 世纪 80 年代中后期以来,随着现代化建设以及改革开放的不断推进,我国的对外贸易增长迅速,上海的海运业发展迅速,国内外海运业务大增。海运企业要立足沿海,搞活远洋航运,不仅船舶技术干部数量不足,文化技术素质也远远不能满足发展的需要,而企业对具有无限航区资格证书的一线船舶驾驶员、3000 千瓦动力以上的轮机员和远洋船舶报务员的需求也大量增加,当时的上海职业技术教育系统培养的人才远远不能满足实际需求。面对这种情况,上海海运职工大学(现为上海海事职业技术学院)审时度势,在 1986 年申请试办了高等海洋船舶驾驶和高等传播轮机操作与管理两个专业,招收应届高中毕业生,学制三年,课程设置以职业需要和企业需要为出发点,量身裁衣设置岗位对口的课程,大力加强实践环节,提出了"应用性职业技术基础课"、"对口性职业技术专业课"、"职业技术训练课"三大模块,做到宽专结合,注重实践,力求实用。至 1991 年,共有两届毕业生,除了两人留在岸上工作外,其他人均取得了三副三管证书,并在上海市海运局所属传播三副三管岗位上任职或代职务,大大缓解了海运企业因船舶不断增加而增加了对驾驶员、轮机员人数的需求,在很大程度上保障了上海海运业的健康快速发展。

二、改革传统办学模式

(一)办学主体多元化

改革开放之前,我国的经济生活中只有单一的社会主义公有制,具体体现为两种形式:全民所有制和集体所有制,但集体所有制的规模、层次及水平与全民所有制不可同日而语。在这种情况下,职业技术教育的服务对象几乎只是国有单位,集体所有制单位一般不在教育的服务范围之内(而且,当时人们在观念上还没有把进入集体所有制单位工作视为就业)。同样,计划经济时代职业技术教育的办学主体只能是国家或国有单位,政府以外的社会力量办学极少,私人办学更为稀有;办学形式也过于注重正规的学历教育,不重视多样化的职业培训。

改革开放以后,特别是 20 世纪 80 年代中期以后,随着经济体制改革的深化,个体经济、私营经济、中外合作企业、外商独资企业等非公有制经济异军突起,迅速成为我国经济生活中一股重要力量。经济所有制类型的调整带来了从业人员就业去向的巨大改变,大量劳动力就业于非公有制单位。根据劳动部提供的资料,至 1993 年底,全国个体工商户有 1766.9 万户,从业人员 2939.3 万人,其中从事技术性生产经营的约有 210 多万户,从业人员 500 多万人;私营企业 23.8 万户,从业人员 372.6 万人,其中从事技术性经营的约有 10 万多户,从业人员约 190 多万人。

与此同时,随着经济所有制的多元化和国家经济、社会的快速发展,非公有制单位和集体所有制单位人才需求日趋旺盛。由于非国有单位的原有人才存量稀少,加上旧体制和传统观念的影响,人才来源不多,渠道不畅。20 世纪 90 年代初,在全国的工业企业中,集体所有制企业的产值占 35.5%,职工数占 36%,但具有高等专科及其以上学历者只占此类企业职工总数的 1.9%,比国有企业少 6.1 个百分点,具有中等专业教育学历的也只占 2.8%,而国有企业是 6.9%。在不同规模的工业企业中,各级各类教育所培养的人才大部分集中在大中型企业中,小企业的从业人员数占全国工业企业从业人员总数的 73.59%,但具有中等专业教育以上学历者只占工业企业同类人员总数的 33.7%,占小企业职工总数的 6.7%,比大型企业低 11.6 个百分点。当时,集体和非公有制企业的人才需求基本上没有列入各级各类专业教育和职业教育的"国家任务计划"。[①] 所以,各种非公有制经济成分为了满足由自身发展带来的对各种专业技术人才的需求,开始采取各种获取人才的措施。一些非公有制企业一方面通过"调节性计划"委托职业技术教育机构培养技术人员,另一方面通过单独举办职业技术培训机构或者与职业技术教育机构合作办学,开展各种形式的非学历职业技术教育。也就是说,随着劳动力市场的初步形成,各行各业和各种所有制的企业、事业单位无疑都要在劳动力市场中分享职业技术教育资源。

鉴于经济社会发展所需人才剧增与现存职业教育供给能力有限之间的巨大矛盾,社会各界人士,例如离退休科技人员、教育工作者、第二职业者、民营企业家、留学归国人员等开始关注巨大的职业教育市场,纷纷投身或举办职业教育,彻底冲破了由国家包揽办学的传统模式。职业技术教育不仅国家办、行业办、企事业办,而且出现了社会团体办、私人办,甚至港澳台胞、海外侨胞以及国外友人合作或独立举办这样一个新的局面,并在 20 世纪 90 年代中期初步形成了职业

---

① 职成司:《职教学会崛起的年代,丰硕的成果》,高等教育出版社 1999 年版。

教育多元化办学的新格局。因而,国务院 1991 年颁布的《关于大力发展职业技术教育的决定》明确提出,要在各级政府的统筹下,发展行业、企事业单位办学和各方面联合办学,鼓励民主党派、社会团体和个人办学,充分发挥企业在培养技术工人方面的优势和力量。

云南省昆明市在 20 世纪 80 年代中期开始,坚持"政府统筹,行业为主,企校结合"的联合办学方针,形成了由职业大学、中专、技校、职业中学为骨干向各级就业培训中心、各种实用技术培训班辐射的职业技术教育网络,走出了一条促进职业技术教育快速发展的道路。该市的具体做法是:第一,普通中专努力发挥骨干和示范作用,按原办学体制由各委、办、局管理,面向社会调整专业设置和培养规格,把学校引向根据社会需要自我调节、自我完善的轨道,增强办学的动力和活力。第二,技校在市劳动人事局主管下由各业务部门办学,招生规模受劳动力市场和企业用人需求来调节,努力挖掘办学潜力,提高办学效益。第三,职业高中由市、区两级开办管理,大力提倡企业单独举办、企业与教育部门联办、企业之间合办等多种形式,极大地盘活了教育资源,在很短时间内,城区职业学校就与 30 多个业务部门、企事业单位联合办学,占整个办学规模的 75%。第四,鼓励厂矿职业学校面向社会招生,教育部门办的职业高中面向厂矿招生,并于1985 年开始在昆明市三所厂矿职业中学进行"挖掘潜力、条块结合、联合办学"的试点,培养社会需要的、而原有职业高中又无法培养的"车、钳、电、铆、焊、铸"等专业工种的技术工人,取得了良好的效果。以昆明冶金机械厂中学为例,该校原是一所完全厂办的中学,一直采取限招本厂职工子女政策,但初、高中各级班额人数越来越少,办学效益越来越低。据此,市教委决定由教委所属普通中学承担招收该厂职工子女入学任务,冶金机械厂中学改办职业中学,开设机床电工、机加工、冷作铆焊、铸造四个专业,每年招生规模在 100~150 人,1989—1990 年的毕业生就实现了百分之百的完全就业,既解决了企业办普教越来越难的问题,又为社会培养了急需的技术人才。①

国际交流与合作办学的出现和不断扩大也是该时期我国职业教育办学主体多元化的主要特点之一。为了充分利用国外贷款及赠款,国家教委从 1990 年起,争取到世界银行一期贷款 5000 万美元,改善了 12 个职业教育师资培养基地和 59 所中等职业技术学校的办学条件,重点建设了一批示范性骨干学校。从1990 年到 1993 年,国家教委又先后从华夏基金会为 13 个省市的 16 个项目学

---

① 昆明市教委:《昆明市发展城市职教之路》,《教育与职业》,1992 年第 9 期,第 28 页。

校争取了约 275 万美元的赠款,建设了常州刘国钧职教中心和北京昌平农业学校那样的在国内外有一定影响的职业学校。在与国际职业教育机构进行合作办学过程中,我们不断学习、借鉴发达国家的职教经验,努力创建适合中国国情的职业教育模式。通过学习借鉴德国"双元制",我国职业教育获得新的发展思路,建立了十几所水平较高的示范职业学校,培养出了一批较高水平的职校毕业生;与加拿大于 1989 年实施的"中加高中后职业技术教育合作项目"在 29 所项目学校 30 个专业所进行的以能力培养为中心(CBE)的教学改革试验,取得了很大成功,并在全国几十个城市的上千所职教院校得以推广,增强了我国中等专业学校、高等职业技术院校的培训能力,适应了经济发展的需要。①

(二)经费筹措多样化

职业技术教育不仅不能满足各种经济成分对职业技能人才的需求,事实上我国远远不能满足自身进一步发展、提高的需要,这主要表现在教育经费不足,发展后劲不强。以江西省为例,虽然总体上该省职业技术教育经费投入总量呈逐年增加之态,但是,职业技术教育事业的发展仍在超负荷运转,职业技术教育经费捉襟见肘。从增长比例看,1985 年到 1989 年,该省财政经常性收入增长比例平均为 20.34%,同期教育经费增长比例平均为 17.41%,职业教育经费在全省教育经费中所占比例从 1985 年开始呈现下降趋势:1985 年为 4.21%,1986 年为 3.75%,1987 年为 3.43%,1988 年为 3.38%,1989 年更是降到了 3.12%。因此,职业技术教育的投资比例不但没有提高反而下降。从占国民生产总值的比重分析,1989 年全省职业技术教育经费投入共 2419.4 万元,占全省当年国民生产总值的比例仅为 0.75%,大大低于全国平均水平。从生均经费来看,1989 年江西省职业技术教育生均经费仅有 226 元,同样低于全国平均生均经费。最后,从办学条件看,该省的职业技术教育缺经费、缺校舍、缺设备、缺资料、缺教材、缺基地、缺师资的现象普遍存在。② 江西省的职业技术教育经费投入状况是全国大部分省份的一个缩影,经费不足的问题在全国具有相当的普遍性。

职业技术教育经费的不足,一方面固然是由于社会及有关部门对职业技术教育在国民经济发展中的重要作用认识有偏差,普遍存在一种轻视职业技术教育的倾向;更重要的原因是,在计划经济时代,职业技术教育的办学主体是国家或国有单位,职业技术教育机构的经费来源主要是由国家财政按计划拨发,学校的办学经费渠道单一。为破解职业技术教育经费不足的难题,国务院 1991 年颁

① 孙琳:《我国职业教育发展的成就、问题与趋势预测》,《职教论坛》,1997 年第 5 期,第 4～6 页。
② 韦梓荣:《江西省职业技术教育经费的现状与对策》,《职业技术教育》,1990 年第 11 期,第 16 页。

布的《关于大力发展职业技术教育的决定》明确提出,各级各类职业技术学校的业务主管部门要根据财力可能和事业发展的需要,制定本地区、本部门(行业)职业技术学校的生均经费标准。在国家政策规定的范围内,各地各部门应采取多种措施,扩大职业技术教育的经费来源。除国家投资外,要提倡利用贷款,有关部门要为职业技术学校使用贷款创造条件,并鼓励集体、个人和其他社会力量对职业技术教育的捐资助学。对职业技术教育来说,如果单靠政府投资,职业技术教育就很难得到快速发展。1991 年,国家教委、劳动部、财政部、物价局发文,规定中等职业技术学校的学生可以收学费,标准由地方定,从而在政策上为职业技术教育机构面向社会办学提供了政策支持。

在此期间,各地也展开了促进职业技术教育经费来源渠道多样化的有益探索。例如杭州钱江业余学校大专部于 1993 年 6 月 4 日与浙江省及杭州市 6 家大型企业签订校企合作协议。根据协议,学校通过高等学历教育、继续教育、岗位培训为 6 家企业培养各种急需人才,并推荐各类专业毕业生、结业生,供企业单位择优录用。同时,随时向企业介绍现代最新的经营管理知识和技术,提供咨询服务。企业根据培训计划和业务需要,为学校提供生源。并推选企业中有经验的专业技术人员和先进工作者为学校客座讲师,进行专题讲座或短期兼课。根据条件和可能,企业还为学校提供实习场所或进行模拟实习指导。校企合作协议期限 3 年,期满再行续订。后来,又有浙江省二轻工贸公司与钱江业余学校签订协议,委托钱江业余学校进行全员岗位业务技术培训,培训对象为营业员和柜组长,共计 809 人次。杭州钱江业余学校走联合办学之路,其意义在于适应社会主义市场经济条件下企业竞争和发展的需要,使职业技术教育更紧密更有效地为经济建设服务。

北京市平谷县(现为平谷区)为拓宽职业技术教育的经费来源渠道,建立了职业技术教育发展基金,基金的构成有三部分,即:县财政收入的 0.5%,县管全民教育基金的 10%,国营或县办工商业职工工资的 0.75%,由县职业教育管委会办公室统一征管和使用。县政府还规定,县管部门和各单位的职工就业培训或在岗培训所需经费采取三个"三分之一"的办法来解决,即县职业技术教育发展基金承担三分之一,用人单位承担三分之一,学员自费三分之一。在这项政策推动下,于 1991 年已为职业高中和各类培训机构筹集资金 250 万元,比 1990 年增加 23 万元,职业高中生均经费达 267 元,是普通高中生的 5.2 倍。

湖南省郴县走出了一条为农村职业技术教育多方筹措经费的新路子。首先,在农村职业技术教育发展初期,利用了一大批旧有教育设施、设备和其他固定资产,相当于筹措了当时农村职业技术教育投入总额的 1/4～1/3 投入;其次,20 世纪 80 年代中期以来在保证教育总经费的基础上,对农村职业教育经费实行政策倾斜。1990 年初,郴县县委、县政府在关于进一步发展职业技术教育的文件中则更加明确地要求职业技术教育生均经费应高于普通高中,在基建投资业务、办公等经费方面从优安排;第三,建立职业技术教育基金会,进一步扩大经费来源渠道。通过在县财政局建立了"职业技术教育补助专项基金账户",由筹资各单位在每年预算时一次性提取上交入账,并统筹安排用于郴县职业教育。第四,开展校内自筹,增强自我发展能力。从各级各类农村职业技术学校基本建设开始,就强调勤工俭学,强调把教学、生产经营、科学实验结合起来,指导学校朝着一定规模的经济实体发展,经过努力,各中等职校勤工俭学总收入总计有220 余万元左右,其中用于学校建设和改善各种条件的费用就高达 160 余万元。

山东省多渠道筹措职业技术教育经费的做法也取得了成功:第一,政府财政收入是职业技术教育经费的重要来源,省政府在财政紧张的情况下对职业技术教育给予大力支持。第二,根据 1987 年山东省人大常委会通过的《山东省职业技术教育条例》,农村教育费附加要提出 10% 用于农村职业高中的建设。第三,在大中城市推广青岛市统筹职教经费的做法,统一筹集职业技术教育经费。规定企事业单位按职工全年工资总额的 0.5% 缴纳职业技术教育经费按季与劳动保险金一并缴纳,并做到专款专用。第四,鼓励职业学校积极创收、自我发展,许多职业学校采取向银行贷款、系统内集资、申请燎原计划项目、争取财政支持多种形式,千方百计筹集资金。同时学校也结合教学建起实习生产基地,上创收项目。以上经费筹措方法上的创新在一定程度上弥补了财政划拨经费不足的问题,对改善办学条件发挥了积极作用。[①] 由于坚持多渠道筹措资金,几年下来山东省在国家财政比较困难的情况下,较好地解决了职业技术教育发展遇到的资金瓶颈,促进了职业技术教育的快速发展。

全国各地的职业学校充分利用国家政策,不断探索,积极创办校办产业,实行产教结合,逐步增加创收的能力。1991 年,全国职业高中生产实习基地一年产值达 18.5 亿元,纯利润超过 2 亿元,上交税 4900 万元,平均每生每年创收近百元,占生均经费的 21%。例如,北京实用美术职业学校积极发展美容美发及时装等校办产业,其服装品牌在全国有较大知名度,1991 年被纺织部评为全国十大名牌之一。河北三河县马起乏乡职业初中通过发展校办企业生产服装,每

---

① 张兆松:《山东省筹措职教经费的形式和作法》,《教育与职业》,1992 年第 11 期,第 6—7 页。

年创收 240 万元,其产品还打入北京、天津市场,并与俄罗斯有关方面签订贸易协定,通过加工服装出口创汇,获取办学经费。1990 年,辽宁省的职业中学创收利润在 100 万元以上的就有 25 所,其中沈阳第二服装学校的服装都是出口的,年创汇 200 万美元。苏州市轻工职业中学积极创办外向型产业,集教育、工业、贸易于一体,成立了久利工贸实业总公司,直接参与国际市场,走国际经济大循环之路,极大提高了经济效益,1993 年创利 1000 多万元。产教结合已经成为了发展职业技术教育、拓宽办学经费的重要途径,同时也为办好职业技术教育、提高人才培养质量搭建了全新的舞台。

从全国整体情况而言,坚持多渠道筹措办学经费,开展各种形式的联合办学,实行办学主体的多样化是适合我国国情的,符合我国社会主义商品经济发展的需要,也是市场经济体制下发展职业技术教育的明智之举。实践证明,这是当时我国发展职业技术教育的重要思路,给我国职业技术教育事业的发展注入了新的活力,随着全社会在不断地解放思想,职业技术教育办学主体多元化、经费来源多样化的路子也越走越宽。

三、改革传统招生、就业体制

(一)招生、就业体制改革的必要性

在原有的计划经济体制下,职业技术教育机构完全是按国家下达的当年招生计划和国家的统一规定录取新生的,缺乏灵活性;在就业分配方面则由国家统一分配,学校的任务是组织好分配工作,学生必须服从分配决定。

20 世纪 80 年代中期以来,我国的经济体制改革不断深入推进,社会主义商品经济在我国开始发展,市场经济体制逐步确立。在这一进程中,人们也逐步认识到职业技术教育属于非义务教育,学生应当缴纳学费,招生时对录取分数不应统得太死,只要初中毕业生或高中毕业生统考合格都可以报名入学,而且学校应当该根据市场需要与自身的能力尽可能实现自主招生。职业学校学生毕业后应该不包分配,但学校可根据学生的情况进行推荐。

1991 年,国务院出台《关于大力发展职业技术教育的决定》,明确提出要积极稳妥地改革中等专业学校和技工学校的招生和毕业生分配制度,要按照国家计划分配、用人单位择优录用和个人自谋职业相结合的就业方针,面向城乡多种所有制的需要培养人才,并根据专业特点,合理安排毕业生去向,特别是要打开中级技术人才通向农村的渠道。计划、教育、劳动、人事等有关部门应积极配合,推进这项改革。鉴于此,1992 年国家教委职教司提出,要积极推进中专学校、技

工学校招生就业制度的改革,尤其是要推进面向县镇农村的学校和专业的招生就业制度的改革。在学校招生中要扩大定向委培生、自费生、计划外招生和不包分配生的比例。① 到了 1993 年,中共中央在《关于建立社会主义市场经济体制若干问题的决定》中再次强调:"改革劳动制度,逐步形成劳动力市场"。至此,经济领域的不断发展促使职业技术教育的招生和就业工作中开始出现了一个新的价值取向:劳动力市场。

(二)改革中专招生就业制度

中等专业学校是中等职业技术教育的骨干力量,但由于其长时期在计划经济体制下运行,已经产生了一定的惰性,亟待改革。此期间对传统中专招就业制度的改革,有三个背景:首先,改革开放以后,由于经济领域已经按市场取向进行大刀阔斧的改革,职业技术教育与之不相对性适应的情况越来越严重;其次,由于就业形势日趋紧张,加上在原有人事制度存在着农业与非农业、干部与工人之间不可逾越的身份界限,使社会实际需要的人才得不到培养,学校培养的毕业生又部分地难以分配,完全由国家统一分配毕业生的体制实际上已难以为继;第三,国家财力有限,教育投入严重不足,完全由国家财政统包的教育投入体制也难以维持,迫切需要广开渠道筹措教育经费。在上述背景下,部分学校首先在毕业生就业和教育经费来源方面试探着突破计划经济体制的束缚。20 世纪 80 年代中期,四川省温江农校和浙江省嘉兴农校等农业中专学校,率先举办旨在培养"新农民"的"不包分配班"的试点。之后,此类试点班不断推广到全国 20 多个省市,到 80 年代末期,全国农业中专在校生已占总数的 12.7%,这类毕业生多数被县、乡、农村基层录用,有的自行创业,创建兽医站、农具修理站或成为专业户,初步改变了原来农业中专长期存在的"农村青年招不来,毕业生下不去,下去了也留不住"的状况。

到了 1988 年 4 月,农牧渔业部、国家教委等八部委联合发出《关于农业中等专业学校招收农村青年不包分配班的若干规定》,支持招收初中毕业的农民子女入学,农业户口不变,毕业后回乡务农。这是对传统的"统招统配"政策的重大冲击和挑战,受到农民的欢迎和社会的关注。

鉴于在当时社会背景下,城市户口对于城市居民至关重要,而在农村绝大多数农民的经营规模很小,农业产业化进展缓慢,于是,大多数中等专业学校采取了如下较为稳妥而有效的改革措施:一方面,对原由国家统一分配的毕业生,逐

---

① 原国家教委职教司司长王文湛同志 1992.9 月在中国职教学会职高委成立大会上的讲话。

步实行"供需见面、双向选择"和鼓励毕业生自主择业的政策;另一方面,在招生计划指标中划出一部分用于招收以下三类新生:一是"定向生"(学生户口关系不变,毕业后回原地区接受人事部门分配);二是"委托培养生"(由用人单位根据自身人才需要,委托某所学校培养,并负担学费,学校不负责毕业生就业安排);三是"自费生"(由学生自费入学,毕业后自谋职业)。这三类新生的招生计划合称为"调节性计划",其余招生计划仍然是"统招统配",称"国家任务计划"。"调节性计划"的新生也要经过统一的入学考试,但录取分数线相对灵活一些,一般比"国家任务计划"的新生略低,这对于满足经济和教育水平较低的地区、包括农村地区的青年入学以及人才需求是有利的,此举也大大提高了学校经费筹措的能力,这对"国家任务计划"一统天下的旧体制无疑是一个重大的改变。在此后的十多年时间里,"调节性计划"所占比例不断扩大。

然而,在实施过程中这种两类计划并存的"双轨"体制日益显露出消极的一面,不仅因此产生了一些实际上的不公平现象,对学校管理也带来许多矛盾和麻烦,而且还往往被某些不法分子钻了空子。1993 年,国家教委在湖南省株洲市举行了全国普通中专教育改革会议,中心议题是如何适应从计划经济体制向市场经济体制的转变,对"双轨"体制的问题作了分析和研究。到了 1997 年,国家教委决定,不同的生源在学费、录取分数、毕业生就业等方面都采取同一政策,取消统分统配,由学校自主招生分配,这就意味着所有的毕业生都将直接进入劳动力市场,国家需要的部分虽将得到优先保证,但也只是这个市场的一部分。这项改革从 1998 年开始,用三年时间完成。从此,中等专业学校向市场经济体制迈出了决定性的一步。

(三)改革技工学校和职业高中招生就业制度

技工学校原来的招生和毕业生就业体制,与中专学校类似,改革趋势也比较相近。技工学校多数是由行业部门和企业举办,其中企业办的约占一半。由企业举办的技工学校招生计划,有相当部分是服从本企业需要的。在计划经济体制下,企业的招工指标由劳动部门统一安排,技工学校归劳动部门管理,并且技工学校中约 1/6 是由地方劳动部门直接举办的,因此,技工学校的招生计划和毕业生就业都受劳动就业指标的支配和保护。改革开放以后,随着企业自主权的扩大,劳动计划受到冲击,全国统一的劳动就业指标逐步失去原有的意义,于是,技工学校的招生和毕业生就业也逐步面向社会,走向市场。1993 年 9 月,劳动部发出的《关于深化技工学校教育改革的决定》,提出:"技工学校招生计划由指令性改为指导性","技工学校招生,逐步实行在劳动行政部门监督下,由学校自行组织报名、考试、评卷、录取新生的办法。招生时间可按企业需要和市场需求确定"。"可根据当地经济发展需要,适当扩大招生范围,招收的农村青年毕业后被企业录用的,允许将其户口迁往企业所在地的城镇落户"。"技工学校应尽量扩大委托和定向培养的比例"。《决定》还规定在专业设置、人员评聘、收入分配、校办企业、收缴学费等方面,有限度地扩大了学校的自主权,从而有效地增强了技工学校适应市场的活力。

职业高中在 20 世纪 50 年代末和 60 代初期曾有过大量发展,后因"文化大革命"而几乎撤销殆尽。改革开放以后职业高中重新兴起,大批普通中学陆续改建为职业高中。当时的就业压力和财政状况不容许新办的职业高中留在国家"统包统配"的体制内,因此,职业高中从一开始就基本上没有受到国家计划的保护,也较少地受到计划的制约,自觉或不自觉地进入了市场环境。但由于 20 世纪 80 年代的中国整体上仍处于计划经济体制开始向市场经济体制转轨的进程之中,国家计划的保护作用对学校仍有很大的吸引力,学校主管部门也较习惯于计划经济体制的运行方式,因此职业高中在招生就业制度方面的改革也是有限的,不彻底的。

第三节　职业教育法制化办学与市场化办学体制改革

20 世纪 90 年代初的两三年,我国职业教育呈现十分可喜的局面。[①] 在建设有中国特色社会主义理论的指导下,中国共产党第十四次全国代表大会确定了 20 世纪 90 年代我国改革和建设的主要任务,明确提出"必须把教育摆在优先发展的战略地位,努力提高全民族的思想道德和科学文化水平,这是实现我国现代化的根本大计"。教育在社会主义市场经济体制建设中的地位和作用日益突出,党和政府对职业技术教育的地位和作用给予了前所未有的重视,相关政策的调整和法规的出台促使职业教育在 90 年代的发展不断走向市场化和法制化,职业技术教育结构也呈现出新的特征。

一、职业技术教育走向规范发展的快车道

(一)《中国教育改革和发展纲要》

为了实现党和十四大所确定的战略任务,指导 20 世纪 90 年代乃至 21 世纪

---

① 《我国职业教育又上新台阶》,《中国教育报》,1993 年 7 月 8 日第 1 版。

初教育改革和发展,使教育更好地为社会主义现代化建设服务,1993 年 2 月 26
日,中共中央国务院发布《中国教育改革和发展纲要》。《纲要》根据当时我国教
育面临的形式和任务,根据我国社会主义现代化建设"三步走"的战略部署,提出
了 20 世纪末我国教育发展的总目标。其中"城乡劳动者的职前、职后教育有较
大发展"、"各类专门人才的拥有量基本满足现代化建设的需要"成为职业技术教
育的发展目标和指导方针。《中国教育改革和发展纲要》的发表进一步促进了职
业技术教育在办学与管理体制、运行与激励机制、教学内容与方法等方面的改革
向更深层次发展。

《中国教育改革和发展纲要》颁布后,围绕《纲要》要求而提出的若干推动职
业教育发展的政策方针逐步出台。1993 年 3 月 10 日,在第八届全国人民代表
大会第二次会议上,国务院为发展科技教育文化工作,在教育政策调整中专门指
出要充分调动社会各界的积极性,利用广播电视等现代传播手段,大力发展职业
教育、成人教育和各种社会教育,逐步做到"先培训再就业"、"先培训后上岗",培
养大量的专门人才和熟练劳动者。根据地区和行业的发展需要,还可根据实际
情况增加职业教育的内容。[①] 在 1993 年 3 月 13 日河北省职教中心建设座谈会
上,李铁映同志根据《中国教育改革和发展纲要》的要求,对进一步探索职业教育
新的改革发展路子提出六方面的意见:采取"政府统筹、部门联办、教委协调、一
校多制、各尽其力、隶属不变"的办学体制;在校办企业上提出职业技术教育要迅
速和当地经济建设相结合;职业学校教师队伍应采取少专职多兼职的办法;学生
管理采取专业自由选择,学制因人而异,实行双证制度;毕业生的质量衡量标准
要看他的致富速度和能力;投资体制上,职业技术学校一不走财政道,二不走集
资道,应该产教结合,迅速地创造产值和效益,自我发展,到市场上去竞争;职业
技术教育要努力扩大服务面,为全县人民致富奔小康服务,还可以对县外服务,
多数服务是需要收费的,不收费的服务也要积极做好。[②] 这一表述可以被视为
《中国教育改革和发展纲要》在职业教育发展和改革政策方面的具体化。围绕这
些方面的改革,职业教育办学体制逐渐摆脱改革开放初期的体制性束缚,开始走
向开放。

1994 年 6 月 14 至 17 日,党中央、国务院召开新中国建立以来的第二次全
国教育工作会议。这次会议是在我国加快建立社会主义市场经济体制和现代化
建设步伐的新形势下召开的,主要任务是:以邓小平建设有中国特色社会主义

---

① 国务院:《政府工作报告》,《中国教育报》,1994 年 3 月 24 日第 1 版。
② 李铁映:《探索有中国特色的职教改革新路子》,《中国教育报》,1993 年 4 月 2 日第 3 版。

理论和党的基本路线为指导,为实现 20 世纪 90 年代我国教育改革和发展的任务而奋斗。中共中央总书记、国家主席江泽民在开幕式上作了重要讲话,强调:"把经济建设转到依靠科技进步和提高劳动者素质的轨道上来,真正把教育摆在优先发展的战略地位,努力提高全民族的思想道德和科学文化水平。这是实现我国现代化的根本大计。""在整个社会主义现代化建设的过程中,教育优先发展的战略地位必须始终坚持,不能动摇。"中共中央政治局常委、国务院总理李鹏在开幕式上作题为《动员起来,为实施〈中国教育改革和发展纲要〉而努力》的主题报告,①重点对全面深化教育改革,促进教育事业发展作了说明,提出发展职业教育是符合我国国情的培养大量应用型人才的一条根本出路,进一步明确了我国职业教育的任务和发展前景。会后,国务院制定了关于《中国教育改革和发展纲要》的实施意见,职业教育发展政策日益清晰、明朗。

《中国教育改革与发展纲要》的颁布在学术界掀起了一次职业教育办学思想的大讨论。1993—1994 年间召开了若干次职业教育专题研讨会,研究探讨职业教育发展的内在规律,充分借鉴国际职业教育发展的经验,努力推动国内的职业教育的改革与发展。1993 年 9 月 14 日,国家教委和中国联合国教科文组织全国委员会联合主办以"现代化与职业技术教育"为主题的国际职业技术教育研讨会,指出职业技术教育是现代化建设的支柱,大力发展职业教育是世界各国推动经济和社会发展的重要途径。1993 年 11 月 5 日,国家教委和联合国教科文组织联合召开以"现代化与职业技术教育"为主题国际职业技术教育研讨会,专家们对职业教育对于各国的社会经济和社会发展的推动展开了激烈的讨论。1994 年 1 月 24 日,"21 世纪全球教育六国研讨会"召开,来自不同国家的学者针对职业教育面对的问题进行了深入的讨论。在这一系列讨论中,职业教育的地位和作用、立法问题、办学模式问题等均成为学术界和职业教育界关注的重点,尤其是以职业教育立法为核心的大讨论成为焦点。

(二)职业教育立法起步

1.《中华人民共和国职业教育法》的酝酿及出台

在 1989 年,国家教委就开始着手研究职业教育立法问题,进入 20 世纪 90 年代以后,职业教育立法工作进一步受到党中央的重视。1992 年以后,邓小平同志视察南方重要讲话发表,党的十四大召开,《中国教育改革和发展纲要》颁布,第二次全国教育工作会议召开,国务院作出关于大力发展职业技术教育的决

---

① 李鹏:《动员起来,为实施〈中国教育改革和发展纲要〉而努力》,《中国教育报》,1994 年 6 月 21 日第 1 版。

定,全国人大制定《中华人民共和国教育法》和《中华人民共和国劳动法》,这些重大事件和法律都为加快《中华人民共和国职业教育法》的起草工作提供了明确的方针、思路和立法依据。同时,社会各界对职教立法的重要性和必要性也进行了深入探讨,地方政府也围绕职业教育立法进行了大胆的尝试和探索。1994 年 12 月 26 日,《中国教育报》专门介绍了西安市颁布《职业技术教育条例》的情况,对法律法规规范下的职业教育发展问题进行讨论。

在以邓小平建设有中国特色社会主义的理论和党的基本路线的指导下,在多方强烈呼吁下,以《中华人民共和国宪法》和《中华人民共和国教育法》、《中华人民共和国劳动法》为法律依据,结合了《中国教育改革和发展纲要》、《国务院关于〈中国教育改革和发展纲要〉的实施意见》和《国务院关于大力发展职业技术教育的决定》等重要文件精神,经过多次征求各地方、各部门的意见,《中华人民共和国职业教育法》最终于 1996 年 5 月 16 日八届全国人大常委第十九次会议上得到通过。

《中华人民共和国职业教育法》是继《中华人民共和国教育法》出台之后的第一部重要的配套法律,是在全国已初步建立具有中国特色的学历教育和职业培训并举的职业教育体系的背景下推出的。[①]《中华人民共和国职业教育法》共 5 章 40 条,包括总则、职业教育体系、职业教育的实施、职业的保障条件和附则。从内容上看,《中华人民共和国职业教育法》在调整范围、职业教育体系、兴办职业教育的责任、办学条件保障与扶持等多方面对职业教育发展中的若干问题进行了详细规定与说明。以《中华人民共和国职业教育法》的颁布为标志,中国职业教育开始走向依法治教的道路。

2. 职业教育相关配套政策出台

整个"八五"时期,是我国职业教育制定政策最多的时期,因此也是我国职业教育规范发展的时期。为了促进职业教育的健康发展,各级地方政府加强了对职业教育的领导与管理,大多数省(市)都制定了相应的政策文件;相关部委也推出了适合本行业发展需求的加强职业教育的措施。"八五"期间,国家职业教育管理部门出台的政策主要有:《关于普通中等专业教育改革与发展的意见》、《关于普通专业学校招生与毕业生就业制度改革的意见》、《国家级重点职业高级中学标准》、《关于加强全国职业中学校长岗位培训工作意见》、《关于推动职业大学改革与建设的几点意见》、《关于成人高等学校试办高等职业教育的意见》等文

---

① 朱开轩:《关于〈中华人民共和国教育法(草案)〉的说明》,《中国教育报》,1995 年 3 月 15 日第 2 版。

件,涵盖了职业教育的各个方面及领域。在这些政策保障下,我国职业教育发展无论是在规模还是在职业教育体系建设上都取得了前所未有的成就。①

"八五"期间初等职业教育发展迅猛,1995年招生数和在校生数分别比1990年增长了48.97%和45.55%。② 中等职业技术学校持续发展,中等教育结构进一步趋向合理,到1995年高中阶段各类职业技术学校在校生人数占高中阶段学生总数的57.42%,比1990年上升了9.8个百分点,办学效益有明显提升,在这一时期一系列努力也使我国初步建立起了职业学校教育与职业培训两大体系。③ 在职业学校教育内部形成了初等、中等、高等三个等级的职业学校系统,职业培训体系日益完善,技工学校、招生、就业训练中心、企业职工培训基地数量和质量逐步提升,职业培训能力进一步增强。

3. 第三次全国职业教育工作会议召开

1996年是"九五"开局第一年。1996年6月19日,在实施《国民经济和社会发展"九五"计划和2010年远景目标纲要》的新形势下,为贯彻执行《职业教育法》,进一步开创我国职业教育工作的新局面,促进国民经济和社会发展,第三次全国职业教育工作会议召开。会议重点强调了发展职业教育对实现现代化具有重要意义,提出通过深化改革走符合我国国情的发展职业教育的道路,在大力发展职业教育过程中不断提高等职业教育质量,建立健全适应社会主义市场经济体制和社会发展需要的职业教育制度。第三次职业教育工作会议是《中华人民共和国职业教育法》出台之后,围绕如何切实加强领导,认真贯彻《中华人民共和国职业教育法》,为发展职业教育创造更好的条件召开的。④ 会议指出:"职业教育是我国教育事业的重要组成部分","发展职业教育从根本上说是提高全民族劳动者素质,合理开发利用人力资源,促进提高产品质量的一项重要措施"。会议要求在政府统筹管理下,真正形成社会各界兴办职业教育的格局;通过三级分流大力发展职业教育,通过"三改一补"大力发展高等职业教育;大力发展职业培训,建立健全职业学校教育与职业培训并举,并与其他教育相互沟通、协调发展的职业教育体系;加强职业道德教育,全面提高人的素质。这次会议是进一步贯

---

① 胡诚、胡萍:《中国职业技术教育及其研究的历史回顾》,《长春工业大学学报》(高教研究版),2006年第9期。

② 国家统计局:《新中国五十五年统计资料汇编》(1949—2004)(电子版),中国统计出版社2005年版。

③ 国家统计局:《新中国五十五年统计资料汇编》(1949—2004)(电子版),中国统计出版社2005年版。

④ 李岚清:《努力开创职业教育工作的新局面——在全国职业教育工作会议上的讲话》,http://www.51labour.com/labour-law/show-5051.htm.1996－06－19.

彻《中华人民共和国职业教育法》,进一步落实《纲要》和《决定》促进中国教育事业全面发展的标志性会议。

4.《中华人民共和国高等教育法》的颁布对职业教育的影响

1996年,我国颁布了第一部《中华人民共和国职业教育法》,明确了高等职业技术教育的法律地位,制定了高等职业技术学校的设置标准,构建了不同层次的职业技术教育之间以及普通高等教育与职业技术教育之间的立交桥。一个具有中国特色的、法制化、科学化和社会化的职业技术教育体系的法律雏形已经形成。为了进一步推动高等职业教育的发展,1998年教育部提出"三多一改"的发展高等职业教育政策:即多渠道、多规格、多模式发展高等职业教育,对其进行教学改革,使其真正办出特色,基本理顺了高等职业教育的发展思路。当年,教育部还增拨高校招生指标,用于在20个省、市发展高等职业教育。1998年8月29日第九届全国人民代表大会常务委员会第四次会议通过并颁布了《中华人民共和国高等教育法》,该法明确界定:"本法所称高等学校是指大学、独立设置的学院、高等专科学校,其中包括高等职业学校和成人高等学校",把高等职业学校作为高等教育的一部分确定下来。这一时期,很多地方学校创办了高等职业学校,许多县市职业学校通过合办、挂靠等形式举办了高等职业班,部分中专升格为高等职业学校,民办高校也在积极探索高等职业学校发展之路,出现了一股可喜的"高等职业热"。到1998年底,经教育部批准独立设置的专科层次高校(包括高专、高等职业和成人高校)共有1394所。

二、职业教育结构进一步调整

(一) 中等职业教育的"重点"建设

1985年《中共中央关于教育体制改革的决定》的出台以后,以"教育体制改革的根本目的是提高民族素质,多出人才、出好人才"为目标,中等职业发展在规模上进入巅峰时期,中等职业教育在校生规模、职业学校总数均达到历史较高水平。在规模日益扩大的形势下,如何让中等教育在办学质量上有所提升,成为教育结构调整后的焦点之一。

《中国教育改革和发展纲要》和《国务院关于大力发展职业技术教育的决定》都提出建设一批骨干、示范性学校这一历史性任务。为了提高中专的办学效益,从1991年开始国家教委即对中等专业学校进行评估,1993年5月,国家教委决定从当年起评选重点中专,1994年2月5日,国家教委又推出政策,要求集中力量建好一批重点中专。重点中专建设成为提升职业教育品质的重要举措。作为承担培养大批技术工人任务的技工学校,随着其招生规模的扩张和办学主体的多元化,保障重点建设、突出质量办学也成为国家调控的重点。1994 年 9 月,国家教委首次确定要建设 130 个"国家级重点技工学校"。随着国家级重点中专、省部级重点中专认定工作的展开,中专学校的办学水平大幅度提高。这些骨干示范学校对提高等职业教育的教学质量和办学水平,推动职业教育的改革和发展发挥了十分积极的推动作用。

为响应中央关于大力发展职业教育的决定的号召,一批普通高中通过改制转变成职业高中,承担起培养中等职业技术人才的功能,职业高中的数量急剧扩充。在规模发展的同时,质量问题也日益突出。为了推动职业高中的发展,从 1990 年起,国家教委开始了认定省级重点职业高中的工作,通过两次组织进行评估,1994 年评出了 455 所省级重点职业高中,占全国职业高中总数的 5.7%。两批省级重点职高的认定,大大推动了各地区对职业高中建设的重视,到 1995 年,省级重点职高达 900 余所,在这基础上国家教委又审批通过了 296 所国家级重点职业高中。在国家级重点职业高中建设的带动下,湖南等省份也相继出台系列措施,鼓励县级教育主管部门建立示范性职业学校。

经过"八五"和"九五"初期的建设,全国中等职业教育发展达到历史最高水平。1997 年全国中等职业技术学校(含中专、技工学校、职业技术高中)共有 17116 所,在校生达 1089.4 万人,招生规模 520 万人。1998 年,中等职业技术学校在校生规模达 1430 万人,提前实现了《中国教育改革和发展纲要》确定的职业技术教育到 20 世纪末的发展目标。[①] 中等职业教育在规模上的扩张和在追求质量过程中的重点建设思路也正孕育着中国职业教育改革正朝着新的方向发展。

(二)高等职业教育大发展

1. 高等职业教育的调整与大发展

进入 20 世纪 90 年代以后,我国高等职业教育进入调整改革时期。[②] 为了推动我国普通高等专科教育事业持续、稳定、健康的发展,国家教委经过两年多广泛深入的调查研究,于 1991 年 1 月 6 日提出了《关于加强普通高等专科教育工作的意见》。《意见》根据我国社会主义现代化建设事业的需要和普通高等专科教育的实际状况,提出了我国普通高等专科教育的办学指导思想,今后一段时

---

① 胡诚、胡萍:《中国职业技术教育及其研究的历史回顾》,《长春工业大学学报》(高教研究版),2006 年第 9 期。

② 陈亚玲:《改革开放以来中国高等职业技术教育的政策文本分析》,《洛阳师范学院学报》,2006 年第 4 期。

期内的工作方针和加强普通高等专科教育工作要采取的具体政策措施。其后，随着国务院《关于〈中国教育改革和发展纲要〉的实施意见》和《关于推动职业大学改革与建设的几点意见》等文件的推出，积极发展高等职业教育并加强对高等职业教育进行研究，成为高等教育发展的重点。《实施意见》要求："办学部门要认真研究这些学校（即短期职业大学）的办学方向。"《几点意见》认为："高等职业教育在我国发展时间不长，经验不足，重视不够……影响了职业大学的建设与发展"，"要采取有力措施，重视和加强对职业大学的领导和管理，积极推动职业大学的改革、建设与发展。"①《全国教育事业"九五"计划和 2010 年发展规划》进一步指出："九五"期间要"进一步研究高等职业教育的内涵和特点，以现有高等学校为基础，深入进行教育教学改革，提高岗位适应性，积极发展高等职业教育"。②

在中央相关决策的指引下，高等职业教育规范化发展的思路日益清晰，发展步伐也逐步加大。1994 年 6 月，中共中央、国务院在北京召开改革开放以来的第二次全国教育工作会议，会议首次提出了"三改一补"的高等职业教育基本方针。"三改一补"是上世纪 90 年代中后期发展高等职业的主要政策措施，弥补了前期职业大学相对缺乏，高等职业教育仅仅依托普通专科学校和成人高等学校进行的缺憾。国家教委也通过机构改革将原来由高教司管理普通高专的职能、职教司管理职业教育的职能和成教司管理的成人高等教育的职能统一归并到高教司管理，在行政上理顺了职业教育的管理体制，为高等职业教育大发展奠定了组织与管理基础。③

2. "六路大军办高职"

为了进一步推动高等职业教育的发展，1995 年 7 月，国家教委成立高等职业教育协调组，负责调整高等职业教育办学过程中的若干交叉问题。在此协调组推动下，8 月，高等职业教育改革逐步走向系统化。1995 年 12 月，国家教委颁布《成人高校试办高等职业教育的意见》，对成人高校开办高等职业教育进行了规范。

大力发展高等职业教育的决策是与当时的社会发展背景息息相关的。党的十四大指出，经济能不能加快发展，不仅是重大的经济问题，而且是重大的政治

---

① 国家教育委员会：《关于推动职业大学改革与建设的几点意见》，http：//law. baidu. com/pages/chinalawinfo/1/80/6e903e7d6d5a86494366a8a5b3e60f7b_0. htm. 1995 - 10 - 06.

② 国家教育委员会：《全国教育事业"九五"计划和 2010 年发展规划》，http：//www. moe. edu. cn/edoas/website18/35/info3335. htm. 1996 - 04 - 10

③ 张慧青：《改革开放以来我国高等职业教育发展研究——以济南工程职业技术学院为例》，《首都师范大学硕士学位论文》，2008 年 5 月。

问题,而大力发展高等职业教育又是"实现社会主义现代化的一项具有战略意义的基础建设",意义十分深远。高等职业教育法律地位的确立是以《中华人民共和国职业教育法》的颁布为标志的。1996 年 5 月 15 日全国人大通过《中华人民共和国职业教育法》提出"建立、健全职业学校教育与职业培训并举,并与其他教育相互沟通、协调发展职业教育体系"这一历史性任务。该法第 13 条规定:"职业学校教育分为初等、中等、高等职业学校教育……高等职业学校教育根据需要和条件由高等职业学校实施,或由普通高等学校实施",这是我国第一次把高等职业教育以法律的形式确立下来。1998 年颁布的《中华人民共和国高等教育法》第 68 条规定:"本法所称高等学校是指大学、独立设置学院和高等专科学校,其中包括高等职业学校和成人高等学校",进一步确立了高等职业教育的法律地位。

在高等职业教育向规范化发展过程中,我国第一所职业技术学院——邢台职业技术学院于 1997 年 6 月正式挂牌,此后,全国范围内针对如何发展高等职业教育的研讨活动随之展开。1997 年 10 月 17 日,全国高等职教改研讨会举行,会议强调:发展高等职业教育一定要坚持"三个有利于"(即有利于高等教育结构调整和已有教育资源的合理应用;有利于中等教育结构的调整和中、高等职业教育的相互衔接;有利于培养基层和农村需要的高层次实用人才,为区域经济和科教兴国服务)的指导思想,以内涵发展为主,把加强教学工作和教学改革摆在更加突出的位置。会后,上海、柳州、河北等地市也不断推出相应政策,推动高等职业教育办学的规范化、制度化、法制化。1998 年 4 月,《上海规划职教发展新蓝图》出台,提出上海市将建起初、中、高各层次相衔接,以高等职业技术教育为主体的职业教育体系。柳州采取五所成人高校合并改制的方法,建立高等职业技术学院。除了开展职业教育以外,河北还出台政策鼓励大中专学校定点培训下岗职工,实现高等职业教育与培训的有机统一。这一时期高等职业教育取得了突破性进展:高等职业教育发展速度加快,规模扩大;明确提出了"三教统筹"的方针;高等职业教育的发展途径由"三改一补"发展为"三多一改";推动了高等职业教育的制度建设,确定了高等职业教育的人才培养工作的基本框架。

随着高等职业教育的快速推进,"六路大军办高职"的局面也开始形成。1999 年 1 月,教育部、国家计委印发《试行按新的管理模式和运行机制举办高等职业技术教育的实施意见》,更明确地提出高等职业教育由以下机构承担:短期职业大学、职业技术学院、具有高等学历教育资格的民办高校、普通高等专科学校、本科院校内设置的高等职业教育机构(二级学院)、经教育部批准的极少数国家级重点中等专业学校、办学条件达到国家规定合格标准的成人高校等。同年，教育部成立高职高专教育人才培养工作委员会，周远清副部长在成立大会上进一步明确"三教(高等专科教育、高等职业教育和成人高等教育)统筹、协调发展"的方针。至此，职业大学、职业技术学院、高等专科学校、普通本科院校二级职业技术学院、部分重点中专、成人高等学校等六类高校共同举办高等职业教育的局面初步形成，极大地促进了我国高等职业教育的发展。到 1999 年，全国共有高等职业技术学院 37 所，职业大学 73 所，高等技术专科学校 3 所，举办五年制高等职业教育的中专学校 14 所。①

(三) 进一步推进农村职业教育

进入 20 世纪 90 年代以后，市场经济建设的步伐越来越快，农村在整个国民经济建设中的地位和作用日益明显，对农业技术人才的需求也越来越大。作为承担农村职业教育任务的重要机构之一，农村中专积极开展农业培训和农业职业教育。

1993 年 7 月 23 日，农业部教育司提出要大力发展农业中专，并且提出了"一快二上三突破"的改革思路："一快"是加快农业中专改革的步伐和力度；"二上"是首先上规模，其次是上水平；"三突破"是突破计划经济体制下国家包办学校、学校包教、包学、包分配的传统观念，建立政府办教育、学校自主办学、学生自主择业的新的办学体制，突破计划经济僵化模式，建立第二产业、第三产业迫切需要的新专业，突破计划经济下的人才培养观，探索产学结合的新的培养途径。

为了大力发展农村职业教育，全国各地积极改革农业职业教育，创新农村职业教育的内容与方式。作为一所农村职业中学，山东邹城职业中学尝试教学、科研、生产、经营、服务五位一体新模式，有效地推动了当地农村经济的发展。郴州实行"绿色证书"全员培训制度，由乡镇农民技术学校与乡镇中学配合组织实施，乡镇企业发展、第三产业和学生家庭经营的需要决定所学的实用技术项目，同时采取学生报项目、家长签意见，乡镇审批的办法选择教学内容，吸引了农村学生、家长的共同参与。

三、深化办学体制改革

(一) 多主体办学

随着社会主义市场经济建设的不断推进，职业教育办学开始呈现多主体、多

---

① 胡诚、胡萍：《中国职业技术教育及其研究的历史回顾》，《长春工业大学学报》(高教研究版)，2006 年第 9 期，第 17—20 页。

层次和多形式的特点。

《国家教委 1994 年工作要点》提出要进一步深化教育改革,在坚持职业教育和成人教育统筹管理、加强领导、面向社会、面向市场的同时,进一步强调了主要依靠行业、企业及事业单位,社会力量和个人办学的原则,同时要求理顺职业教育和成人教育的办学与管理体制,开展多层次、多形式办学模式试点工作,扩大中专学校收费上学、自主择业的试点范围。1994 年 3 月北京十大商家共议职工教育,深入讨论"在市场经济条件下商家企业如何搞好职工教育";河北省采取企业、政府、学校等多方联合参与的方式举办农村职业教育,走出一条多主体办学的新路;浙江省也出台了相关政策支持并扶持个人举办职业教育。1993 年,国内已经有六城市顺利实施具有行业参与办学特征的"双元制"试点,在"双元制"试点中,职业学校学生通过考核获得技术工人的相应技术等级证书。

多主体的办学的成效是明显的。"八五"期间具有典型性的几种办学模式是:河北职教中心模式、东北校企联办模式、苏南职教中心模式。① 河北省根据本省的实际,从 1991 年起要求以县为单位在每个县建立一所融各类职业教育为一体的综合性的县级职教中心,实行"政府统筹、部门联办、教委协调、一校多制"的新型办学体制。苏南地区经济比较发达,其中乡镇企业经济占了整个地区经济的 90%,据此,苏南职教中心广泛吸引乡镇企业参与,举办职业教育,形成县、片、乡三级职业教育网络。东北地区是我国重工业基地,因此职业教育采取了校企联合办学的方式,按需培养,对口就业,变招工为招生,既立足于经济发展需求,又扩大职教的办学活力。

(二)强化专业建设和师资培训

1993 年,国家教委颁发《普通中专学校专业目录》,到 1995 年,中专教材已基本上形成了比较完整的系列。与此同时,在职业高中加强教学模式的改革,突出技能训练和实践性教学环节。到 1995 年,全国已组建了服装、旅游等的五个全国性专业大类教研组,修订了 10 个专业类的 12 个专业示范性教学计划,出版了 495 种职业高中教材,建立了职教教材信息服务和供应网络。职业教育课程改革是以政治课改革为先导的。1994 年,率先对中等职业技术学校的政治课程设置进行改革,改革后的政治课程精简了教学内容,体现了职业教育特色,加强了职业道德教育。其后,职业学校的专业课改革也逐渐展开。

为推动职业教育教学改革,全国每年都进行上万人次的管理干部和教师的

---

① 孙琳:《我国职业教育发展的成就问题与趋势预测》,《职教论坛》,1997 年第 5 期,第 4—6 页。

多种层次的培训。1995 年 11 月,同济大学与德国相关部门合作,开始筹建中国职业教育师资培训中心,并与德国 16 所高校建立了合作交流关系,这是中国职业教育师资建设国际合作的开始。1996 年 6 月 10 日,《中国教育报》报道,"八五"期间职业教育师资队伍建设取得可喜成绩:截止到 1995 年底,中等职业教育专任师资队伍已发展到 64.1 万多人,比 1990 年增加 10.52 万人。

(三)招生、培养机制改革

中专招生制度改革源于 20 世纪 80 年代农业部开始的农业中专改革。但是,随着市场经济体制的建立尤其是劳动力市场的逐步形成,招生制度改革的进一步深化势在必行。1993 年初,国家教委作出规定,除少数省以外,国家不再统一下达指令性招生计划,而只是下达指导性招生计划以扩大部门与地方政府自行调剂的权力。到 1995 年,调节性计划招生总数已占中专招生总数的 59%。调节性计划的逐步扩大,冲击了中专教育长久以来的招生制度,适应了社会经济发展的需求。1995 年,全国农业中专招生中,有 30%~40% 是国家任务,其余 60%~70% 都是调节性计划。1998 年 12 月,国家出台文件决定加大省级政府对高等职业教育的决策权和统筹权,高等职业教育尝试运行新机制。

招生制度的变化引起了职业学校学生培养机制的变革,其重要表现之一是推行了"双证书制"。1991 年 1 月,经国家教委和总后勤部共同批准,在中国人民解放军军需工业学校基础上创办了邢台高等职业技术学院,率先在全国试办高中起点的高等职业技术教育。国家对该校的基本要求是"双起点"、"双证书",即学校招收普通高中起点和相当于高中阶段的职业学校起点的毕业生,学生毕业时应该同时获得大专学历证书和相应的职业资格证书这两种证书。经过几年的探索,邢台高等职业技术学校形成了特色鲜明的"双起点、双业制、双证书、订单式"高等职业办学道路,被国家教委称为"邢台模式"。[①] 此后,"双证书"制对整个职业教育教学改革发挥了十分显著的引领作用,绝大多数的职业院校均围绕"双证书"的要求调整课程设置和教学内容。

(四)职业教育办学条件改善

随着市场经济体系的不断完善以及教育法制建设的不断加强,国家对职业教育的投资逐步走向规范。由于职业高中多数是由普通中学或农业中学改建,在办学条件等方面总体水平比较低。"八五"期间,各级教育部门克服困难,通过多渠道筹措资金,增加投入,改善办学条件,保证了职业教育的顺利实施。到

---

① 张慧青:《改革开放以来我国高等职业教育发展研究——以济南工程职业技术学院为例》,首都师范大学硕士学位论文,2008 年 5 月。

1995 年,职业中学的校舍建筑总面积为 4143.10 万平方米,比 1990 年递增 10.35%,与同期普通中学递增的 5.19% 和中专递增的 7.78% 相比,增长的量是最大的。在理科教学仪器配备达标率、图书设备达标率、教学分组实验达标率等方面,也均有不同程度的提高,职业中学的办学条件在逐步改善。据有关单位 1994 年对 23 个省(市)重点职业学校的统计,校均占地面积已达到 5.05 万平方米,建筑面积已达到 1.34 万平方米;实验实习场地和仪器设备、图书、体育、卫生设施设备的优势也十分明显。[1]

在国家加大职业教育投入的同时,地方各级政府也采取多种途径加大了对职业教育的扶持力度。从 1989 年开始,青岛市实行按单位职工工资总额的 8% 缴纳职业教育统筹经费;江苏省政府决定将职工培训费从工资总额的 1.5% 提高到 2.5%,多征的 1% 全部用于职业技术教育。宁波市采取统筹职业教育经费按行业按比例提取,财政专户存储,专款专用。在保证政府拨款的同时,各地还制定政策允许学校适当收取学费。1996 年 12 月,中国教育电视台专门就职业教育经费的使用问题对辽宁省政府"职教经费不能打折扣"的政策进行了介绍。

小 结

1984 年,《中共中央关于经济体制改革的决定》吹响了中国教育全面改革的号角,始于中等教育结构调整的中等职业教育也在这场改革中获得了前所未有的发展契机。我国经济社会在快速发展,经济驱动成为 1985 至 1992 年我国职业教育改革的基本动力。

20 世纪 80、90 年代之交,党和政府高屋建瓴地作出了建立社会主义市场经济体制的抉择。随着经济体制改革的不断深入,职业教育市场化运作机制开始萌芽。《关于大力发展职业技术教育的决定》为新时期职业教育的发展描绘了基本框架,面向市场办学的职业教育发展机制随着社会主义市场经济改革的不断深入而日渐清晰。

市场化运作向来与法制建设共生共存,职业教育发展过程中也不例外。1995 年,《中华人民共和国职业教育法》出台,成为《中华人民共和国教育法》的第一个后续法规,也是教育领域的第一个专项法。该法对职业教育的地位、办学机制、经费投入等重大问题予以权威的法律界定,1998 年的《中华人民共和国高

---

[1] 孙琳:《我国职业教育发展的成就问题与趋势预测》,《职教论坛》,1997 年第 5 期,第 4—6 页。

等教育法》又给大力发展高等职业教育以法律支撑。至此,中国职业教育体系日渐完善。

20 世纪 90 年代后期开始是我国经济的转轨期。经济转轨使生产力将得到极大的解放的同时,劳动力市场也发生巨大变化,职业教育承担着巨大变革压力。针对这种情况,国家大力倡导教育体制改革,对职业教育结构进行了进一步调整,把重心放在发展高等职业教育上。一方面大力强调终身教育,引导企业注重对职工的技术培训,尽可能地变"包袱"为"人力资本";另一方面,逐步调整普通教育与职业技术教育的构成比例,根据产业结构、技术结构的变动需求,解决教育内部的结构性失调,促进就业增长。①

20 世纪 90 年代,我国教育事业中令人瞩目的发展之一就是职业教育。有人称之为职业教育的"历史性变革"时期。在这一时期,我国职业教育的发展和改革取得了历史性成就,"职业教育与经济社会发展相适应","社会主义建设必须依靠教育,教育必须为社会主义建设服务"的观念深入人心。在这一时期,职业教育发生了深刻的变化:第一,职业教育的政策法规逐渐完善;第二,职业教育的规模获得了较快的发展;第三,与职业教育相呼应的理论研究获得了一定程度的进展。

---

① 李春林:《中国职业技术教育发展战略研究》,哈尔滨工业大学硕士学位论文,2006 年 6 月。

第5章 世纪之交职业教育的调整与变革

世纪之交之于我国经济和社会发展是一个伟大的历史标杆,我国胜利实现了现代化建设的前两步战略目标,经济和社会全面发展,人民生活总体上达到了小康水平。从新世纪开始,我国将进入全面建设小康社会,加快推进社会主义现代化的新的发展阶段[①]。世纪之交之于我国职业技术教育的发展也不啻为一次涅槃,经历近 30 年的改革开放,职业技术教育在不断的探索、改革、调整与反思,蓄势待发。2002 年,第四次全国职业教育工作会议的召开以及《国务院关于大力推进职业教育改革与发展的决定》的出台,为中国职业技术教育的发展注入了强大动力。中等职业技术教育完成了从结构布局调整改革,转向以人才培养模式改革创新、教学改革、师资队伍建设等为重点的内涵建设;高等职业技术教育借由高等教育扩招的契机,开始真正的大发展:院校数迅速增长,招生数和在校生数也飞速增加,到 2003 年左右,高等职业院校的在校生人数已达到高等教育在校生数的半壁江山。

第一节 世纪之交职业教育发展概述

在新的历史发展阶段,职业技术教育面临着众多的机遇与挑战,社会和经济发展的重大战略都对职业技术教育的发展提出了变革的要求。

一、世纪之交职业教育发展的背景

中国经济社会的重大变革都会对职业教育的发展产生重大影响,主要表现为以下几个方面:

(一)扩大内需

1997 年 7 月 2 日,亚洲金融风暴肇始于泰国,泰铢急速贬值;继而横扫马来

---

① 《中华人民共和国国民经济和社会发展第十个五年计划纲要》,2001 年 3 月 15 日。

西亚、新加坡、日本和韩国等地,打破亚洲经济急速发展的景象,造成亚洲一些经济大国的经济萧条甚至政局混乱。这场危机也对中国快速发展的经济带来了负面影响。为应对这场危机,我国政府在有效治理通货膨胀,成功实现经济"软着陆"后,针对经济形势的变化,实行扩大内需的方针,果断实施积极的财政政策和稳健的货币政策,抑制了通货紧缩趋势,克服了亚洲金融危机和国内有效需求不足带来的困难。政府将加快医疗卫生、文化、教育事业发展作为扩大内需的重要举措之一,高等教育的大扩招成为必然的选择,在这一过程中我国高等职业技术教育获得了前所未有的飞速发展契机,通过"三改一补"①成立了大量的高等职业技术学院。

1999 年以来,为扩大内需拉动经济增长而实施的高等教育大扩招政策,使我国高等教育规模急速膨胀,在一个很短的时期内高等教育毛入学率迅速提高到了 15%。但与此同时,高等教育大扩招也产生了一系列负面的影响,例如高校开始征收学费致使家庭学费负担沉重,社会公平问题凸显;教师资源匮乏,师资队伍建设严重滞后,导致教育质量的内在隐患;社会难以消化短期内急速扩张的高校毕业生,就业难度加大,高等教育发展受到制约。② 高校大扩招对职业教育的负面影响则更为明显:中等职业招生人数急剧下滑,吸引力下降;高等职业教育定位不明确,承受着招生、就业的双重压力。

(二)西部大开发战略

改革开放以来,由于受各种条件的影响,国内各地区经济发展极不均衡,东西部的差距不断扩大。我国西部国土面积占全国的 56%,人口占全国的 22.8%,西部的发展关系到全国的经济发展和社会稳定,不仅具有重要的经济意义,而且具有重大的政治意义,是实现全国现代化必不可少的前提。为合理调整地区经济布局,促进地区经济协调发展,中央于 1999 年 11 月召开经济工作会议,及时部署并实施西部地区大开发战略,加快中西部地区发展。

国家提出西部大开发战略的主要思路是:要以基础设施建设为基础,以生态环境保护为根本,以经济结构调整、开发特色产业为关键,以依靠科技进步、培养人才为保障,以改革开放为动力,以繁荣经济、使各族人民共同富裕为出发点。③ 西部大开发战略对职业教育发展的影响主要体现在两个方面:

---

① 所谓"三改"是对现有高等专科学校、职业大学和独立设置的成人高校进行改革、改组和改制,使其成为职业技术学院;所谓"一补"是选择部分符合条件的中专使其升格为职业技术学院。

② 冯典:《为未来高教发展夯实基础》,《中国教育报》,2009 年 1 月 5 日第 5 版。

③《中华人民共和国国民经济和社会发展第十个五年计划纲要》,2001 年 3 月 15 日。

第一，大力发展西部职业教育，促进当地人力资源开发。西部大开发首先是人力资源的开发，需要大力发展职业教育，为西部建设提供大量优秀的应用型人才，这是提升西部人力资源水平的主体工程。以重庆市为例，从"大城市带大农村"和三峡库区百万移民的特殊市情出发，把大力发展职业教育放在突出位置，通过职业教育新体系建设、办学机制和办学模式改革、扩大办学规模等措施，为"富民兴渝"提供了有效的人才和智力支持。

第二，发挥东部地区职业教育资源优势，加强中西部合作，实现中东西部联动发展。东部集聚了大量的优秀职业教育资源和就业机会，但是生源数量日益减少正成为一个无法回避的现实；中西部地区拥有较为充足的生源优势，但是职业教育资源和就业机会匮乏限制其发展。在这样的背景下，通过中西部合作，将有效助推双方职业教育的大发展。北京市出台六条措施支援西部教育，其中非常重要的一条就是鼓励北京地区国家级重点职业学校与西部地区同类学校全面合作，为西部地区的经济发展培养技能型中等专业人才。

西部大开发战略为职业教育的发展带来新的发展契机和合作机制，并且呼唤着职业教育的自我更新和成长，为西部大开发战略的顺利实施以及中国经济社会的可持续发展发挥更大的作用。

（三）城镇化战略

2001 年 3 月 15 日，第九届全国人民代表大会第四次会议批准的《中华人民共和国国民经济和社会发展第十个五年计划纲要》中提出，随着农业生产力水平的提高和工业化进程的加快，中国推进城镇化条件已渐成熟，要不失时机地"实施城镇化战略"，促进城乡共同进步。提高城镇化水平，转移农村人口，可以为经济发展提供广阔的市场和持久的动力，是优化城乡经济结构，促进国民经济良性循环和社会协调发展的重大措施。

城镇化战略导致的最为直观的结果是农村人口大量转移以及失去土地农民生活与生产方式的变化，无论何者，都会引发社会职业结构的巨大变更，进而对职业教育提出新的要求。新要求具体表现在以下两个方面：

第一，城镇化导致产业结构与就业结构的改变，同时，也将对产业与职业的内涵产生影响，因此必须对职业教育发展进行相应调整，依据我国新出台的政策及社会发展的实际需求，重新确定重点建设专业。

第二，职业教育的服务对象进一步扩大。农村职业教育需要做好农村人口尤其是失土农民的培训与服务工作；城市职业教育需要做好接受地外来人口的职业适应性工作，帮助他们适应城市生活并胜任工作岗位要求。

（四）中国加入世贸组织

2001 年 11 月 20 日,世贸组织总干事迈克尔·穆尔致函世贸组织成员,宣布中国政府已于 2001 年 11 月 11 日接受《中国加入世贸组织议定书》并将于 12 月 11 日正式成为世贸组织(简称 WTO)成员。中国加入 WTO,是中国对外经贸在 21 世纪实现快速、持续发展的一次重要机遇,总的来说有利于扩大对外开放,为中国赢得更好的国际环境,有利于促进经济体制改革和经济结构的战略性调整,增强国家经济发展活力和国际竞争力,有利于在更大范围、更广领域和更高层次上参与国际经济技术合作和竞争,充分利用国际国内两个市场、两种资源,符合中国的根本利益和长远利益。在这一背景下,我国职业技术教育发展也面临着新的选择,具体体现为以下两个方面:①

第一,面向国内各行业、各企业分流出来的劳动力开展有针对性的培训,此外,要高度重视以提高在岗职工素质为目的的培训。加入 WTO 后,我国企业将加人全球竞争,产业的优化升级和技术的不断创新对劳动力的素质不断提出新的更高的要求,急需开展大量的培训以适应新的形势的需要。

第二,重视开展我国劳动力进入国际市场的教育与培训。我国职业技术教育尤其是中等职业技术教育的培养目标一直定位在为地方经济发展培养适用人才上,加入 WTO 后,劳动力的流动尤其是在国际范围内的流动必将会更加广泛、更加频繁。因此,职业学校的办学视野应放得更高更远,在立足本地的同时要努力培养具有国内视野乃至全球视野的新型毕业生,使得职业教育更好地为经济、社会发展服务。

（五）新型工业化道路

工业化是由农业经济转向工业经济的一个自然历史过程,存在着一般的规律性;但在不同体制下,在工业化的不同阶段可以有不同的发展道路和模式。新型工业化道路这个概念是在 2002 年 11 月党的十六大提出的,特指中国特色的工业化道路。新型工业化道路强调统筹兼顾"科技含量、经济效益、资源消耗、环境保护、人力资源优势"的关系,强调必须发挥科学技术是第一生产力的作用,依靠教育培育人才,使经济发展具有可持续性。新型工业化道路对职业教育发展的也产生了重要的影响,主要表现为:

第一,新型工业化道路将为职业教育的人才培养规格提出新的要求,并且作为一种新的依据促进学校在教学内容、教学手段、教学方法等方面进行调整、改

---

① 刘海:《WTO 对中国职业教育意味着什么?》,《职业技术教育》,1999 年第 31 期。

革和创新，从而使传统职业教育获得新的内涵。

第二，新型工业化道路将会促进经济社会的快速发展，从而提供更多更好的就业岗位与机会，尤其是需要大量高级技术应用型人才，这些都会对职业教育的发展提供很好的引领作用。

二、世纪之交职业教育发展的主要政策导向

世纪之交我国职业技术教育发展的政策导向主要体现在三份重要的政府文件中：《面向 21 世纪教育振兴行动计划》、《中共中央国务院关于深化教育改革全面推进素质教育的决定》、《国务院关于大力推进职业教育改革与发展的决定》。其中，《面向 21 世纪教育振兴行动计划》提出了跨世纪职业教育改革发展的行动纲领；《国务院关于大力推进职业教育改革与发展的决定》则明确了"十五"期间职业教育改革与发展的指导思想、基本思路和目标任务。

（一）《面向 21 世纪教育振兴行动计划》

中国共产党第十五次全国代表大会提出了跨世纪社会主义现代化建设的宏伟目标与任务，对落实科教兴国战略做出了全面部署。为了实现党的十五大所确定的目标与任务，落实科教兴国战略，全面推进教育的改革和发展，提高全民族的素质和创新能力，国务院于 1999 年 1 月批转教育部制定的《面向 21 世纪教育振兴行动计划》（以下简称《行动计划》），这是在贯彻落实《教育法》及《中国教育改革和发展纲要》的基础上提出的跨世纪教育改革和发展的行动纲领。

《行动计划》对新世纪职业教育的发展提出了全新的目标：到 2000 年，完善职业教育培训和继续教育制度，城乡新增劳动力和在职人员能够普遍接受各种层次和形式的教育与培训；到 2010 年，城市和经济发达地区有步骤地普及高中阶段教育，高等教育规模有较大扩展，入学率接近 15％，基本建立起终身学习体系，为国家知识创新体系以及现代化建设提供充足的人才支持和知识贡献。

1. 积极发展中等职业教育

《行动计划》强调继续实施初中后教育的分流，积极发展中等职业教育：全国高中阶段职业教育与普通教育之间应保持现有比例，努力达到《中国教育改革和发展纲要》提出的目标。高中阶段教育结构已基本合理的地区，要把职业教育工作重点放到提高质量和效益上来；经济比较发达的地区可发展部分综合高中，分流可相应推迟到高三年级。

《行动计划》要求加大职业教育办学体制、管理体制、运行机制及招生就业制

度改革的力度：为适应社会社会主义市场经济体制，鼓励社会力量在政府的指导下兴办各种形式的职业教育。职业教育和成人教育要走产教结合的道路，调整学校布局，优化资源配置，加强创业教育和职业道德教育，实行更加灵活的教学模式，努力办出特色，更好地为地区经济和社会发展服务。

《行动计划》还要求中等职业教育改革专业和课程结构，实行弹性选课制度，提高培养质量，使毕业生能够适应未来社会产业结构和就业市场变化的需要，努力在各地办出一批有较高社会声誉的职业技术学校。

2. 大力发展高等职业教育

《行动计划》明确提出要大力发展高等职业教育，高等教育招生计划的增量部分主要用于地方发展高等职业教育。要探索多种招生方法，中等职业学校毕业生应有一定比例（近期 3％左右）的人进入高等职业院校学习；普通高中毕业生除进入普通高等院校外，多数应接受多种形式的高等职业教育。

《行动计划》要求开展高等职业教育"学校面向市场自主办学，学生自谋职业"的试点，面向地区经济建设和社会发展，适应就业市场的实际需要，培养生产、服务、管理第一线需要的实用人才，真正办出特色。要主动适应农村工作和农业发展的新形势，培养农村现代化需要的各类人才。

在学历高等职业教育方面，《行动计划》除了通过"三改一补"大力发展高等职业教育之外，还允许部分本科院校设立高等职业技术学院。在非学历高等职业教育方面，《行动计划》主要是提倡开展职业资格证书教育。要逐步研究建立普通高等教育与职业技术教育之间的立交桥，允许职业技术院校的毕业生经过考试接受高一级学历教育。

《行动计划》要求通过试点逐步把高等职业教育的招生计划、入学考试和文凭发放等方面的责权放给省级人民政府和学校，省级人民政府在国家宏观指导下，对本地区高等职业教育的现有资源进行统筹。争取到 2000 年左右，建立起比较完善的由学校和有关部门推荐、学生和用人单位在国家政策指导下通过人才劳务市场双向选择、自主择业的毕业生就业制度。

3. 深化农村三教统筹改革

《行动计划》要求进一步深化农科教相结合和各类教育统筹的综合改革，促进农村普通教育、成人教育和职业教育的协调发展，充分发挥农村教育在农村现代化建设中的积极作用。扫盲工作要与农村实用技术培训相结合，切实巩固脱盲的成效，把脱盲与脱贫结合起来。今后 3～5 年，要努力使全国大多数农村地区义务教育阶段的毕业生或肄业生能够在从业前后接受一定方式的职业技术培训,包括"绿色证书"培训,使一部分人掌握一两项生产致富的实用技术,适应农村经济社会发展和农民致富奔小康的需要,特别要采取多种教育和培训形式,为乡镇企业和农村产业升级提供充足的、适用的技术和管理人才。

(二)《国务院关于大力推进职业教育改革与发展的决定》

2002 年 7 月 28 日至 30 日,第四次全国职业教育工作会议在北京召开。这是进入 21 世纪后第一次由国务院召开的专门研究职业教育工作的重要会议,确立了新时期职业教育的重要地位。

会议直面职业教育存在的办学模式单一,筹资渠道不畅,课程设置、教学内容、教学方式改革滞后,与市场需求不相适应等诸多问题,明确了在这一特定历史发展时期"大力发展职业教育"的重要意义,澄清了"把职业教育单纯作为传统学校教育、职业教育的过度学历化、职业教育过时、企业行业不办职业教育、财政性经费不再对职业教育新增投入、过度依靠市场调节、过于强化区域服务"[1]等认识误区,要求职业教育必须坚持体制创新、制度创新和教育教学改革,为经济结构调整和技术进步服务,为促进就业和再就业服务,为农业、农村和农民服务,为推进西部大开发服务。

会后,即 2002 年 8 月 24 日,国务院发布了《关于大力推进职业教育改革和发展的决定》,确定了新时期职业教育的发展方向:

第一,明确"十五"期间职业教育改革与发展的目标:初步建立起适应社会主义市场经济体制,与市场需求和劳动就业紧密结合,结构合理、灵活开放、特色鲜明、自主发展的现代职业教育体系。拓展职业教育服务对象的范围,为初、高中毕业生和城乡新增劳动者、下岗失业人员、在职人员、农村劳动者及其他社会成员提供多种形式、多种层次的职业学校教育和职业培训。

第二,推进职业教育管理体制改革,建立并逐步完善在国务院领导下,分级管理、地方为主、政府统筹、社会参与的职业教育管理体制。强化市(地)级人民政府在统筹职业教育发展方面的责任。扩大职业学校的办学自主权,增强其自主办学和自主发展的能力。

第三,深化教育教学改革,适应社会和企业需求。职业学校和职业培训机构要适应经济结构调整、技术进步和劳动力市场变化,及时调整专业设置,积极发展面向新兴产业和现代服务业的专业,增强专业适应性,努力办出特色。加强实践教学,提高受教育者的职业能力。加强职业教育教师队伍建设。坚持学历教育

---

[1] 职业技术教育编辑部:《2002 年事件》,《职业技术教育》,2003 年第 2 期。

与职业培训并重,实行灵活的办学模式和学习制度。加强中等职业教育与高等职业教育,职业教育与普通教育、成人教育的衔接与沟通,建立人才成长"立交桥"。

第四,采取切实措施,加快农村和西部地区职业教育发展。要根据现代农业发展和经济结构调整的需要,继续推进农科教结合和基础教育、职业教育、成人教育的"三教统筹"。加强东部地区和西部地区、大中城市和农村的学校对口支援工作。

第五,严格实施就业准入制度,加强职业教育与劳动就业的联系。大力推行劳动预备制度,严格执行就业准入制度。完善学历证书、培训证书和职业资格证书制度。加强职业指导和就业服务,拓宽毕业生就业渠道。

第六,多渠道筹集资金,增加职业教育经费投入。各级人民政府要加大对职业教育的经费投入。各类企业要按《中华人民共和国职业教育法》的规定实施职业教育和职工培训,承担相应的费用。利用金融、税收以及社会捐助等手段支持职业教育的发展,加强职业教育经费管理。

三、世纪之交职业教育发展的基本情况

由于下文将对世纪之交我国职业技术教育的发展与变革分别进行专题论述,本节仅从按数据资料呈现世纪之交职业技术教育的发展轮廓。

(一)中等职业技术教育发展概况

中等职业技术教育的发展经历了 1999 年和 2000 年的招生下滑,从 2002 年开始大幅回升(见表 5.1)。虽然中等职业学校的学校数持续减少,但校均规模显著提升,为进一步优化职业教育资源的使用效率和效益创造了很好的条件。

表 5.1　中等职业教育发展情况

年　份	学校数(所)	招生数(万人)	在校生人数(万人)
1998	17106	442.26	1212.7
1999	16377	375.3	1115.39
2000	15093	333.36	1044.18
2001	13467	337.83	975.78
2002	12428	416	1037.47
2003	11835	472.28	1151.27
2004	11712	526.2	1305.89

数据来源:《中国教育事业发展统计年鉴》(1999—2004)。

（二）高等职业技术教育的发展概况

从 1999 年开始，在高校大扩招的背景下，高等职业教育也开始大发展。高等职业技术院校的数量从 1999 年的 474 所增加到 2005 年的 1091 所，增加了 617 所，增长了 1.3 倍。高等职业技术院校占普通高等院校的比例也逐年攀升，从 1999 年的 44.26% 增加到 2005 年的 60.88%，增长近 17 个百分点。

高等职业技术院校的学生规模不断增加，招生数、在校生数、毕业生数占普通高校学生的比例呈逐年上升状态。高等职业技术院校招生数从 1999 年 61.19 万人增加到 2004 年 237.43 万人，增加了 176 万人次；在校生规模从 1999 年 136.15 万人增加到 2004 年 595.65 万人，增加了 460 万人次；毕业生从 1999 年 40.67 万人增加到 2004 年 139.49 万人，增加近 100 万人次。[①]

表 5.2　高等职业院校与普通高校情况比较

年　份	学校数			在校生规模（万人）		
	普通高校	高职高专	比　例	普通高校	高职高专	比　例
1999	1071	474	44.3%	408.6	136.2	32.3%
2000	1041	442	42.5%	556.1	216.1	38.9%
2001	1225	628	51.3%	719.1	294.7	41.0%
2002	1396	767	55.0%	903.4	376.3	41.7%
2003	1552	908	58.5%	1108.6	479.4	43.2%
2004	1731	1047	60.5%	1333.5	595.7	44.7%

数据来源：《中国教育事业发展统计年鉴》（1999—2004）。

第二节　世纪之交中等职业技术教育的调整

受高校扩招、普高热等多方面的影响，这一时期中等职业教育一度遭遇招生困难，对"中等职业教育是否还有存在必要"的质疑一度甚嚣尘上。1998 年，中等职业招生首次在数量上出现负增长，1999 年，中等职业在招生绝对数上出现了改革开放以来的第一次减少，千禧年更是"寒流"不断，北京职高实际报名人数尚不足计划招生数的 1/10。中等职业教育发展的受挫，在一定程度上暴露了中

---

① 中华人民共和国教育部发展规划司：《中国教育统计年鉴》（2000—2006），人民出版社 2007 年版。

等职业教育内部存在的问题。这一时期,提升教育质量与办学效益已成为中等职业技术教育改革的题中之议。

一、中等职业学校体制改革和布局结构调整

(一)布局结构调整的背景

20 世纪 90 年代末,中等职业学校布局结构仍然延续着计划经济体制下形成的传统模式——部门、行业和地方分别举办中等职业学校,形成"条块分割"的中等职业学校布局结构特征。在计划经济条件下,这种模式对调动各方面办学的积极性,促进中等职业教育的发展,起到了积极作用。但是,随着社会主义市场经济体制的建立与完善,传统的中等职业学校布局结构捉襟见肘:

第一,中等职业教育整体规模效益不高,职业学校多头管理,办学分散,学校数量偏多,追求"小而全",专业设置重复且办学质量差。大部分学校校均规模只有 500 人左右,教育资源利用率低下,急需通过布局结构调整,重组教育资源,发挥规模效益,提升教育质量。

第二,政府机构改革和职能转变要求对现有中等职业学校进行布局结构调整。政府机构改革的方向是政企分开,这要求政府业务主管部门淡化对中等职业学校的直接管理,促使中等职业学校完成管理体制的转变。

第三,深化产业结构调整和提升产业能力是世纪之交中国市场经济改革趋势,这使得传统的"条块分割"的办学模式难以适应行业和职业新的发展变化,亟待对学校和专业布局结构进行调整,以努力实现职业教育为经济社会存在、发展服务的目的。

(二)布局结构调整的措施

1999 年 9 月,教育部下发《关于调整中等职业学校布局结构的意见》,要求通过调整中等职业学校布局结构,进一步推动中等职业教育办学体制、管理体制和运行机制的改革,优化资源配置,提高办学质量和整体效益,更好地为经济建设和社会发展服务,促进中等职业教育在规模、结构、质量、效益等方面的进一步协调发展。

学校布局调整是在教育部的统一部署下,按照条块结合、以块为主的原则进行的。中等职业学校的管理权下放到各级地方政府,并逐步形成在当地政府的统筹规划下适应区域经济社会发展需要的中等职业学校布局结构。

在结构调整过程中,主要通过"合并、共建、联办、划转"等调整形式,对原有中等职业教育的资源进行重组,在此基础上建设好一批规模大、水平高、有特色

的骨干示范性学校①：

（1）合并：是指根据学校布局调整规划将两所或更多的学校合并为一个学校，实现人、财、物等各个方面的统一领导，统一规划和统一管理，做到一套班子、一套机构和一套制度。合并可以在普通中专之间、普通（成人）中专与技工学校、普通（成人）中专与职业高中、普通中专与成人中专、技工学校与职业高中，及其他各类学校之间进行；有条件的部门与地方的学校、部门与部门的学校也可以实行合并。

（2）共建：是指学校在投资渠道基本不变的前提下，实行中央部门与省（自治区、直辖市）人民政府、地方业务部门与教育行政部门、地方业务部门之间双重领导，共建共管。通过共建淡化和改变单一的隶属关系，打破条块分割，实现条块的有机结合，增强地方政府的统筹力度，使学校更好地为地方经济社会发展服务。

（3）联办：是指学校在隶属关系和投资渠道不变、自愿互利的基础上，进行各种形式的合作，实现资源共享，优势互补，以达到共同提高办学水平和办学效益的目的。

（4）划转：是指部委直属学校划转地方管理；省（自治区、直辖市）业务部门所属学校划转教育行政部门管理或下一级政府管理等。

《意见》提出根据当地经济发展和中等职业教育发展的实际，实行分区规划，分类指导。例如，在城市和经济发达地区，要通过调整将普通中专、成人中专、技工学校、职业高中中一些规模小、条件差、布局不合理的学校作适当的撤并，达到扩大规模、提高效益的目标；在县（市）一级要尽快将教育部门、各有关部门举办的各类中等职业学校、成人中专等涉及中等职业教育和培训的机构进行统一的规划调整，集中力量建设一至两所面向当地经济社会发展需要、融职前、职后教育于一体、学历教育与职业培训相结合的中等职业教育办学实体，切实改变县（市）职业学校点多、规模小、效益低的状况。

（三）及时解决调整中出现的问题

1998 年以来，国务院对国务院部门（单位）所属中等专业学校的管理体制进行了调整。除少数部门外，其他国务院部门（单位）所属的中专学校都划转地方管理，其中国务院部门所属企业或事业单位举办的中专，仍由这些单位举办，但教育行政管理职能移交地方。这一层次的调整分为三次，即分阶段对并入国家

---

① 《关于调整中等职业学校布局结构的意见》，教职成〔1999〕3 号。

经贸委的 9 个部委、5 个军工总公司以及 49 个国务院部门(单位)所属中等专业学校管理体制分别进行调整。

在中等职业学校布局结构调整过程中也出现一系列问题,影响了预期的效果,并在一定程度上造成了职业教育资源的流失:首先,地方行政部门的调整推进工作缺乏科学论证和统筹规划,盲目地把中等专业学校层层下放或转为他用,致使资源严重流失,中专办学优势锐减;其次,一些地方行政部门没有及时明确被调整或划转学校的归属,影响了学校的稳定和健康发展;第三,一些部门对所属职业高中和技工学校采取保护政策,致使划转到地方的中等专业学校生源和质量都出现滑坡;第四,由于业务管理部门和行业办学职能被取消后相应措施没有及时出台,业务指导作用被削弱,致使部门举办的中等专门学校丧失专业特色和行业支持,影响其后续发展。

针对这些问题,教育部出台了《关于中等专业学校管理体制调整工作中防止中等职业教育资源流失问题的意见》。《意见》明确了划转学校原则上划归省级教育行政部门或其他有关部门(单位),不再继续下放,并要求尽快明确具体归属,各办学部门(单位)不得擅自将中专学校改作他用;各级教育行政部门应在各级地方政府的领导支持下,统筹规划各类教育资源,在积极发展高等职业教育的同时,也要积极发展中等职业教育,防止中等职业教育资源流失,已经改为高等职业学校的,仍可以继续举办中等职业教育;在划转过程中,对原来有财政拨款的学校,教育行政部门在地方各级政府领导支持下要采取措施切实保证财政拨款数额不能减少,要积极支持社会团体、企业和行业组织采取联办、承办、共建等形式参与中等专业学校的举办和管理。

二、规范中等职业学校办学行为

在布局结构调整过程中,部分中等职业学校尤其是办学质量较高的一批中等专业学校陆续升格为高等职业技术学院,致使原有关于中等职业学校的办学规范要求难以适用于尚存的中等职业学校。针对这一情况,教育部于 2001 年制定了《中等职业学校设置标准(试行)》,组织开展中等职业学校合格评估工作,提高整体办学水平;启动国家级重点中等职业学校评估;鼓励部分有条件的中等职业学校开展综合课程改革等多样化办学模式试验。

(一) 制定《中等职业学校设置标准》,提高整体办学水平

2001 年 7 月,教育部印发《中等职业学校设置标准(试行)》(以下简称《标准》),设置了中等职业学校的最低标准,对中等职业学校管理进行统一规范,《标准》对学校管理制度、学校领导、管理机构、师资队伍、硬件条件、教学文件、办学经费进行了原则性的规定。

《标准》规定,设置中等职业学校要有学校章程和必须的管理制度,要依法办学;须配备有较高思想政治素质和较强管理能力,熟悉职业教育的学校领导,其中校长应具有从事三年以上教育教学工作的经历,校长及教学副校长须具有本科以上学历和高级专业技术职务,其他校级领导应具有本科以上学历和中级以上专业技术职务;须建立必要的教育教学和管理等工作机构;须保证基本的办学规模,从事学历教育学校在校生数,校址在城市的学校(以下简称城市学校)要在960 人以上,校址在县镇及农村的学校(以下简称农村学校)要在 600 人以上;须有与学校办学规模相适应、结构合理的专兼职教师队伍,城市学校专任教师一般不少于 55 人,农村学校专任教师一般不少于 35 人;须有与办学规模和专业设置相适应的校园、校舍和设施;须具有符合国家和地方教育行政部门要求的教育教学文件;须有稳定、可靠的办学经费来源和切实的保证。

为落实教育部制定的《中等职业学校设置标准(试行)》,切实加强对中等职业学校的管理,促进中等职业学校建设和布局结构调整,进一步提高中等职业学校的教育质量和办学效益,推动中等职业教育的改革和发展,2003 年,教育部发布了《关于开展中等职业学校合格评估工作的通知》,在全国范围内开展中等职业学校合格评估工作。部分省份将职业技术教育的评估工作交给专业教育评估机构来完成,由相应的评估机构制定具体评估标准和办法,如江苏省对职业技术教育由教育评估院实施星级评估。

(二)启动国家级重点中等职业学校评估,以示范促改革与发展

早在 1994 年,原国家教委曾组织进行国家级重点中等专业学校和国家级重点职业高级中学的评估工作,审批公布了一批国家级重点中专和职业高中。其后几年间,由于中等职业学校布局结构调整、中等职业学校升格为高等职业院校,原有的国家级重点中等职业学校名单已发生很大变化。为了贯彻落实《面向 21 世纪教育振兴行动计划》中提出的"努力在各地办出一批有较高社会声誉的职业技术学校"的要求,加强重点学校建设,通过重点学校的示范引领并推动中等职业学校的改革与发展,启动新的国家级重点中等职业学校评估势在必行。

国家级重点中等职业学校的调整和评估工作开始于 1999 年 6 月,主要程序是:由各省教育行政部门按照教育部要求组织申报和初评、推荐出备选学校;教育部组织专家组对备选学校进行评审、抽查和复审,提出重点学校建议名单;最后由教育部批准公布。2000 年 5 月 31 日,教育部公布了首批国家级重点中等职业学校名单,包括中等专业学校 460 所,职业高中 500 所,共计 960 所;2001年 3 月 5 日,教育部批准北京市交通学校等 216 所中等职业学校为第二批国家级重点中等职业学校,其中,中等专业学校 115 所,职业高中 101 所。

(三)尝试综合课程教育试验,积极探索多样化办学模式

随着我国经济社会发展和科技进步,一方面社会对劳动者的科学文化素质和职业能力提出更高的要求,另一方面家庭经济条件提升使得接受更高层次教育的需求水涨船高,这使得中等职业教育的"终结性"特征受到置疑。人们开始呼吁中等职业学校毕业生获得更多选择的机会,既可以选择就业,也可以选择继续接受高等职业教育或高等教育。据此,部分发达地区率先尝试中等职业学校举办综合课程教育的试验,积极探索新型的职业教育模式,收到了一定的效果。

2001 年 8 月 9 日,教育部下发《关于在部分有条件的中等职业学校做好综合课程教育试验工作的意见》(以下简称《意见》),肯定了中等职业学校开展综合课程教育实验的做法,并对做好综合课程教育试验提出指导意见,以保证其健康运行。

《意见》指出,中等职业学校举办综合课程教育的试验工作,应该在经济、教育基础较好的地方进行。这些地方可选择部分办学方向正确、办学质量高、办学效益好的国家或省级重点中等职业学校进行试验。在试验阶段,试验学校综合课程教育的招生数量一般不超过本校招生数的 30%。

《意见》强调中等职业学校综合课程要兼顾培养高素质劳动者和向高等职业教育输送合格学生两大职责,在办学中必须遵循两大原则:第一,可根据当地高等职业技术院校招生和就业岗位对学生文化素质的要求开好文化基础课程,既可按照教育部颁布的中等职业学校文化基础课程教学大纲,也可以参照普通高中相关课程的教学基本要求;第二,要突出职业教育特色,注意防止出现按照普通高中的教育模式来举办综合课程教育的做法,防止把综合课程教育办成升学预备教育。

综合课程教育试验的基本学制为 3~4 年,以 3 年为主,学校可根据需要实行弹性学制和学分制,实行多样化、灵活的教育教学管理制度和模块式课程体系,给学生提供多种的选择机会。综合课程班学生完成教学计划规定的课程且成绩合格,或取得相应的学分,可获得与所学课程相应的中等职业学校或普通高中毕业证书。综合课程教育试验实行毕业证书与职业资格证书并举的制度,把培养学生职业能力的教育和训练内容与相关的职业资格要求结合起来,鼓励毕业生在获得毕业证书的同时,取得相关的职业资格证书。

综合课程教育试验是在中等职业教育吸引力不断下降的背景中出现的,对于中等职业学校吸引生源以及为中等职业学生提供多样化选择等方面产生了一定的积极作用。但是,一些学校在办学过程中指导思想存在偏颇,综合课程教育试验逐渐背离了职业教育特色,成为事实上的升学预备教育,对中等职业教育的健康发展造成了不利的影响。

三、推进教育教学改革

2000 年,为了推进中等职业教育教学改革工作,切实提升教学质量和办学效益,教育部连续出台了 4 份文件,包括《教育部关于全面推进素质教育深化中等职业教育教学改革的意见》、《关于制定中等职业学校教学计划的原则意见》、《中等职业学校专业目录》和《中等职业学校专业设置管理的原则意见》等,以规范中等职业教育教学行为,提升质量。

(一)编制专业目录

教育部组织力量参照国家产业分类、职业分类系统调研并分析了主要行业和各地对人力资源的需求及其发展趋势,并对未来 5～10 年我国经济发展对生产、服务、技术和管理第一线高素质劳动者和中、初级专门人才的总体需要进行预测,在此基础上颁布实施了《中等职业学校专业目录》(以下简称《目录》),以优化和规范中等职业学校的专业设置。

《目录》把中等职业学校的专业分为农林、资源与环境、能源、土木水利工程、加工制造、交通运输、信息技术、医药卫生、商贸与旅游、财经、文化艺术与体育、社会公共事务和其他等 13 个大类 270 个专业,通过专业简介明确了该专业的培养目标、建议修业年限、业务范围、专业教学的主要内容和专门化等。

《目录》有几个比较显著的特征:

第一,目录中每一个专业的培养目标和业务范围都明确了应覆盖的产业和职业岗位群,适用范围广,针对性强。设置了一些符合国家产业结构调整的新专业。

第二,新专业目录在大类下直接设专业,淡化了行业管理的界限,减少了原有几类中等职业学校专业设置的数量,调整、合并了原有的面向较窄的专业,拓宽了专业业务范围和教学内容。

第三,新专业目录淡化了普通中专、成人中专、职业高中、技工学校等几类中等职业学校的界线,在培养目标中淡化了干部与工人的界限,形成了我国第一个以学历教育为背景适用于各类中等职业学校的专业目录。

第四,专业设置宽窄结合,针对一些服务口径较宽的专业设置专门化方向,目录中列举了若干专门化方向。针对一些有特殊要求并有稳定人才需求的职业领域,设置了针对性较强、专业面相对较窄的专业。

教育部在颁布《目录》的同时,还颁布了《中等职业学校专业设置管理的原则意见》,进一步加强对中等职业学校专业设置的管理。《意见》对专业设置原则、职责分工、审批权限进行明确规定,中等职业学校的专业设置根据不同的情况采用自主设置和审核批准等方式进行,学校拥有专业设置的自主权,主管部门则负责审批和宏观统筹管理。

(二)修订教学大纲

根据"淡化中专、职高、成人中专、技校的界限,基本学制为三四年,以三年为主"的指导精神,教学大纲修订工作启动了。新大纲将过去分别制订的中专、职高两类大纲,统一为三、四年制的通用的教学大纲。其中文化基础类课程 7 种,专业技术基础类课程 16 种,合计为 23 种。

新制定的教学大纲表现出四个方面的特点:

第一,教学大纲的编制突出能力本位的课程开发的特色,在分析职业岗位群确定学生应具备的能力结构和知识结构的基础上,确定课程教学目标和安排教学内容与要求,打破了传统的以学科为中心、以知识为本位制订教学大纲的做法。

第二,突出实践能力培养,在学时分配上,理论教学时数约下降 20% ～ 40%,实践性教学环节学时数得到大幅增加。

第三,加强文化基础课程教学,明确提出语文、英语、数学要基本达到相当于普通高中的程度。

第四,采用模块式结构,基础模块是中等职业教育通用的必修内容,拓宽、加深模块和选学模块分别提供给四年制中等职业学校和不同地区专业选用,具有较大的灵活性和适用性。

(三)试行学分制

在 2000 年出台的《教育部关于全面推进素质教育深化中等职业教育教学改革的意见》中,提出"中等职业学校应树立服务意识,积极进行制度创新,建立适应经济建设、社会进步和个人发展需要的教学制度"。为实行灵活的教学制度,学分制试点势在必行。

2001 年,教育部出台《教育部办公厅关于在职业学校进行学分制试点工作的意见》,从必要性、学分确定和取得、加强领导三个方面对学分制试点工作提供必要的规范和指导。

职业学校计算学分以课程(含实践课程)在教学计划中的课时数为主要依据,一般课程以 16～18 个课时为 1 个学分。公益劳动、军训、入学教育、毕业教育等,以 1 周为 1 个学分。根据实现专业培养目标需要,现行的三年制专业实行学分制后的总学分一般不少于 170 学分;四学年制专业总学分一般不少于 220 学分;五年制或"三加二"学制专业总学分一般不少于 270 学分。

与实施学分制相配套,《意见》还就灵活的学习制度、选课制度、考核制度和学分互认机制提出了原则要求。

从学分制的实施结果来看,中等职业学校普遍采用的是学年学分制,并未深入到学习制度、选课制度、考核制度和学分互认机制的深层次改革,也没有实现文件中提出的实现弹性学习制度的目标。

四、加强师资队伍建设

(一)加强中等职业学校校长培训工作

校长队伍建设在我国中等职业教育发展及推进素质教育进程中起着非常重要而关键的作用。提高职业学校校长队伍的素质,使其能更好地适应多元化、信息化的世界发展趋势及职业教育领域的深刻变革,是一项紧迫的工作。2003年,教育部印发《关于进一步加强职业技术学校校长培训工作的若干意见》,规范了校长队伍建设及其相应的培训要求。

《意见》要求通过广泛开展各种形式的培训,使职业技术学校校长具备现代教育管理理论素养,提高全面贯彻党的教育方针、推进实施素质教育的能力和水平,努力造就一支整体素质较高的职业技术学校校长队伍;进一步完善相关配套政策,逐步建立起与校长选择、聘任、考核相结合的职业技术学校校长"持证上岗"和校长培训制度。对职业技术学校新任或拟任校长,在上岗前或任职后规定时间内进行任职资格培训;对在职校长进行国家规定学时的提高性培训;在全员培训的基础上,组织富有办学经验并具有一定理论修养和研究能力的校长进行高级研修。

校长培训的内容主要包括:深入学习邓小平理论和"三个代表"重要思想,全面提高思想政治素质;学习社会主义市场经济理论和法制建设理论,增强职业教育为社会、经济发展服务的意识,提高依法治教的水平;学习现代教育科学理论,特别是职业教育方面的知识,提高业务理论水平和管理学校的能力。将校长参加培训与其任用、考核挂钩,要把完成任职资格培训规定的课程,并经考核合格获得《职业技术学校校长任职资格培训合格证书》,作为新任或拟任校长任职上岗的必备条件;把完成提高培训规定的学时(学分),并经考核合格获得《职业技术学校校长提高培训结业证书》,作为在职校长任职考核的重要内容和继续任职的必备条件。

(二)加强中等职业教育师资队伍建设

据统计,到 2004 年底,全国中等职业学校专业教师总数已达到 67.27 万人,其中,中等专业学校专任教师 19.71 万人;职业高中专任教师 27.06 万人;技工学校专任教师 20.5 万人[①]。面对如此庞大的一支教师队伍,如何加强管理、提高等职业教育师资整体水平便成为各级教育行政部门高度关注的问题。

2001 年 11 月 21 日,教育部印发《关于"十五"期间加强中等职业教育师资队伍建设的意见》,要求采取有力措施加强教师的培养培训和师德建设,切实提高教师素质。

1. 规范中等职业教育任职资格

第一,严格实施教师资格制度,进一步制定和完善教师遴选任用、职务聘任、培养培训、流动调配、考核奖惩、工资待遇、申诉与仲裁等方面的法规和规章。各地要结合本地区情况制定地方性法规和规章。

第二,多渠道解决中等职业学校教师来源问题。首先是依托职业技术师范学院和高等学校师资培养基地进行职教师资对口培养;其次要积极支持企业和事业单位有中级以上专业技术职务、具有中等职业学校教师资格的人员和有特殊技能的人员采用专任或兼任的方式到中等职业学校任教。

第三,加强"双师型"教师的培养,采取教师到企事业单位进行见习和锻炼等措施,使文化课教师了解专业知识,使专业课教师掌握专业技能,提高广大教师特别是中青年教师的实践能力。

2. 启动职业教育师资培训基地

20 世纪 70 年代以来,原国家教委先后批准建立了 11 所独立设置的高等职业技术师范学院。80 年代末以来,原国家教委又先后批准天津大学、浙江大学、湖南农业大学、河北职业技术师范学院、同济大学、东南大学、西安交通大学、四川大学等 8 所高校设立职业技术教育学院或农村职教师资培训中心,同时作为

———————————

① 《全国教育事业发展统计公报》(2004)。

国家教委直接管理的职教师资培训基地。全国绝大部分省、自治区、直辖市和各有关行业部门，根据本地和行业部门的需要和实际，依托普通高等学校或中等职业学校，先后建立了一批职教师资培养培训基地。据不完全统计，全国现有职教师资培养培训基地 300 多个，其中依托高等学校建立的基地有 200 多个，依托中等职业学校建立的基地 90 多个。

《面向 21 世纪教育振兴行动计划》发布后，教育部根据《计划》关于重点建设 50 个职业教育专业教师和实习指导教师培养培训基地的精神，决定在两年内分三批遴选并确定 50 个全国重点建设职业教育师资培训基地。教育部确定的全国重点建设职教师资基地要面向全国和各大区，培养培训中等职业学校的骨干教师和专业带头人，包括学历提高和能力提高；推广新的教学思想、教学方案、教育技术和典型经验；培训省部级以上重点职业学校校长及其他管理干部；开展职教师资队伍建设问题的科学研究。

2000 年，教育部公布了首批培训基地名单，包括天津大学、同济大学、东南大学、西安交通大学、西北农林科技大学、天津职技师范学院、北京联合大学、河北职业技术师范学院、吉林农业大学、黑龙江商学院、上海第二工业大学、湖南农业大学、河南职业技术师院、四川农业大学等 20 个基地。其中，作为一产类专业重点建设的基地 7 个，作为二产类专业重点建设的基地 10 个，作为三产类专业重点建设的基地 3 个。这些基地覆盖全国六个大区的 13 个省、市。

2001 年 5 月，教育部公布第二批重点师资培训基地，包括哈尔滨工业大学、厦门大学、东北财经大学、云南大学、贵州大学、江西农业大学、山西大学、浙江工业大学、湖北工学院、广西工学院、西北轻工学院、河北师范大学、湖南师范大学、福建师范大学、浙江师范大学、重庆师范学院、吉林职业师范学院、安徽技术师范学院、南昌职业技术师范学院、广东职业技术师范学院、武汉职业技术学院、济南交通高等专科学校、辽宁仪器仪表工业学校、云南省旅游学校。

中等职业教育的教师培训工作，需要从中央到地方到学校全方位的参与，地方和行业部门确定的职教师资培训基地主要负责本地区和本行业中等职业学校的专业课和实习指导教师的培养培训，教师的学历达标培训以及在职教师的专题培训，包括教师的知识更新和能力提高，非职业技术师范院校毕业生的职业教育理论培训等；教师所在学校也要开展对在职教师的培训，除开展必要的专题培训和实践技能培训外，主要通过教研活动、教材开发等实际工作来实施。

第三节　世纪之交高等职业技术教育跨越式发展

世纪之交,借助高校扩招之机,高等职业教育获得了大发展的契机。这一时期,高等职业技术教育的发展主要特征是外延迅猛发展。

一、高等职业技术教育的外延扩张

1999 年 1 月 24 日,国家教委印发《试行按新的管理模式和运行机制举办高等职业技术教育的实施意见》,决定在 1999 年普通高等教育年度招生计划中,安排 10 万个名额专门用于部分省(市)试行与现行办法有所不同的管理模式和运行机制举办高等职业技术院校招生。《实施意见》对试办高等职业技术教育的管理职责、举办学校、招生对象及方法、教学管理、试办范围及招生规模、操作程序等进行了规定。按照新的管理模式和运行机制举办高等职业技术教育为专科层次学历教育,其招生计划为指导性计划,教育事业费以学生缴费为主,政府补贴为辅。

这份文件开启了高等职业技术教育改革试点工作,对高等职业技术教育的发展产生了重大影响。《实施建议》明确了高等职业技术教育的举办学校包括短期职业大学、职业技术学院、具有高等学历教育资格的民办学校、普通高等专科学校、本科院校内设立的高等职业教育机构(二级学院)、办学条件达到国家规定合格标准的成人高校。此外,作为过渡措施,经教育部批准的极少数国家级重点中等专业学校,改办为既从事高等职业教育,又从事中等职业教育双重任务的学校(限于骨干专业举办高等职业教育)。

《实施意见》还出台了"三不一高"政策,即不转户口、不包分配、不发派遣证以及高收费。这一政策被普遍认为限制了高等职业技术教育的发展。

1999 年 2 月,国务院批转教育部《面向 21 世纪教育振兴行动计划》提出:"高等职业教育必须面向地区经济建设和社会发展,适应就业市场的实际需要,培养生产、服务、管理第一线需要的实用人才,真正办出特色。"1999 年 6 月,《中共中央国务院关于深化教育改革全面推进素质教育的决定》进一步指出:"高等职业教育是高等教育的重要组成部分,要大力发展高等职业教育,培养一大批具有必要理论知识和较强的实践能力,生产、建设、管理、服务第一线和农村急需的专门人才。"这两份文件明确了高等职业教育的性质与任务,为高等职业教育的发展正名。

在这样一个背景中,高等职业教育进入规模快速发展阶段。这期间国家又提出两项新的政策,一是以"新模式、新机制"的思路来发展高等职业教育,一是将高等职业学校设置审批权下放到地方政府。这两项重要改革政策出台,极大地促进了高等职业教育的发展(见表 5.3)。

表 5.3　1998—2004 年高等教育机构数

高等教育机构	1998 年	1999 年	2000 年	2001 年	2002 年	2003 年	2004 年
高等教育机构总数	1984	1942	1813	1911	2003	2110	2236
普通高等院校	1022	1071	1041	1225	1396	1552	1731
本科院校	590	597	599	597	629	644	684
高职(专科)学校	432	474	442	628	767	908	1047
成人高等学校	962	871	772	686	607	558	505

数据来源:1998—2005 年中国教育事业发展统计公报。

二、探索高等职业技术教育人才培养新模式

高等职业技术教育是我国高等教育的一种新的探索,它既不同于传统的专科教育,更不同于普通高等教育,已有的教育类型很难为其提供可资借鉴的参照和经验。在高等职业技术教育步入大发展的阶段,对高等职业技术教育的人才培养目标进行准确定位,探索具有高等职业技术教育自身特色的人才培养模式势在必行。

(一) 人才培养目标定位

高等职业技术教育的人才培养目标,定位一直相对模糊。在相关文件中,曾经有过三次权威表述[①]:

表述一:1995 年 8 月,当时的国家教育委员会在北京召开了全国高等职业教育研讨会。在这次会议上,曾比较确定地的对培养目标问题进行了阐述,即高等职业教育的培养目标是培养在生产服务第一线工作的高层次实用人才,这类人才的主要作用是将已经成熟的技术和管理规范变成现实的生产和服务,在生产第一线从事管理和运行工作。这类人才一般称之为高级职业技术人才。

表述二:2000 年,教育部《关于加强高职高专教育人才培养工作的意见》的表述,即高职高专培养"拥护党的基本路线,适应生产、建设、管理、服务等第一线

---

① 王明伦:《高等职业教育发展论》,教育科学出版社 2004 年版,第 144—145 页。

需要的、德、智、体、美等方面全面发展的高等技术应用性专门人才"。

表述三：教育部《关于以就业为导向，深化高等职业教育改革的若干意见》的表述，即：高等职业教育要"坚持培养面向生产、建设、管理、服务第一线需要的"下得去、留得住、用得上"，实践能力强、具有良好职业道德的高技能人才。

在上述文件用语中，已经出现了"高级职业技术人才"、"高等技术应用性专门人才"、"高技能人才"这样三种略有不同表述。从这些表述中，可以归纳出高等职业技术教育的培养目标具有两个特点：其一，是为经济社会发展培养一线敬岗爱业的人才；其二，应用性、实用性的技能培养与训练是第一位的。

（二）人才培养模式的探索

在高等职业技术院校创立初期，由于缺乏成熟的人才培养模式，致使大部分高等职业技术院校模仿本科的人才培养模式，成为"本科压缩教育"，特色不鲜明。人才培养模式的不成熟，导致高职招生、就业出现两难的情况。

针对这一问题，2000 年教育部出台《关于加强高职高专教育人才培养工作的意见》，提出高职高专教育人才培养模式的基本特征：第一，以培养适应生产、建设、管理、服务第一线需要的高等技术应用性人才为根本任务；第二，以社会需求为目标、技术应用能力的培养为主线设计教学体系和培养方案；第三，以应用为主旨和特征构建课程和教学内容体系，基础理论教学以应用为目的，以必须、够用为度；专业课加强针对性和实用性；第四，实践教学的主要目的是培养学生的技术应用能力，在教学计划中占有较大比例；第五，"双师型"师资队伍的建设是高职高专教育成功的关键；第六，产学结合、校企合作是培养技术应用性人才的基本途径。

《意见》还对高职高专的教育理念、专业设置、课程和教学内容体系改革、实践教学、评价方法、师资队伍建设、办学途径等方面提出指导性要求，并制定了《关于制订高职高专教育专业教学计划的原则意见》、《高等职业学校、高等专科学校和成人高等学校教学管理要点》，借以规范高职高专的办学行为。

2004 年 2 月，教育部出台《关于以就业为导向、深化高等职业教育改革的若干意见》，进一步明确高等职业教育应以服务为宗旨，以就业为导向，走产学研结合的发展道路。提出大力推行"双证书"制度，促进人才培养模式创新，把培养学生动手能力、实践能力和可持续发展能力放在突出的地位，促进学生技能的培养；要依照国家职业分类标准及学生就业有实际帮助的相关职业证书的要求，调整教学内容和课程体系，把职业资格证书课程纳入教学计划之中，将证书课程考试大纲与专业教学大纲相衔接，完善人才培养方案，创新人才培养模式，强化学生技能训练,使学生在获得学历证书的同时,顺利获得相应的职业资格证书,增强毕业生就业竞争能力。

(三)高等职业技术教育学制改革的讨论

对于高等职业技术教育学制改革,一直存在两种观点:一种观点赞成改革高等职业技术教育学制,将三年制缩短为二年制,并呼吁以学制改革为契机,全面颠覆旧有的高等教育体系和思维,从而形成高等职业技术教育新的发展生机;另一种观点则质疑学制改革,持该观点的人认为:在就业形势空前严峻的情况下,学制缩短一年也就意味着一个人会增加一年的工作年限,政府和学校就业工作的压力会由此增大;另外,减少了一年学习时间,又要强化实践训练,会带来教育质量的下降。

在上述争论之下,国家教育行政主管部门从加快技能紧缺型人才培养这一视角出发,倾向于改革学制。为此,2004 年 2 月,教育部出台了《关于以就业为导向深化高等职业教育改革的若干意见》,明确提出"积极进行高等职业教育两年制学制改革,加快高技能紧缺人才培养",以突出职业教育的灵活、快捷和适应性强的特点,据此带动高等职业技术教育的根本性转变。但由于多种原因,将高等职业技术教育的基本学制改为二年的要求基本上是雷声大雨点小,不了了之。

第四节　世纪之交农村职业技术教育的发展

农村职业技术教育的发展一直是比较滞后的。但是,在我国经济社会发展如火如荼的新形势下,尤其是在国家实施西部大开发战略、城镇化战略以及社会主义新农村建设战略的背景下,农村职业技术教育的战略意义正在凸显,农村职业技术教育需要有一个大发展。

一、农村职业技术教育工作的指导思想

中国工业化、城镇化进程在不断加速,这种加速从另外一个角度来看却损及农村和农业的发展,致使"三农"问题成为当前社会发展中的一个突出问题。当然,我们不能通过限制工业化和城镇化来发展农业。在当前,建设社会主义新农村、发展现代农业、提高农民收入,关键在于提高农村劳动人口的素质,努力促进传统农业向现代农业转变,从根本上解决农业、农村和农民问题。因而,农村职业技术教育在全面建设小康社会、全面建设社会主义新农村中具有基础性、先导性、全局性的重要作用。2003 年 9 月,国务院发布《关于进一步加强农村教育工

作的决定》,提出了深化农村教育改革,加快农村教育发展的目标与任务。该文件被认为是中国新时期发展和改革农村教育的纲领性文件。

《决定》对农村职业教育的发展提出了切实可行的要求,即"以就业为导向,大力发展农村职业教育。要实行多样、灵活、开放的办学模式,把教育教学与生产实践、社会服务、技术推广结合起来,加强实践教学和就业能力的培养。在开展学历教育的同时,大力开展多种形式的职业培训,适应农村产业结构调整,推动农村劳动力向二、三产业转移。实行灵活的教学和学籍管理制度,方便学生工学交替、半工半读、城乡分段和职前职后分段完成学业。在整合现有资源的基础上,重点建设好地(市)、县级骨干示范职业学校和培训机构。要积极鼓励社会力量和吸引外资举办职业教育,促进职业教育办学主体和投资多元化。"

二、农村职业技术教育发展的具体措施

(一)充分利用农科教结合示范区平台

在此期间,中央有关部门及各地都十分重视农科教示范区建设的辐射带动作用,逐步形成了比较完善的、统筹结合水平较高、辐射带动能力较强的农科教结合示范体系。在农科教结合示范平台上,各地政府和教育行政部门切实加强了农村职业技术教育和培训,有效地提升了农村劳动者的技能与素质。

"十五"期间,农业部组织实施了"绿色证书工程"、"跨世纪青年农民科技培训工程"、"农业科技电波入户工程"并且借助农业广播学校,有计划地为西部地区培养了一大批农业科技人才,提高了农民的科技文化素质。农业部每年举办5～6期西部地区农业领导干部培训班,每年举办 30 期高中级农业科技人员、农经人员培训班,组织中央农业广播电视学校系统和全国 50 所农业职业技术教育培训基地,对科技人员和农经人员开展大规模先进适用知识和技术培训,每年举办各类农业技术培训班 60～70 期,培训 3000 人次,"十五"期间培训 1.5 万人次。在"跨世纪青年农民科技培训工程"实施过程中,从 2000 年开始的 7 年内共培训 500 万名青年农民,其中西部地区 160 万名。此外,还组织开展绿色证书本岗位深造培训和换岗位职业培训,开展绿色证书分级培训试点工作;在农村初中阶段开展绿色证书培训,把绿色证书培训和农业继续教育结合起来,推动绿色证书工程向质量效益型发展。

(二)尝试建立农业职业技术教育体系

在这个时期,各地不断深化农业职业技术教育体制改革,逐步建立起以高等农业职业技术教育为重点,中等农业职业技术教育为主体的各类层次分明、结构

合理、相互衔接、协调发展的农业职业技术教育体系。县、乡两级建立起以农村职业中学、农民文化技术电视学校、农业广播学校、燎原广播学校为阵地,以县乡两级农业科技人员为依托的农民文化教育、农民技术教育和农村适用技术培训体系。

以江苏省为例,农村职业教育主要有三种办学模式[①]:

1. 中心辐射型

由县政府组建一、二所规模大、条件好的职业教育中心,下联乡镇职教、成教基地,横联县各行业、企业职工教育培训基地,形成职前职后教育培养、培训一体化网络。各辐射点的主要办班计划挂靠在县级职教中心,根据需要和可能,经教育行政部门严格审核举办"下伸班","下伸班"师资、设备的配置由县教育行政部门统筹解决。通过这种模式,初步形成以乡镇职业学校为基础,县级职教中心为核心的,职前职后沟通、上下衔接的中心辐射型办学模式。

2. 联合型

在相同所有制、不同经济利益的办学主体间或不同所有制、不同经济利益的办学主体间,根据办学主体之间签订的有关协议实施联合投资办学。根据联合办学主体的不同及联合办学方式的不同,可以进一步细分为:学校与企业联办、学校与产业集团联办、学校与部门联办、学校与学校联办、普教职教成教"三教合一"共建联办、企业牵头普教介入职成教复合型联办。

3. 远程开放型

依托当地国家级、省级重点职业学校的校园网,利用其丰富的多媒体课件资源与信息技术、联合条件相对较好的燎原广播电视学校,面向社会招生。在管理上采用宽进严出、注册视听、完全学分制的办法,颁发经省教育厅批准、国家承认学历的燎原广播电视学校毕业证书。

(三)建设农业职业技术教育示范基地

2000 年,农业部决定在全国建立首批 50 个农业职业技术教育示范基地,结合当地实际开展农科教结合、绿色证书工程和跨世纪青年农民科技培训工程等项工作的实际情况,以提高农村劳动者素质与专门人才的科技文化素质为重点,以农业农村教育资源和推广机构为主要依托,形成一个布局合理、功能齐全、管理规范、示范能力强,与农村经济发展规模和要求相适应的农业职业技术教育培训网络。

---

① 马建富:《江苏省农村职业教育四种办学模式》,《职业技术教育》,2000 年第 21 期。

农业职业技术教育示范基地主要分为三个层级：每个省份原则上依托农业大学或国家级重点中专学校建立一至两所省级示范基地，主要承担地区级基地工作的指导、管理和中等农业职业教育师资、地（区）县级农业职业教育管理干部、科技推广人员培养培训，开展农业职业教育研究工作等任务；每个地区依托省部级重点农业中专学校或国家重点农村职业教育中心建立一定数量的地区级基地，主要承担县、乡（村）镇农村职业高中和农民技术学校的中初级农业职业教育师资，乡村干部，科技推广人员，乡镇企业、服务组织管理人员和技术人员的培训工作，并承担一定数量的绿色证书培训、跨世纪青年农民科技培训和实用技术培训工作；每县以县级农村职教基地为核心，组织乡（镇）农村职业高中和农民职业技术学校形成农业职业技术培训网络，主要承担农村"三后生"、绿色证书培训和实用技术培训等。

第五节　世纪之交职业教育的国际交流合作

伴随着改革开放的进程，我国职业教育的国际交流合作不断深化和拓展，经历了 20 世纪 80 年代的"移植"期，90 年代的"借鉴"期，我国职业教育的自主性越来越强，新世纪职业教育的国际交流合作更强调"本土化"与"交流合作"。

一、世纪之交职业教育国际交流合作基本情况

学习借鉴国（境）外优质职业教育经验是我国职业教育发展的一贯主张。2002 年，《国务院关于大力推进职业教育改革与发展的决定》就明确规定："积极引进国（境）外优质职业教育资源。鼓励国（境）外组织和个人依照我国法律和办学资格要求，同我国境内职业教育机构和其他社会组织，合作举办高水平的职业学校或职业培训机构。努力拓展职业学校毕业生国（境）外就业市场。"

职业教育的国际交流合作可以细分为几个层面：国际合作办学、职业教育研究的合作交流、师资培训的合作交流等。

国际合作办学层次和类型多样，合作的方式也更加多元，有投资式、证书式、课程式等。据教育部 2002 年底统计，经教育部门审核批准的全国中外合作项目有 712 个，其中，学历教育项目 372 个，非学历教育项目 313 个；在学历教育项目中，中等职业和高等职业占了 50.27%，非学历教育项目中也有大量属于职业教育范畴。

职业教育研究的合作交流也从过去单一的以吸收借鉴为主，逐渐转变为平

等交流与对话。我国几乎每一年都有与其他国家或国际组织共同举行国际性职业教育论坛或其他活动,如 2001 年由中国教育国际交流会主办的北京"2001 职业教育国际周",2004 年由上海市教科院职成教研究所与同济大学职教学院、德国技术合作公司、德国国际培训和发展协会以及昆明冶金高等专科学校在昆明联合举办的职业教育国际研讨会。这些国际性的研讨会增进了我国与世界各国在职业教育研究与实践方面的交流。

师资培训方面的国际合作与交流更是源远流长。1998 年,中德政府启动了"职业学校校长培训与进修"项目,在辽宁和吉林两省对万名职业学校校长进行了系统的培训。在 2004—2007 年的"中德职业教育师资进修项目(P300 项目)"实施过程中,共计有 916 名中等职业学校骨干教师赴德进修,重点学习专业教学法,以提高专业教学能力;作为该项目的拓展内容,中德双方还开展了中国中等职业学校骨干校长高级研修活动,共有 375 名中国重点职业学校校长赴德考察。

二、中澳职教合作项目

中澳职业教育合作项目是澳大利亚政府为支持中国职业教育发展而制订的一项援助计划,也是两国政府在职业教育领域内的首次合作。

(一) 项目启动

项目启动分为三个步骤:

第一步,1999 年,在"中国能力建设项目"的框架下,先后开展了一系列"能力建设活动",澳方专家和重庆市有关部门、职业学校相关人员一起探讨了职业教育理论、体系等方面的问题,并在渝举办了职业教育师资培训班,组织重庆职业教育界人士到澳大利亚学习、考察,最后形成了《项目设计报告》。

第二步,项目设计阶段。澳方专家在渝深入职业学校和有关企业进行认真调研,并与重庆市计划、财政、劳动、教育等部门有关人员进行座谈,广泛听取了各方面对职业教育项目设计的意见,澳方组织项目评估组对项目进行了独立评估,形成了《中澳职业教育项目设计文本》。

第三步,2002 年 3 月 5 日,中国政府代表、外经贸部副部长龙永图与澳大利亚政府代表、澳大利亚驻华使馆临时代办莫亭在北京签署了《中华人民共和国政府和澳大利亚政府关于"中澳(重庆)职业教育与培训项目"谅解备忘录》(以下简称《谅解备忘录》),项目由此正式启动。

中澳双方在以下几个方面达成了合作意向:澳大利亚政府无偿投入 2000 万澳元(折合人民币 1.1 亿元),支持重庆市职业教育的改革与发展;在重庆建立职教师资培训中心和职教管理信息中心；选择几所重点学校进行汽车工程技术、电子及网络技术、商贸、建筑、旅游等专业的建设与改造；引进澳大利亚先进职教模式，并逐步辐射至全国。

（二）项目内容

中澳职业教育合作项目选择重庆经济发展所涉及的五大主导产业对应的 5 所职业院校进行试点，包括汽车行业——重庆工业职业技术学院；旅游行业——重庆旅游学校；电子商务行业——重庆龙门浩集团职业高级中学；电子信息技术行业——重庆电子职业技术学院；建筑行业——重庆江津工商职业高级中学。同时向与 5 个行业相关的 25 所"项目伙伴学校"推广。项目总周期为五年半，从 2003 年 3 月开始，至 2007 年 9 月结束。整个项目分两个阶段进行，前 3 年为项目实施阶段，后两年半为项目成果推广阶段。中澳合作项目内容涉及以下几个方面：

根据重庆市区域经济、社会发展需要，制定区域职业教育发展战略及规划；协助项目学校制定其发展规划；

由相关部门代表组成 5 个"行业协调委员会"，各对应 1 个项目学校，增强职业教育与行业、企业的联系；

拓展职业教育功能，扩大职业教育与培训的规模；

推进职业教育课程结构改革，开发新的教材；改进职业教育教学方法和质量；

推进职业教育师资队伍建设，包括进行教师队伍培训，帮助教育部全国重点建设职教师资培训重庆师大基地改进培训课程，提高培训质量；

配备价值约 40 万澳元的软、硬件设备，为重庆市教委建立一个以 PC 计算机为基础，收集、贮存、使用职业教育与培训主要评估指标数据的职教管理信息系统。

（三）项目取得的成果

自中澳职业教育合作项目实施以来，重庆市认真落实中澳两国《谅解备忘录》的规定，综合分析、统筹解决制约职教发展的内外因素，成功举办了一系列重大活动，设计了评估指标体系，构建了项目成果形态，创新了职教体制、机制、制度，加强行业、企业与学校的联系，推进职教新师资队伍建设，启动课程改革与教材开发工作，推动重庆职教的改革发展，增强职教对经济社会发展的贡献力，带动重庆教育对外开放，引起了社会各界关注。项目初步取得了如下成果：

第一，更新职业教育理念。通过项目实施，重庆各级政府以及参与项目研究的诸多行业、企业和学校普遍提高了对职业教育的认识,对职业教育的发展之于区域经济和社会发展的作用有了更为切实的感受,充分意识到发展职业教育是人力资源开发的重要举措,而且通过发展职业教育、提供一大批技能人才来改善投资环境。

第二,推动职业教育的课程改革。课程是教育理念最直接的载体,在项目实施过程中,课程改革始终是项目推进的主要途径,因而,通过该项目的实施,无论在教育理念上还是在教育内容和方法上,都有新的突破:确立了能力本位的职业教育课程理念,逐步形成了新的课程观、学生观、教学观、评价观;课程文本的开发尽可能满足行业需求。2003 年 7 月,项目派出 20 多名教师赴澳学习教学材料的开发技能,在澳方专家的指导下,开发相应的能力标准和教学材料;强调以学生为中心,采用互动式教学方法,为学生提供适宜的学习环境,把开展学习活动作为学生能力形成的主要途径;制定课程评估工具,共设计 14 种评估表,通过领导、行业、教师、学生四个层面对新课程的方案文本、教学材料、学习材料、教学方法、学习方法、鉴定指南、能力标准七个方面的实施效果进行了分析,形成评估报告。在此基础上,将课程开发的一些理念、原则、程序上升为市级层面的政策,出台《重庆市职业院校课程设计与教学材料开发的指导意见》等文件,明确提出职业院校课程设计的六条原则。

第三,有效推进并不断深化职业学校与行业企业的合作。项目学校都与相关行业企业签订实习见习、课程开发、人才输送等合作协议,促成职业学校与企业开展多种形式的联合办学;牵线职业学校与企业共建实习、实训基地。

第四,推进教师队伍建设。提升职业学校师资水平是项目实施的重要内容,在教师队伍建设方面,项目取得的成效主要体现在以下几个方面:(1)采取六种形式增强教师与行业企业的联系:一是参加澳方行业联系专家组织的行业联系研讨会,二是让赴澳学习的教师为项目组教师进行行业联系的专门化培训,三是让教师到企业岗位进行实践观摩,四是组织教师到校企合作的实习实训基地培训,五是到企业进行工种技能实习,六是到行业企业管理岗位挂职锻炼。(2)促进教师专业发展,这主要体现在努力使教师形成并实践新的职业教育理念,明显提升教师的课程设计、教材学材开发、教学方法创新等能力。(3)教师队伍结构优化,项目学校逐步建立"专兼结合的职业教育师资聘用制度"、"行业企业优秀人才到职业学校任教制度"和"教师定期到行业企业实践制度"、"专业教师定期轮训制度"和"教师继续教育制度",职业院校的双师型教师比例迅速增大。

小　结

　　经过党的十一届三中全会以来的改革开放，以经济建设为中心的改革思路和国策使得我国经济社会发展取得了巨大成就。保持经济持续快速发展并逐步解决发展中出现的深层次社会问题，是世纪之交我国政府面临的重大战略问题。新型工业化道路、西部大开发战略、城镇化战略等关系国计民生的重大战略纷纷出台，推进了新世纪我国经济社会的全面协调和可持续发展。在这样的背景中，我国职业教育的发展迎来了改革与调整的大好时机。

　　世纪之交，《面向 21 世纪教育振兴行动计划》《中共中央国务院关于深化教育改革全面推进素质教育的决定》《国务院关于大力推进职业教育改革与发展的决定》这三份重要的政府文件明确了跨世纪职业教育改革与发展的指导思想与行动纲领，是这一时期职业教育发展的重要指导文件。

　　中等职业技术教育完成了从结构布局调整改革，转向以人才培养模式改革创新、教学改革、师资队伍建设等为重点的内涵建设。1999 年 9 月，教育部下发《关于调整中等职业学校布局结构的意见》，将中等职业学校的管理权下放到各级地方政府，进一步优化资源配置，提高办学质量和整体效益，逐步形成在当地政府的统筹规划下适应区域经济和社会发展需要的中等职业学校布局结构。在此基础上，《中等职业学校设置标准（试行）》施行，对中等职业学校管理进行统一规范，并组织开展中等职业学校合格评估工作，提高整体办学水平。这一时期中等职业教育教学改革的重要举措包括：编制专业目录、修订教学大纲、试行学分制。此外，通过加强中等职业学校校长培训工作，加强中等职业教育师资队伍建设，为中等职业教育的健康发展提供了人才保障。

　　高等职业教育借由高校扩招的契机，实现外延的跨越式发展，高等职业技术院校的数量和规模都得到了空前的飞速增长。教育部提出以"新模式、新机制"的思路来发展高等职业教育，并将高等职业学校设置的审批权下放到地方政府，这两项重要改革政策极大地促进了高等职业教育的发展。由于高等职业技术教育是我国高等教育发展进程中的一次全新探索，没有既有模式和经验可循，故而对高等职业人才培养目标进行准确定位，探索具有高等职业特色的人才培养模式成为这一时期高等职业教育办学与研究的主题。

　　我国农村职业教育的发展相对比较滞后，但在新世纪国家实施西部大开发战略、城镇化战略的背景下，大力发展农村职业教育的战略意义凸显。国务院发布《关于进一步加强农村教育工作的决定》,提出"以就业为导向,大力发展农村职业教育"。世纪之交,农村职业教育发展的措施包括:充分发挥农科教示范区建设的辐射带动作用、建立农业职业技术教育体系、建设农业职业技术教育示范基地,从而在推进农村职业教育发展过程中发挥了重要作用。

国际交流合作是世纪之交我国职业教育发展的又一大亮点,经历了以往的"移植"与"借鉴",新世纪职业教育的国际交流合作更强调"本土化"与"平等交流合作"。职业教育的国际交流合作在多个层面展开,包括国际合作办学、职业教育研究的合作交流、师资培训的合作交流等。此间中澳职业教育合作项目颇受关注,以重庆为示范区,借鉴澳大利亚职业教育与培训的成功经验,推进重庆职业教育的创新与发展,在更新职业教育理念、推动课程改革、深化职业教育与行业企业合作、推进教师队伍建设等方面取得了显著的成果。

第6章　职业教育的世纪选择：国家发展战略

经历世纪之交的调整，我国职业教育的整体规模和水平已有了大幅提升，对国家经济社会发展的作用也日益凸显。新世纪中国职业教育获得了空前的关注与支持，此间媒体多次引用温家宝总理的话"职业教育已经列入中南海的议事日程"，以此显示国家大力发展职业教育的决心和支持力度。这一时期，职业教育在中央到地方各级财政支持下，硬件条件、软件建设方面都得到了极大的提升；各级各类职业院校更加关注内涵建设，提升职业教育质量成为这一时期职业院校发展的关键词。

第一节　新世纪职业教育的战略选择

新世纪，中国职业技术教育的发展获得了空前的关注与政策支持，"大力发展职业教育"连续写入《中华人民共和国国民经济和社会发展第十一个五年规划纲要》和党的十七大报告这两份新世纪中国发展的重要纲领性文件中。"把发展职业教育作为经济社会发展的重要基础和教育工作的战略重点"[①]。中国职业技术教育的发展被提升到国家战略的高度。

一、新世纪职业教育发展战略的提出

2005年，《国务院关于大力发展职业教育的决定》对中国职业教育的战略地位进行了明确表述："大力发展职业教育，加快人力资源开发，是落实科教兴国战略和人才强国战略，推进我国走新型工业化道路、解决'三农'问题、促进就业再就业的重大举措；是全面提高国民素质，把我国巨大人口压力转化为人力资源优势，提升我国综合国力、构建和谐社会的重要途径。"新世纪，职业教育的战略发展重点主要表现为：

---

① 国务院：《关于大力发展职业教育的决定》，2005年。

第一，关注民生，职业教育面向人人。2006 年 11 月 15 日，中共中央政治局常委、国务院总理温家宝邀请有关专家围绕职业教育进行座谈。在座谈中，温家宝强调职业教育是面向人人、面向全社会的教育，大力发展职业教育既是经济发展的需要，也是促进社会公平的需要。因此，发展职业教育既要面向经济，又要立足以人为本，为提高全民素质服务。职业教育应该是面向人人的教育，使更多的人能够找到适合于自己学习和发展的空间，从而使教育事业关注人人成为可能①。

第二，关注就业，职业教育面向市场。职业教育要"以就业为导向，以服务为宗旨"。"十一五"期间我国就业人口进入高峰期，从 2006 年开始，全国城镇每年新增劳动力将超过 1000 万，但现实情况是社会新增的岗位是有限的，因此就业压力巨大。职业教育肩负着在劳动力市场需求与高素质劳动者供给之间架设桥梁的重任。职业教育必须以就业为导向，职业院校必须面向社会、面向市场办学，不断深化办学模式和人才培养模式改革，努力提高等职业教育的质量和效益。

第三，关注"三农"，职业教育面向农村。关注"三农"，即关注农村、农民、农业，努力建设社会主义新农村，这是国家在新世纪推出的重大战略措施。职业教育在服务"三农"方面应该而且能够发挥其不可替代的重要的用，通过县级职业教育中心建设，打造职业教育服务"三农"的平台。同时，国家要求职业教育加强对西部农村职业技能和农民培训的投入，建立职业教育贫困生资助制度，完善职业教育服务农村的机制。

二、新世纪职业教育发展定位

2005 年 11 月 7 日，国务院在北京召开全国职业教育工作会议，全面分析职业教育在新世纪我国经济社会发展中的作用，进一步明确了职业教育的定位。会议还强调：要发展中国特色的职业教育，建立和完善中国特色的现代职业教育体系；要逐步增加公共财政对职业教育的投入，确定"十一五"期间中央财政带头投入 100 亿元；职业教育要关注个人需求，资助困难家庭子女；加强职业教育基础能力建设，通过实施"四项工程"、"四大计划"等非常具体切实的措施来保证职业教育的健康发展。

（一）新世纪职业技术教育发展的目标任务

《国务院关于大力发展职业教育的决定》明确提出，发展职业教育是我国经济社会发展的重要基础和教育工作的战略重点，在此基础上确定了我国职业教

---

① 温家宝：《大力发展中国特色的职业教育——在全国职业教育工作会议上的讲话》，《教育部网站》，2005 年。

育改革发展的指导思想、目标任务和政策措施。

职业教育在"十一五"期间的改革发展目标是：进一步建立和完善适应社会主义市场经济体制，满足人民群众终身学习需要，与市场需求和劳动就业紧密结合，校企合作、工学结合、结构合理、形式多样，灵活开放、自主发展，有中国特色的现代职业教育体系；继续完善"政府主导、依靠企业、充分发挥行业作用、社会力量积极参与，公办与民办共同发展"的多元办学格局和"在国务院领导下，分级管理、地方为主，政府统筹、社会参与"的管理体制；继续扩大职业教育规模，使我国劳动者的素质得到明显提高；职业教育办学条件普遍改善，师资队伍建设进一步加强，质量效益明显提高。

《决定》提出了"十一五"期间我国发展职业教育的重大举措，包括：中央财政对职业教育投入 100 亿元，实施国家技能型人才培养培训工程、国家农村劳动力转移培训工程、农村实用人才培训工程、以提高职业技能为重点的成人继续教育和再就业培训工程等"四大工程"；实施职业教育实训基地建设计划、县级职业教育中心专项建设计划、职业教育示范性院校建设计划、职业院校教师素质提高计划等"四大计划"，加强职业教育的基础能力建设。

在深化职业教育教学改革、加强职业教育内涵建设方面，《决定》提出"以就业为导向"，努力实现职业教育办学思想的转变，改革教学内容、教学方法、教学评价，强化实践和实训环节教学，推行工学结合、校企合作的培养模式，全面推进素质教育。

此外，《决定》还对职业教育体制改革与创新、推动校企合作、完善就业制度、增加经费投入、加强政府领导和社会支持等方面进行了总体定位。《决定》为新世纪我国职业教育的健康、快速发展制定了宏伟的蓝图。

（二）建设中国特色的职业教育体系

新中国成立以来，尤其是改革开放以来，我国职业教育从小到大、从弱到强，走过了一条十分艰难、曲折但又光辉灿烂的发展历程。今天，职业教育无论是从规模、层次还是对经济、社会发展产生的影响，都已达到一个新的高度，建设有中国特色的职业教育体系，是新世纪职业教育发展的必然选择。温家宝提出："中国正在举办着世界上规模最大的职业教育，必须走自己的路，要在实践中探索有中国特色的职业教育发展道路。"在现阶段，建设中国特色的职业教育体系正处于起步，道路还很漫长，需要我们一步一个脚印地走下去，持之以恒，锲而不舍。

1. 开辟职业教育的"中国道路"

我国的职业教育起步较晚，这与中国近代以来经济社会发展落后于西方发达国家是有很大关系的。因此,从清末的维新运动开始,国人一直努力地想通过借鉴甚至直接"移植"发达国家的模式找到一条发展经济、提振国力、改善民生的"捷径"。但历史告诉我国,一味地模仿或照搬不能实现超越,中国的发展必须走自己的路。今天的中国,尤其是在这场全球金融危机中鹤立鸡群的中国,已以其迅速崛起的经济为世界所瞩目,中国已不再弱小。中国经济社会发展的巨大成就是在建设中国特色社会主义的方针指引下实现的,是一条与众不同的"中国道路",因此,立足于中国自己的国情,建设具有中国特色的现代职业教育体系以更好地为中国社会主义现代化建设服务,势在必行。

我国在发展职业教育的过程中,有成绩也有不足,有经验也有教训,并且在长期的职业教育实践中也有意识地在职业教育理论方面开展了探索与研究,尤其是 20 世纪 90 年代以来这种研究已日趋理念化和体系化,为建设中国特色职业教育体系奠定了一定的基础。在现阶段,建设中国特色的职业教育体系需要处理好以下几个问题:职业技术教育层级的完整性;职业教育各层级之间的结构布局与相互衔接;职业院校处理职前教育和职后培训功能;学校职业教育与职业培训之间的关系等。

2. 完善"工学结合、半工半读"模式

2006 年 3 月 30 日,教育部出台《关于职业院校试行工学结合、半工半读的意见》,鼓励"推行工学结合、校企合作的培养模式,逐步建立和完善半工半读制度",并指出这是关系到建设有中国特色职业教育的一个带有方向性的关键问题。

早在 20 世纪 60 年代,"半工半读"的理念与实践就已经出现。1964 年,刘少奇倡导两种教育制度和两种劳动制度,就是我国实践"半工半读"理念的一种有效尝试。事实上,自 60 年代以来,我国职业院校在办学实践中有意无意地坚持和践行"校企合作、工学结合、半工半读"这种教育模式,虽然期间也有过曲折与反复,但这种信念始终未变。

"工学结合、半工半读"模式涉及三个层面的改革:

第一,在学校办学层面,要紧紧依靠行业企业办学,进一步加强校企合作。鼓励校企合作方式的创新,找准企业与学校的利益共同点,注重探索校企合作的可持续发展机制,建立学校和企业之间长期稳定的组织联系制度,同时在师资合作、专业合作、培训合作、技术合作等方面进行拓展。

第二,在人才培养模式方面,通过工学结合进一步深化职业教育教学改革。人才培养目标的制定、课程开发、教学模式以及教学评价方式都要以企业工作岗位的实践能力、专业技能、敬业精神和严谨求实作风以及综合职业素质为出发点。

第三，在职业教育形式方面，鼓励实施"半工半读"的形式。积极推进学生到企业等用人单位顶岗实习，努力形成以学校为主、企业和学校共同教育、管理和训练学生的人才培养途径。

2006年10月9日，教育部下发《关于在部分职业院校开展半工半读试点工作的通知》，对推行"工学结合、校企合作"培养模式试点工作的意义、内容、实施与管理提出明确意见和规定，同时公布了107所试点院校名单。在新世纪，"半工半读"模式构建的任务在于：探索新形势下"半工半读"的多种实施形式；探索建立适应"半工半读"的教学与管理制度；探索建立校企合作的长效机制。

3. 尝试职业教育集团化办学

职业教育集团化办学并非新世纪的新生产物，早在20世纪90年代就已经出现过比较成功的办学改革实践，但是其真正获得普遍认同和快速发展则是在步入新世纪以后的最近几年。职业教育集团化办学源自实践，是丰富的办学实践经验的结晶，同时又获得了政府的支持，因此，比较适合我国的国情，正日益显示出盎然的生命力。教育部部长周济在2009年度职业教育与成人教育工作会议上指出，要大力推进职业教育集团化办学，创新职业教育发展模式，走中国特色的职业教育发展道路。

职业教育集团化办学是指多个成员主体以专业和行业为纽带，遵循自愿结盟、资源共享、互惠互利、优势互补的原则，组建的产教联合体，职业教育集团的成员通常呈多元化结构，涉及职业院校、政府、企业、行业协会等机构。正因为多元化的结构特征，使得职业教育集团能充分体现产学结合、工学一体的功能优势。

据统计，全国已有25个省市组建了200多个职业教育集团，参与单位6000多个，成员学校达到2400多所，合作企业有3600家。目前还有更多的省市正在酝酿组建职业教育集团①。在尝试与探索职业教育集团化的过程中，全国各地逐渐形成了一些内涵各有特色、运行较为成熟的办学新模式，例如：以城带乡、三段培养的"海南模式"，行业为主、城乡联合的"河南模式"，以及校企合作、工学结合的"天津模式"等。

按照职业教育集团化办学的主体构成和运行特征不同，我国目前的职业教

---

① 邢晖：《职教集团的路怎样延伸》，《中国教育报》，2009－4－18。

育集团化办学可划分为行业型（或专业型）职业教育集团、区域型职业教育集团和复合型职业教育集团三种不同的集团类型。行业型职业教育集团的特点是行业主导，一般是以行业名牌学校为龙头，以开设同类专业的中等职业学校为主体，联合同类行业企业及科研单位组建的职业教育集团；区域型职业教育集团的特点是政府主导，一般由区域政府或教育行政部门牵头，依据区域规划和产业结构，整合区域内的职业教育资源，最大限度地降低成本，最大限度地获取职业教育集团的聚变效应，提高等职业教育的整体服务能力；复合型职业教育集团的突出特点是多元主体、多元协商，一般以名校、行业或政府为主导，以特色专业为纽带，联结区域、行业、企业、中高职学校等多元主体，探索多方共同发展、互利共赢的跨区域、跨行业、校企结合、城乡联姻、衔接的集团化办学模式。①

职业教育集团化办学在职业教育管理体制、运行机制方面是一种创新，在推进校企合作、城乡合作、资源共享、示范引领、服务区域等方面正在发挥重要的、不可替代的作用。

三、发展职业教育的重要举措

（一）政府财政加大对职业教育的投入

2004 年 4 月，教育部与财政部联合颁布《关于推进职业教育若干工作的意见》，决定采用中央财政资金引导的方式，对符合条件的各级各类职业院校实训基地进行扶持，推动各地职业教育实训基地建设，进一步促进职业教育改革不断深入。

根据《意见》的要求，从 2004 年开始，经过 5 年左右的努力，通过中央财政的引导性投入，在全国建设 500 个左右的国家实训基地、奖励性支持 1500 个左右国家实训基地，这些基地采用区域共享的形式，并且集教学、培训、职业技能鉴定和技术服务为一体，与此同时，培养 500 万名高质量的技能型紧缺人才，开展1000 万人次的技能型紧缺人才培训。

中央财政经费支持的实训基地有三种模式：一是根据国家 5 个经济带分布，与国家西部大开发、振兴东北老工业基地、中部崛起等发展战略相一致，在职业院校相对聚集的中心城市建立同类专业相对集中、设备档次较高、功能较齐全的区域综合性实训基地（"建设型大模式"），计划建立 15 个左右，经费采取逐年大额度投入的方式；二是在一所职业院校内一次性投资建设专业性实训基地

---

① 《我国职教集团化办学的模式及类型》，《中国教育报》，2009 年 4 月 18 日。

（"建设型小模式〈优秀〉"），允许周边职业院校共享，这类实训基地计划建立485个左右；三是对有一定基础、实训效果好，但未能进入重点支持范围的校内实训基地给予奖励性支持（"建设型小模式〈良好〉"），提高其实训设施建设和师资队伍建设的水平，使其发挥更大的作用，计划奖励支持1500个左右"建设型小模式〈良好〉"实训基地。此外，对基本达到《国家职业教育实训基地建设项目评审试行标准》要求，总分在及格等次的实训基地，国家给予挂牌认定。

2004年度中央财政共拨款1.1亿元，分两批支持了江苏、上海、浙江、湖北、江西、四川、辽宁、吉林和黑龙江等9个省市的50所职业院校建设实训基地。中央财政的投入，极大激发了省市政府和学校的积极性。据初步统计，在实训基地建设过程中，地方政府配套投入6625万元，各个建设单位自筹配套经费总计超过5000万元，一些企业也采取多种形式参加了实训基地建设，提升了实训基地的实训条件，基本达到预期效果。

（二）国家职业教育改革试验区建设

2005年8月，天津市市长戴相龙、教育部部长周济分别代表天津市人民政府和教育部在天津签订协议，决定在天津市共建"国家职业教育改革试验区"。2006年3月29日，教育部和天津市人民政府联合制定的《国家职业教育改革试验区建设实施方案》正式公布。试验区试验期限为5年，即从2005年8月开始至2010年8月结束。国家职业教育改革试验区以"坚持改革创新，突破发展瓶颈，创造新鲜经验，提升服务能力"为宗旨，意在充分发挥试验区的"先行先试"功能，为全国职业教育的改革与发展提供可资借鉴的经验。

根据《实施方案》，试验区建设主要包括以下内容：第一，加强基础能力建设，即：加强基础设施建设，强化技能型和实用型人才培养，深化教育教学改革，改革技能型人才培养模式。第二，推进体制改革和创新，即：进一步深化职业教育管理体制改革，深化职业教育办学体制改革，深化职业院校内部人事分配制度改革，深化教学管理和学籍管理制度的改革，积极尝试职业教育投资体制上的创新，尝试"双师型"教师队伍建设上的创新，尝试生产性实训基地建设上的创新，尝试职业资格认证机制上的创新。第三，扩大职业教育对外开放，即：扩大职业教育的国际合作与交流，扩大利用国外职业教育资源，扩大职业技能竞赛的号召力，扩大职业院校毕业生的劳务输出。第四，推进就业准入制度和职工培训制度的改革，即：推行劳动预备制度、严格执行就业准入制度，坚持学历教育与职业培训并重。第五，探索支持中西部地区职业教育发展的有效途径，即：坚持扩大招生与推荐就业紧密结合，坚持硬件支援与软件支持紧密结合，坚持助学扶困与奖励优秀紧密结合。第六,加强保障机制建设,即:切实加强对国家职业教育改革试验区的领导,切实加强职业教育基础建设,切实加强职业教育的政策支持,切实加强职业教育的法制建设,切实加强职业教育的理论研究。

天津职业教育改革试验区将重点实施十大建设工程:示范性职业学校建设工程、职业教育实训基地建设工程、技能型紧缺人才培养培训工程、农村实用人才培训工程、社区教育工程、职工素质提高工程、职业教育特色专业建设工程、职业院校师资队伍建设工程、职业指导与创业中心建设工程、校园文化建设工程。

在 2008 年举行的国家职业教育改革试验区工作领导小组第二次会议上,教育部部长周济充分肯定改革试验区在探索建立就业准入制度、开展技能大赛、推行工学结合、实施终身教育等方面的成功做法与经验,认为值得全国各地借鉴和推广。在天津职业教育改革试验区的带动下,其他一些省份也受到启发,与教育部积极沟通,商定建立新的国家职业教育改革试验区。

(三)重庆永川职业教育城建设

重庆市永川区利用其独特的区位优势和充裕的职业教育资源,在全国率先启动职业教育城的建设,为重庆市乃至整个西部地区经济建设提供大量的技术人才。经过各级政府以及相关职业院校的积极努力,永川职业教育城现有 26 所各级各类职业院校,在校生达 7 万多,此外,在职业教育城还设立了各类职业培训机构 20 个,年培训量可达 1.5 万人次。

永川职业教育城的建设突出了"城市以职业教育为特色,职业教育以城市建设为依托,校区建设与城市建设融为一体"的理念,在建设与管理过程中力图体现城市为职业提供建设发展平台、资源共享平台、优质服务平台、文化交流平台,职业教育为城市提供人才智力支持、社区发展途径、文化繁荣空间、群体消费市场。

根据重庆的汽车摩托车产业、装备制造业、资源加工业和高新技术产业等主导产业的需要以及永川区规划重点发展的机械制造业、能源化工业、轻纺食品业、冶金建材业等产业的需要,永川职业教育城在建设中统筹设置专业,开设了数控技术、食品生物应用技术、农用化工技术、旅游服务、纺织技术、建筑装饰等 10 余个区域主导产业相关的专业,着力培养急需的技能型人才。永川职业教育城还利用自身的优势,为毕业生提供自办产业贷款基金,积极支持职业院校的毕业生自主创业;根据企业需要,实行订单培养;以"职业教育基地就是人才输送基地"为建设目标,努力改善投资环境,吸引外商到永川投资。近 5 年来,永川共为社会培养了 5 万多名技能型人才,其中相当一部分人留在重庆和永川,为永川实施"工业强区"战略提供了强大的人才支撑。

第二节　新世纪中等职业教育的内涵建设

经历了世纪之交的下滑与调整之后,新世纪中等职业教育的发展在努力扩大招生规模的同时,更加关注职业学校自身的内涵建设,更加重视职业教育质量的提升。走内涵建设的道路,是新世纪我国中等职业教育发展新的价值选择,也是我国职业教育改革与发展的重大战略措施。

一、中等职业教育发展的指导思想

2005 年 2 月 28 日,教育部出台了《关于加快发展中等职业教育的意见》,提出以科学发展观为指导,切实改变"一条腿长、一条腿短"的现象,努力推动中等职业教育快速、健康、可持续发展。

《意见》进一步明确了加快中等职业教育发展的目标,按照高中阶段教育职普与普通教育比例大体相当的要求,分解并落实中等职业学校扩大招生规模的分年度任务目标:要采取强有力的措施,加快中等职业教育发展,力争 2005 年中等职业学校招生人数在 2004 年的基础上增加 100 万,达到 650 万,并且经过两年的努力,到 2007 年全国范围内中等职业教育和普通高中教育规模大体相当,实现中等职业教育快速、健康、持续发展。

在发展的重点是,主要体现在如下 5 个方面:

第一,进一步提高中等职业教育培养能力。要稳定现有中等职业教育资源,改善办学条件,增强培养能力,扩大办学规模;采取联合、连锁、集团化等办学模式,提高和增强中等职业学校的办学能力;在工业化、城镇化进程较快和农村劳动力转移培训任务较重、中等职业教育资源短缺的地区,扩建、改建、新建一批中等职业学校;利用普通中学举办中等职业教育班;独立设置的高等职业院校可继续举办中等职业教育;积极发展远程中等职业教育。

第二,进一步深化中等职业学校教育教学改革。要确立以服务为宗旨、以就业为导向的办学指导思想,调整专业结构;要改革中等职业学校教学管理制度,积极推进中等职业学校产教结合、校企合作,实行"订单"培养;要加强职业指导和就业服务工作,促进中等职业学校毕业生就业。

第三,进一步创新中等职业教育联合办学模式。要积极推进东部对西部、城市对农村中等职业学校联合招生、合作办学,充分利用东部地区和城市的优质职业教育资源,面向西部地区和农村跨地区联合招生、合作办学,实行"2＋1"、"1＋

2”、"1＋1＋1"等多种办学模式和机制。

第四，进一步探索多种办学模式。要大力发展民办中等职业教育，积极探索国有民办、民办公助、公办转制、股份制和中外合作等多种办学模式；充分依靠行业和企业发展中等职业教育，鼓励支持企业单独举办职业学校；积极推进职业教育领域的中外合作办学，扩大职业教育领域的国际交流与合作。

第五，多渠道增加对中等职业教育的经费投入。要逐步建立政府、受教育者、用人单位和社会共同分担、多种所有制并存和多渠道增加职业教育经费投入的新职业教育经费筹措机制；各地要建立健全中等职业学校学生助学制度；鼓励行业企业、社会团体和公民个人捐资助学；积极探索吸收国（境）外资金和民间资本发展职业教育与培训的途径和机制。

二、中等职业教育发展背景：规模扩张

自 1999 年起，全国中等职业学校招生数连续三年出现下滑，2001 年招生数仅有 390 多万人，这一情况引起国家决策层的高度关注。2002 年，国务院召开全国职业教育工作会议，决定大力发展职业教育。职业教育自此开始强劲发展，招生规模迅速回升。2005 年，教育部部长周济在年度职成教工作会议上强调"落实中等职业教育扩招 100 万人的任务"，拉开了全国中等职业教育连续扩招的序幕。经过 2006 年中等职业教育继续扩招 100 万人，2007 年扩招 50 万人的努力之后，全国中等职业教育的规模基本实现与普通高中招生规模一比一这一战略发展目标。2008 年，教育部召开年度职业教育与成人教育工作会议暨中等职业学校招生工作会议，会议进一步提出，要在连续 3 年扩招的基础上，努力完成中等职业学校年度招生 820 万人的任务。

（一）中等职业教育规模扩大的动因

教育部力主扩大中等职业教育招生规模主要基于以下三个方面的考虑：首先，随着我国经济的快速发展以及产业能级的提升，企业对高素质技能型人才的需求越来越大，中等职业教育肩负着为中国现代制造业和现代服务业提供数以亿计的高素质劳动者的重任，必须通过教育规模的扩大来满足经济社会快速发展对人才资本的巨大需求；其次，随着社会的进步以及物质生活水平的提高，广大人民群众接受更高层次教育的愿望与需求与日俱增，我国在普及了九年义务教育以后旋即直面普及高中段教育这一新的历史使命，从优化高中段教育结构这一内在需要来看，中等职业教育的规模必须相应扩大以保持与普通高中教育的平衡与协调；第三，由于多种原因，我国区域经济济社会发展水平差距较大，尤其是东部地区和中西部地区之间这种差距更为明显,在国家实施西部开发战略以后,欠发达地区发展经济的人力资源贮备匮乏这一矛盾就显得格外突出,但同样受经济发展水平制约,仅仅依靠欠发达地区自身的努力是远远不够的,因此,欠发达地区亟须的巨大的技术工人需要发达地区的职业学校来承担,所以,必须大大地扩充发达地区中等职业教育的规模,以解决中西部地区经济发展的人力资源瓶颈问题。

（二）中等职业教育扩充规模的措施

为了落实扩大中等职业教育招生规模工作,教育部和各级教育行政部门都采取了积极的措施:①

教育部通过各种途径明确中等职业学校扩招工作的着力点要放在农村和中西部地区职业教育的发展上;强调中等职业学校坚持以服务为宗旨、以就业为导向的职业教育办学方针,着力培养学生的实践能力和就业能力,全面提高等职业教育质量;实施职业教育基础能力建设计划,切实改善中等职业学校办学条件;建立健全职业教育学生资助政策体系,吸引更多优秀的青少年学生报考职业院校;提倡加强对中等职业学校学生的职业指导和就业服务工作,提高毕业生的就业率,通过"出口畅,进口旺",吸引更多学生报考;严格执行国务院《决定》中提出在 2010 年前,原则上中等职业学校不升格为高等职业院校,或并入高等学校的政策规定,鼓励学校办出水平和特色,稳定职业教育资源,为扩大中等职业学校招生提供了重要保证。

在中央作出大力发展中等职业教育之后,全国各级地方政府从当地实际出发,采取强有力措施,完成中等职业学校扩大招生任务。各地组织各种新闻媒体,采取多种形式,切实加强招生宣传工作;各省(区、市)每年召开会议,把中等职业学校招生工作作为年度教育工作的重要任务,强化政府责任,列入目标管理,实行目标责任制;各省(区、市)都建立了高中阶段教育招生工作统筹领导小组,按照普通教育与职业教育教育招生比例大体相当的要求,在结合当地经济社会发展实际的前提下,统一确定高中阶段各类学校招生规模,加强招生工作统筹协调;充分发挥东部地区、中心城市优质职业教育资源及就业优势,开展东部对西部、城市对农村中等职业学校联合招生合作办学工作。

尽管对于"高中阶段教育职普比例大体相当"的指令性要求存在着不同的认识,也有一些争议,但是在政府的强力推动下,全国中等职业教育招生规模逐年扩大。中等职业教育规模扩大之后,接踵而来的一个问题便是规模与质量之间

---

① 黄尧:《中职扩招 优化教育结构》,《中国教育新闻网》,2008－12－16。

的矛盾,如何提升中等职业教育质量就成为中等职业教育决策者必须正视的深层次发展问题。如果无法提供高质量的教育服务,扩大招生规模势必成为中等职业教育持续健康发展的隐忧。故而,"内涵建设"、"提升质量"等成了新世纪中等职业教育发展新的关键词。

三、中等职业教育基础能力建设

(一) 调整认定国家级重点中等职业学校

为了进一步推进中等职业学校布局结构调整,加强骨干示范性中等职业学校建设,教育部从 2003 年开始着手部署国家级重点中等职业学校的调整和新一轮国家级重点中等职业学校的认定工作,并于 2004 年 3 月批准并公布了新调整认定的首批 1076 所国家级重点中等职业学校名单。此后,教育部每年都定期公布新调整认定的国家级重点中等职业学校名单。截至 2007 年,教育部共计批准了 1860 所国家级重点中等职业学校(见表 6.1)。

表 6.1 调整认定的国家级重点中等职业学校年度统计

年 份	2004 年		2005 年	2006 年	2007 年
	第一批	第二批			
调整认定的国家级重点中等职业学校数	1076	428	129	112	115

此次国家级重点中等职业学校调整认定工作,是对始于 1999 年的国家级重点中等职业学校调整和评估工作的延续。2004 年的调整认定工作是对已认定的国家级重点中等职业学校的再次认定。从 2005 年开始,国家级重点中等职业学校调整认定工作逐步常规化:省级教育行政部门承担区域内国家级重点中等职业学校的申报评审和调整评估工作;各省的教育行政部门每年 10 月份组织对本区域内新申报的国家级重点中等职业学校进行评审并向教育部推荐,对已认定的国家级重点中等职业学校中办学层次发生变化和办学水平下滑、不再具备国家级重点中等职业学校条件的学校提出调整建议并上报教育部;教育部每年公布一次调整认定情况。

(二) 夯实职业教育的基础能力

由于历史以及认识上的原因,职业学校基础设施相对较为薄弱,这成了职业教育健康发展一个很大的制约因素。中等职业教育提出了"扩大规模、提升质量"的发展战略,首先面临着学校硬件条件相对落后的挑战,因此,推进职业教育基础能力建设迫在眉睫。这一时期，国家采取通过中央财政的大力投入，引导地方政府重视基础能力建设问题，加大对中等职业教育基础能力建设的经费投入，努力提升职业学校的基础设施水平。

2004 年 9 月，国家发展和改革委员会、教育部、劳动保障部联合印发《关于组织制定推进职业教育发展专项建设计划的指导意见》，提出在 2004—2007 年期间，中央将安排 20 亿元专项资金实施"推进职业教育发展专项建设计划"，集中加强 1000 所左右县级骨干中等职业学校（职业教育中心）建设。

在此基础上，2006 年 6 月 19 日，国家发展和改革委员会、教育部、劳动和社会保障部又联合下发《关于编制中等职业教育基础能力建设规划的通知》，要求各地在编制本地职业教育发展规划的基础上，结合已经制定的《推进职业教育发展专项建设计划（2004—2007 年）》，统筹制定中等职业教育基础能力建设规划。中等职业教育基础能力建设规划由中央和地方政府共同投入并组织实施。中央专项资金投入总额为 60 亿元，除 2005 年已安排 10 亿元外，2006—2010 年每年各安排 10 亿元，重点支持建设 1000 所左右县级职业教育中心（或县级职业学校）和 1000 所左右示范性中等职业学校的基础设施。

中等职业教育基础能力建设规划贯彻了 4 大建设原则：坚持地方投入为主，中央资金适当补助；坚持面向农村，重点支持主要招收农村学生的中等职业学校；坚持向中西部倾斜，对东部经济发展相对滞后地区的职业学校和面向西部开展联合招生合作办学的学校，给予一定支持；坚持推进改革，对以就业为导向、创新人才培养模式、专业设置对路、推行"订单式"培养、推行工学结合、实行半工半读、体制机制改革有所突破和就业率较高的学校，给予优先支持。这四大原则集中体现了这一时期国家发展中等职业教育的思路及其战略重点。

中等职业教育基础能力建设的重点包括：为扩大中等职业教育培养规模，重点安排教学楼、实验楼（实习车间）等基础设施建设；为提高学生的实践能力和技能水平，重点安排实验实训设备的配置和更新；为推动资源整合与共享、提高设备使用率，重点安排校际之间开放共用的实验实训设施建设。

中等职业教育基础能力建设这一项目的顺利实施，为切实改善中等职业学校的硬件环境发挥了十分积极的作用，从而为提高中等职业教育的质量、促进中等职业学校内涵的发展提供了基础性的保障。

四、中等职业教育课程改革

教学工作是学校的中心环节，课程则是教学工作赖以有序进行的主要载体，提高教育质量、促进内涵发展的关键是课程改革。从新世纪开始,职业教育领域的课程改革尤其是专业课程改革受到了前所未有的重视,几乎在职业教育发展的每一个阶段,政府都会出台相应的深化教育教学改革的文件,引导职业教育课程教学改革的方向。2008 年 12 月,教育部出台《关于进一步深化中等职业教育教学改革的若干意见》,对新世纪中等职业教育的教学改革进行总结和引导,努力提高中等职业教育教学质量和办学效益,推动职业教育又好又快地发展。

(一)课程改革理念的演进

在某种程度上,我国中等职业教育在发展过程中都或多或少地涉及课程改革这一问题,尤其是 20 世纪 90 年代以来,职业教育课程改革呈现出如火如荼的全新局面。与 90 年代相比,进入新世纪以来的职业教育课程改革在传承的基础上又表现出一些新的特点:从改革动因来看,90 年代的改革主要由政府主导而且采取了自上而下的推进方式,而新世纪课程改革动力主要来自职业教育发展的内在需求,课程改革被看做是学校实现内涵发展的必由之路,因而更强调对课程理论、课程开发技术的深入研究与探索,在推进方式上是自下而上的;从课程改革的指导理论来看,20 世纪 90 年代课程改革的指导理论主要是"舶来品",是借鉴、移植国外并且主要是发达国家的课程理论与教育模式,而指导新世纪课程改革的理论多半强调立足本土,从中国职业教育课程改革实践出发,有选择地吸取经过实践证明是有效的国外先进职业教育理论的某些基本元素,形成适合中国国情、体现中国特色的职业教育课程话语体系,因而在一定意义上具有本土化和原创性的色彩。

截至目前,我国中等职业教育课程改革领域主要有三种课程理念对实践影响深远:

理念之一:以职业能力培养为核心开发课程。持有此种理念的学者认为,职业教育具有职业定向性,职业教育的首要目标在于使学生获得职业、适应职业要求,由此实现发展。因此,职业教育课程必须为学生未来的谋职提供某一工作岗位或岗位群所要求的知识、技能、情感态度等。此种课程开发理念在一定程度上综合了 CBE 课程、模块式课程等经典职业教育课程理论,以培养学生的职业能力作为课程的基本价值取向。课程内容的选择依据,是经过专门的岗位分析获得的职业能力标准,并主张将职业技能鉴定内容渗透到课程标准、教学计划和教学环节中;强调以模块化作为课程实施的主要组织形式,主动适应岗位能力标准的变化,并根据实际的需要灵活地组合课程内容;以学生职业能力的获得及所体现的水准作为课程评价主要内容,评价标准基本上就是岗位职业能力标准。

理念之二：按工作过程的逻辑构筑专业课程体系。在课程开发技术方面，这种课程理念与经典的职业教育课程开发模式一脉相承，即聚集学生职业能力的培养，以工作岗位的适应性为核心。但是，这种理念的又突破了经典课程理论，即以工作过程为基本依据构建专业课程体系，用工作过程的逻辑替代专业学科的逻辑，从而打破了传统的以学科为中心课程设计思路，实现职业教育课程模式的革命性变革。

理念之三：基于多元整合进行课程开发。持有此种课程改革取向的专家认为，每一种课程的功能是不同的，其特点和优势也是不同的，不可能用一种统一的模式来规定所有的课程内容，每一种课程都有其适用的场合和条件要求，因而要根据特定的课程目标来选择最有利最合适的课程模式，将相关内容整合为一个有机整体。

（二）专业课程的区域改革实践

1. 上海市中等职业教育"任务引领型"课程改革实践

从 20 世纪 90 年代中期开始，上海市就以课程改革为突破口来推动职业教育教学领域的变革，据此推出"上海市中等职业技术教育课程改革与教材建设"，又称"10181 工程"。这一课程改革项目因其理念新、力度大而一度成为中等职业教育课程改革的一个样板，在全国产生了较大的影响。2004 年 9 月，上海市教育委员会在"10181 工程"实施的基础上，又出台《上海市中等职业技术教育深化课程教材改革行动计划（2004－2007）》，启动了新一轮以"任务引领型"为特征的中等职业教育课程改革。

新一轮上海市中等职业学校课程改革依据"统一规划，招标落实；严格准入，分类管理；依托行业，鼓励校本；多方集资，奖励为主"的原则，由政府负责制定和颁布标准，建立教材准入制度，充分发挥市场在资源配置上的优势，充分发挥社会、行业和企业的积极性，推动学校不断完善与行业、企业共同实施课程改革与教材建设的工作机制，积极鼓励开发校本教材。

上海市推出的"任务引领型"课程主张切实改变长期以来职业教育专业课程存在着的理论脱离实践倾向，围绕着"工作任务"这一中心，实现理论与实践的有机整合。新一轮课程改革的理念是：以职业生涯发展为方向明确培养目标；以工作任务为依据确定课程设置；以职业能力为基础选择课程内容；以典型产品（服务）为载体组织教学活动；以职业技能鉴定为参照强化技能训练。

"任务引领型"课程改革主张根据工作岗位的实际情况，选取或设计工作任务，按照工作任务的相关性设置相应课程，并以"工作任务"为中心选择和组织相关内容。"任务引领型"课程具备任务引领、产品(服务)驱动、目标具体、内容实用、做学一体的特征。在实施过程中,上海市教育委员会专门编制了《上海市中等职业教育专业教学标准开发指导手册》,对专业教学标准的开发思路、开发技术、开发的文本体例作出明确规定,以此指导课程改革实践。

在项目实施的 4 年中,上海市有关部门主要完成以下 6 项课程改革工作:第一,优化德育课程和文化基础课程,制定语文等 6 门学科课程标准,编写相关示范性教材,积极实施分层教学;第二,优化专业教学,开发"汽车运行与维修"等 50 个专业的教学标准,以课程教材改革为突破口,实现学历证书与职业资格证书的"双证"融通,构建"任务引领型"的课程体系;第三,加强课程与信息技术的整合,开发了 20 门网络课程;第四,实现优质教育资源共享,重视学校主体地位,创建了 10 所"上海市中等职业教育课程教材改革示范性实验学校";第五,实施"一纲多本",构建根据课程标准开发多种教材的新机制;第六,结合实际开展课程教材改革的应用和理论研究,为课程教材改革提供强有力的理论支撑。

2. 浙江省中等职业教育"核心技能本位"的课程改革实践

进入新世纪后,浙江省各地和许多学校相继开展了中等职业教育课程改革的探索。2006 年,浙江省有关部门根据浙江省政府实施的职业教育"六项行动计划"中的相关要求,启动了中等职业教育 4 个专业(数控、服装、汽修和旅游)的课程改革试点,在深入行业、企业进行广泛调查研究的基础上,逐一确定了 4 个专业毕业生必须掌握的"核心技能",在此基础上重新设计这 4 个专业的"核心课程"以及培养"核心技能"所需的各专业中的"教学项目",从而形成了理念先进、特色鲜明、较好地体现中等职业教育规律的浙江省职业教育课程改革模式——"核心技能本位"的课程改革模式。2008 年,浙江省教育厅正式印发《浙江省教育厅关于印发全面推进中等职业教育课程改革指导意见的通知》,全面启动新世纪中等职业教育课程改革实践,力争用 5 年左右的时间将按照"核心技能本位"的专业课程改革模式改造全省现有的大部分专业的专业课程。

浙江省中等职业教育"核心技能本位"的课程改革,以核心技能培养为专业课程改革主旨,以核心课程开发为专业教材建设主体,以教学项目设计为专业课程改革重点。这项改革的重点,是深入行业和企业的一线,通过对技术人员、管理人才、企业员工以及中等职业学校专业骨干教师的系统调查,筛选并确定专业的核心技能,在此基础上打破传统的以学科为中心的课程体系及学科边界,从培养学生"核心技能"的需要出发,重新设置专业的"核心课程"。与此同时,借鉴了国外"项目教学法"的做法,系统设计有助于培养学生专业"核心技能"的供教师教学所用的"教学项目"，最终形成浙江省"公共课程＋核心课程＋教学项目"为特征的中等职业教育专业课程新结构。

"核心技能本位"的中等职业教育专业课程的开发围绕着"行业领域——工作岗位领域——课程领域"这样一个基本程序，其主要流程是：行业、企业调研，完成人才需求报告、培养目标定位——典型工作过程分析，完成职业岗位群能力核心技能分析——工作任务分析，完成职业能力标准分析和教学项目的体系构建——课程结构分析，确定核心技能课程和教学项目——教学指导新方案编制，完成课程标准、教学项目总体设计——教材编写。

浙江省按照"多元推动、分步推进、自主选择"的策略推进全省范围的中等职业教育专业课程改革。多元推动，即实行多成分开发课程，鼓励职业院校、行业企业、社会教育机构和教科研机构积极参与职业教育课程开发，实行课程教材开发方式多样化，包括选用省外、境外的优秀课程和教材。分步推进，即是成熟一门推行一门，争取用 5 年时间初步完成中等职业教育课程改革任务。自主选择，即允许学校根据自己的办学定位和特色自主选择课程方案和教材。浙江省计划先用两年时间完成 10～15 个主干专业课程改革，再用 3 年时间完成 15 个左右专业课程改革，从而使全省大部分专业能按照"核心技能本位"的课程模式进行改革，形成浙江省的专业课程体系。目前，除了前期数控、服装、汽修和旅游等 4 个专业外，又启动或将即启动物流、网络维护与管理、动漫、应用电子技术、国际贸易、中式烹饪、工业与民用建筑、电子商务、环境工程等专业进行课程改革。2009 年秋季，数控、服装、汽修和旅游等 4 个专业"核心技能本位"的专业课程新教材全面进入课堂教学。

五、中等职业教育贫困生助学制度

根据教育部发布的信息，中等职业学校的学生绝大多数来自农村和城市中低收入家庭，其中贫困家庭学生约占 30％。中等职业教育大扩招后，扩招的重点仍然是中西部地区和农村地区的学生，这些地区经济发展水平不高，家庭的教育购买力不足。在这样的背景下，建立中等职业学校贫困学生助学制度呼声越来越高。

（一）中等职业教育贫困家庭学生资助体系的建立

2005 年，《国务院关于大力发展职业教育的决定》和全国职业教育工作会议明确提出要建立职业教育贫困家庭学生助学制度。"十一五"期间，中央财政至少安排 40 亿元专门用于资助贫困家庭学生接受中等职业教育。

2006 年 7 月，财政部、教育部同时出台《关于完善"资助贫困家庭万名初中毕业生接受中等职业教育行动计划"的若干意见》和《中等职业教育国家助学金管理暂行办法》两个重要文件，构建了我国中等职业教育贫困家庭学生助学制度的基本政策框架。其中，前者是对中等职业教育贫困家庭学生资助体系进行总体设计；后者是专门针对贫困家庭学生资助体系的一种重要措施——国家助学金，明确规定了中央专项经费的资助对象和标准、申报条件、工作程序等。

中等职业教育贫困家庭学生资助体系的主要形式包括：第一，建立贫困家庭学生助学金制度，安排专项资金，对中等职业学校贫困家庭学生就学提供补助。第二，建立奖学金制度，支持品学兼优的学生。在中等职业学校设立政府奖学金、专业奖学金和定向奖学金，资金来源为各级地方政府和有关行业企业。第三，建立以学生参加生产实习为核心的助学制度，逐步建立和完善半工半读制度，学生通过半工半读、顶岗实习等途径获取一定的报酬，用于支付学习和生活开支。第四，建立学费减免制度，针对特殊的困难学生群体实行学费减免，各中等职业学校每年都要安排不低于事业收入 5% 的资金，专项用于贫困家庭学生的学费减免。第五，建立助学贷款或延期支付学费制度，要鼓励和引导金融机构为接受中等职业教育的贫困家庭学生提供小额助学贷款，可由地方政府予以贴息。第六，建立社会资助制度，激励企事业单位、社会团体和公民个人通过政府部门或非营利组织为资助中等职业学校学生提供捐赠。

2006 年 8 月，中央财政共计 8 亿元专项经费陆续下拨各地，同时，中国教育发展基金会、香港华夏基金会等一些社会团体通过包括经费捐助积极投入到中等职业学校贫困家庭学生资助工作中。这一年，通过中央财政投入、地方政府投入、社会赞助以及学校支持和学生勤工俭学等各种资助形式，使来自贫困家庭的大多数学生都得到了不同程度或方式的资助，圆了他们的求学梦。

（二）贫困家庭学生助学制度成功实践：湖北模式

中央政策制定以后，全国各地雷厉风行，积极开展"资助贫困家庭万名初中毕业生接受中等职业教育行动计划"，其中尤其是湖北省的经验产生了广泛的影响。2005 年，湖北省开始实施"资助贫困家庭万名初中毕业生接受中等职业教育行动计划"，旨在切实帮助家庭经济困难的初中毕业生顺利进入中等职业学校学习，并最终实现高质量就业，从而达到"上学一人，就业一人，脱贫一家"的目标。近几年，湖北省通过各种途径筹集资金近亿元，使 10 万名职业学校贫困家庭学生得到资助。

在实施"资助贫困家庭万名初中毕业生接受中等职业教育行动计划"过程

中，湖北省结合当地实际，探索出多种职业教育扶贫助学模式：

（1）政府直接资助。2005 年，省财政调剂 1100 万元实施该项行动计划，其中 9000 名贫困生每人每学年补贴 1000 元，1000 名特困生每人每学年补贴 2000 元。各地也纷纷开展了相关的贫困生资助行动计划。

（2）订单培养、企业资助。职业学校与用人单位签订毕业生安置合同，按照企业需求进行定向培养，企业则承担学生的部分学费，并实行"先上学、后缴费"，允许学生用实习补贴或工作后的收入补交学费。同时，鼓励学校通过组织工学结合、半工半读等方式减轻贫困家庭子女的经济负担。

（3）贷款上学，就业还贷。学生与银行签订合同，申请助学贷款，政府负责担保和贴息，学生就业后逐步还清贷款。2004 年，省政府启动湖北外派海员培训计划，近 500 名来自贫困山区的初中毕业生通过贷款上学、就业还贷模式接受外派海员培训。此外，全省职业院校普遍建立了学费减免、奖学金、助学金等制度。

在实施"资助贫困家庭万名初中毕业生接受中等职业教育行动计划"的同时，湖北省还在全省推广宜昌青华职业技术学校"贷款培训、推荐就业、就业还贷"的资助贫困生模式，即：贫困学生免交学费，由学校和市扶贫办各承担所需学费的 50％，同时学生向银行申请由政府贴息的贷款作生活费，贷款由市财政出面担保。学生毕业后统一由指定的人力资源公司安排到经济发达地区集体就业，毕业生工作（实习）期间劳动所得由人力资源公司统一领取，部分用以还贷，部分寄回学员家中，部分用于学员生活。该项目模式已在全省职业院校推广，仅 2005 年按这一模式招收的新生就逾 3000 人。

湖北省有关部门从 5 项制度建设入手，努力构建职业教育扶贫助学的长效机制：

（1）政府负责制度。2004 年，省政府成立了由常务副省长任组长，财政、教育、民政、金融等部门参加的资助贫困生工作领导小组，统筹负责全省资助贫困生的政策制定和经费落实。各地按照"政府主导、部门联合、社会参与、教育负责组织实施"的工作原则，也成立了相应的领导小组和工作机构。

（2）资格认定制。凡持有《湖北省农村义务教育阶段贫困家庭学生资助证》《城市居民最低生活保障资金领取证》，家在农村地区并在农村初中毕业的绝对贫困或低收入家庭子女，接受特殊教育的初中毕业生，三峡库区贫困移民子女，孤儿、残疾家庭子女，进入职业院校都可享受贫困生资助。并且，对申报参与资助计划的学校也作出了明确的规定，即：这些学校必须是职业教育特色鲜明的中等职业学校(含普通中专、成人中专、职业高中、职业教育中心);2004年毕业生就业率在90%以上;专业设置符合经济与社会发展需求和劳动力市场需求;有能力确保纳入计划的贫困生高质量就业;在农村劳动力转移培训、城市下岗职工培训等方面成绩突出。

(3)公开承诺制度。参加资助计划的学校和政府部门向学生作出四条承诺:凡符合条件的贫困学生一律免费入学;特别困难的学生,资助其生活费用;确保受资助学生按志愿选择相关专业学习;确保受资助学生100%高质量就业。

(4)检查督办制度。每年年底,省政府对各地资助贫困生工作进行检查考核,对落实好的市(州)、学校予以表彰,对落实不到位的进行通报批评,并将检查考核情况与当年省级转移支付、职业教育资金、项目以及学校评先进挂钩。

(5)跟踪管理制度。为每一位受资助学生建立档案,实行三年跟踪服务,关心学生顺利入学,关心学生健康成长,关心学生高质量就业。各学校也从实际出发,认真做好贫困生思想工作,及时帮他们解决学习、生活困难。①

六、中等职业学校教师队伍建设

"十五"期间,我国职业教育师资队伍建设取得了明显成绩,职业教育师资培养培训体系建设取得重大突破,教师队伍的整体素质和结构逐步优化。新世纪,中等职业学校教师队伍建设的重点放在提升教师队伍整体素质尤其是实践教学能力上。这一时期,有两个重要的师资队伍建设项目出台:"中等职业学校教师素质提高计划"和"中等职业学校教师到企业实践制度"。

(一)中等职业学校教师素质提高计划

2006年,教育部、财政部联合下发《关于实施中等职业学校教师素质提高计划的意见》,明确"十一五"期间我国中等职业学校教师素质提高的指导方针:提高中等职业学校教师队伍整体素质特别是实践教学能力,完善职业教育师资培养培训体系,创新中等职业学校用人机制,加大财政支持引导力度。"中等职业学校教师素质提高计划"共包括4个方面的措施:

第一,实施专业骨干教师国家级培训。"十一五"期间,中央财政安排专项资金,重点支持3万名中等职业学校专业骨干教师参加国家级培训。参加培训的教师先在国家公布的培训机构进行为期1个月的专业理论和教育教法培训,然

---

① 《湖北十万职校贫困生受资助》,《中国教育报》,2006年2月11日。

后到对口企业进行为期 1 个月的企业实践活动,通过现场观摩、上岗操作等方式,熟悉相关专业领域的新知识、新技能、新工艺、新方法。2007—2010 年,教育部、财政部每年从经过国家级培训的教师中选拔 250 名成绩优异者赴国(境)外深造 1～2 个月,重点学习国(境)外先进的职业教育教学理念和专业教学法,培养一批高水平的职业教育教学专家。

第二,推进专业骨干教师省级培训。通过"基地培训"、"企业实践"或"基地培训＋企业实践"等灵活多样的方式,培训 12 万名中等职业学校专业骨干教师。专业骨干教师省级培训经费由地方财政、学校和教师个人分担。

第三,开发重点专业师资培养培训方案、课程和教材。中央财政安排专项资金,支持全国重点建设职业教育师资培养培训基地和全国职业教育师资专业技能培训示范单位等有关机构开发 80 个重点专业、紧缺专业的师资培养培训方案、课程和教材,完善教师培养培训项目体系,满足新师资培养、教师继续教育和校长培训等不同层次和类型的培养培训需求。

第四,启动中等职业学校紧缺专业特聘兼职师资助计划。"十一五"期间,中央财政安排专项资金,支持一批发展势头良好、社会声誉较高、专业师资紧缺的中等职业学校从社会上聘请在职或退休的专业技术人员、高技能人才兼职任教,以补充学校专业课和实习指导教师的不足。

(二)中等职业学校教师到企业实践制度

2006 年 9 月 28 日,教育部下发《关于建立中等职业学校教师到企业实践制度的意见》,推进加快建设一支适应职业教育以就业为导向、强化技能性和实践性教学要求的教师队伍。

《意见》规定中等职业学校的专业课教师、实习指导教师每两年必须有两个月以上时间到企业或生产服务一线实践。职业学校文化课教师和相关管理人员也应定期到企业进行考察、开展调研,了解企业的生产情况及其对职业教育的需求,不断改进职业学校的教育教学和管理工作。这项工作既可由各级地方教育行政部门制订工作方案,统一确定对口企业、统一组织实施,也可由学校与企业签订合作协议自主组织实施,并报当地教育行政部门备案。

专业教师到企业实践,可根据培训需求和客观条件,采取到企业生产现场考察观摩、接受企业组织的技能培训、在企业的生产或培训岗位上操作演练、参与企业的产品开发和技术改造等灵活多样的形式进行。专业教师到企业实践的主要内容包括:第一,了解产业发展趋势、企业生产组织方式和工艺流程等基本情况;第二,熟悉企业相关岗位(工种)的职责、操作规范、用人标准及管理制度等具体内容;第三,学习所教专业在生产实践中需要吸收的新知识、新技能、新工艺、新方法。专业教师结合企业的生产实际和用人标准,不断完善教学方案,改进教学方法,积极开发校本教材,切实加强职业学校实践教学环节,提高技能型人才培养质量。

为保证教师到企业实践这一项制度的顺利开展,各地教育行政部门选择一批在行业中代表性较强、技术水平较高、职工培训基础较好、重视和支持职业教育发展的骨干企业,作为重点联系的职业教育教师企业实践基地;切实保障教师到企业实践的经费来源和相关待遇;同时,建立教师到企业实践的考核和登记制度,将到企业实践的情况作为教师职务聘任、考核和晋级的重要指标。

在实际运行中,教师到企业实践这项制度由于受到企业积极性、教师积极性、经费和时间等内外部因素的制约,并没有达到预期的效果,一部分学校的相应制度甚至流于形式。但是,总的来看,教师到企业实践制度的建立对于促进中等职业学校教师了解职业世界的实际、促进专业建设发展有着积极的作用,必须坚定不移、坚持不懈地执行。当然也有必要结合各地、各学校的实际情况,及时发现和解决遇到的新情况和新问题,因地制宜地探索多种途径和方式,实事求是地推动教师到企业实践活动的有效开展,切实提高实践效果,逐步建立并不断完善中等职业学校教师到企业实践制度。

第三节　新世纪高等职业教育内涵提升

新世纪,我国高等职业教育开始改变以规模快速发展为标志的扩张式发展模式,转而全面诉求以提高教育教学质量为重心、注重整体效益提高的内涵式发展模式,从而昭示着我国高等职业教育一个全新的发展阶段。

一、高等职业教育发展的指导思想

新世纪,我国高等职业教育的发展全面确立质量立校的发展方针,全力推进一系列以质量提升为目标的改革措施。2004 年教育部颁发了《以就业为导向,深化高等职业教育改革的若干意见》,标志着我国高等职业教育的发展开始转向更加注重质量提高、更加重视内涵发展。这一时期,高等职业教育的办学方针进一步清晰化,即"以服务为宗旨,以就业为导向,走产学研结合的发展道路"。

2006 年,教育部发布《关于全面提高高等职业教育教学质量的若干意见》,强调了提高高等职业教育教学质量的重要性和紧迫性,对高等职业教育专业建设、课程改革、实践能力培养、实习基地建设、专业教学团队建设、完善教学质量保障体系等方面工作提出了指导性意见。文件针对目前我国高等职业教育发展面临的问题,提出八大改革措施:加强素质教育,强化职业道德,明确培养目标;服务区域经济和社会发展,以就业为导向,加快专业改革与建设;加大课程建设与改革的力度,增强学生的职业能力;大力推行工学结合,突出实践能力培养,改革人才培养模式;校企合作,加强实训、实习基地建设;注重教师队伍的"双师"结构,改革人事分配和管理制度,加强专兼结合的专业教学团队建设;加强教学评估,完善教学质量保障体系;切实加强领导,规范管理,保证高等职业教育持续健康发展。

二、高等职业院校人才培养和办学水平评估

我国高等职业教育在世纪之交得到飞速扩张,但由于当时的指导思想更多的是"拉动内需",因此,高等职业教育的发展定位不清晰,内涵建设缺失,导致人才培养质量普遍不高。在这样的背景下,教育部启动了高等职业院校人才培养和办学水平评估工作,通过评估促进高等职业院校关注自身的内涵建设:正确定位,办出特色;促进学校科学管理,建立自身质量监控和保障体系;促进各项教学基本建设,不断提高教育质量;促进主管部门加大投入和指导,提高学校办学水平。

2003 年,教育部下发《关于开展高职高专院校人才培养工作水平评估试点工作的通知》(教高司函[2003]16 号),启动高职高专院校评估试点工作,对 25 个省市的 26 所高等职业院校进行了评估。在试点基础上,2004 年 4 月,教育部办公厅印发了《关于全面开展高职高专院校人才培养工作水平评估的通知》(教高厅[2004]16 号),委托省级教育行政部门具体组织实施本地的高职高专院校评估工作,正式建立起了五年一轮的高职高专评估制度。在高等职业院校第一轮评估过程中,又不断完善内涵建设思路,于 2008 年颁布更多地体现高等职业教育特色的《高等职业院校人才培养工作评估方案》,有效指导了后续的评估工作。各省级教育行政部门在教育部的指导和部署下,也制定了本省高等职业高专院校人才培养工作水平评估工作的总体规划和年度计划,保证五年内完成对本省所有高等职业高专院校的第一轮评估。各省(市、自治区)从 2004 年起,分期分批对本地区高职高专院校开展评估,公布评估结论,并向教育部推荐少量优

秀院校,作为示范性高等职业院校候选单位。

2004 年,教育部公布的评估体系包括 6 项一级指标,15 项二级指标:办学指导思想,涵盖学校定位与办学思路,产学研结合;师资队伍建设,涵盖师资队伍结构,质量与建设;教学条件与利用,涵盖教学基础设施,实践教学条件;教学建设与改革,涵盖专业建设、课程改革、职业能力训练、素质教育;教学管理,涵盖管理队伍建设,质量控制;教学效果,涵盖知识能力素养,就业与社会声誉。此外,这一评估体系还专门列出了对学校的特色或创新项目进行评估的要求。

2008 年,教育部下发的《高等职业院校人才培养工作评估方案》,在更大程度上体现了高等职业教育自身的办学规律,并且在评估内容上也显得更为详细和具体。根据这份《评估方案》的要求,在评估专家的选择方面,结合高等职业教育办学规律,规定评估专家组应由熟悉高等职业教育教学工作的人员组成,其中必须包括行业企业人员和一线专任教师,省级教育行政部门需根据被评院校规模与校区结构、自报主要专业、特色专业类别等因素,确定专家组成员人数和名单。新的评估指标体系也更好地体现了高等职业教育的办学规律,一级指标中突出课程建设、实践教学、特色专业建设、社会评价,二级指标也相应突出兼任教师、顶岗实习、双证书获取、专业特色等项目。新的评估方案对于规范高等职业院校办学行为有着重要的监督和引导作用。

新旧高等职业院校人才培养和办学水平评估指标体系比较见表 6.2。

表 6.2   新旧高等职业院校人才培养和办学水平评估指标体系比较

2004 年		2008 年	
一 级 指 标	二 级 指 标	主要评估指标	关 键 要 素
1. 办学指导思想	1.1 学校定位与办学思路 1.2 产学研结合	1. 领导作用	1.1 学校事业发展规划 1.2 办学目标与定位 1.3 对人才培养重视程度 1.4 校园稳定
2. 师资队伍建设	2.1 结构 2.2 质量与建设	2. 师资队伍	2.1 专任教师 2.2 兼职教师
3. 教学条件与利用	3.1 教学基础设施 3.2 实践教学条件 3.3 教学经费	3. 课程建设	3.1 课程内容 3.2 教学方法手段 3.3 主讲教师 3.4 教学资料

续　表

2004 年		2008 年	
一 级 指 标	二 级 指 标	主要评估指标	关 键 要 素
4. 教学建设与改革	4.1　专业 4.2　课程 4.3　职业能力训练 4.4　素质教育	4. 实践教学	4.1　顶岗实习 4.2　实践教学课程体系设计 4.3　教学管理 4.4　实践教学条件 4.5　双证书获取
5. 教学管理	5.1　管理队伍 5.2　质量控制	5. 特色专业建设	5.1　特色
6. 教学效果	6.1　知识能力素质 6.2　就业与社会声誉	6. 教学管理	6.1　管理规范 6.2　学生管理 6.3　质量监控
特色或创新项目		7. 社会评价	7.1　生源 7.2　就业 7.3　社会服务

三、示范性高等职业院校建设

基于我国高等职业教育健康发展的需要，示范并引领着高等职业教育发展的方向，经国务院同意，教育部和财政部联合发文在"十一五"期间推出实施国家示范性高等职业院校建设计划。2006 年，教育部和财政部联合公布"国家示范性高等职业院校建设计划"，决定由中央财政提供一定数量的资金支持示范性高等职业院校建设，按照"地方为主、中央引导、突出重点、协调发展"的原则，重点支持建设 100 所高等职业院校，使之成为发展的模范、改革的模范、管理的模范，引领全国高等职业院校的改革和发展，带动高等职业教育整体质量的提升，并由此推进整个高等职业教育的可持续发展。

（一）建设规划

2006 年 11 月，教育部、财政部联合出台《关于实施国家示范性高等职业院校建设计划加快高等职业教育改革与发展的意见》，采取中央引导、地方为主、行业企业参与、院校具体实施的方式，重点支持 100 所国家示范性高等职业院校。这是"十一五"期间提高我国高等职业教育质量、加快高等职业教育改革与发展的重要战略举措。

通过实施国家示范性高等职业院校建设计划，使国家重点建设的 100 所示范院校在办学实力、教学质量、管理水平、办学效益和辐射能力等方面有较大提高,特别是在深化教育教学改革、创新人才培养模式、建设高水平专兼结合专业教学团队、提高社会服务能力和创建办学特色等方面取得明显进展,逐步形成结构合理、功能完善、质量优良的高等职业教育体系,更好地为我国经济建设和社会发展服务。

在具体任务方面,《意见》提出:支持 100 所高水平示范院校建设,使 60 万以上在校学生直接受益,并且为社会各行各业提供 200 万人次的培训;重点建成 500 个左右产业覆盖广、办学条件好、产学结合紧密、人才培养质量高的特色专业群;培养和引进高素质"双师型"专业带头人和骨干教师,聘请企业行业技术骨干与能工巧匠,在体现高等职业教育特色的专业教师队伍建设方面取得明显成效;建成 4000 门左右高质量的专业核心课程,1500 种特色教材和教学课件,使每个专业带动区域和行业内 3 个以上相关专业主干课程水平的提高,显著提升教育教学质量;围绕国家重点支持发展的产业领域,研制并推广"共享型"教学资源库,为学生自主学习提供优质服务;运用现代信息手段,搭建公共服务平台,为共享优质教学资源提供技术支撑;推动示范院校与经济欠发达地区的对口支援,与区域内中高等职业院校的对口交流,促进高等职业教育整体质量的提升。

国家示范性高等职业院校建设计划的主要内容有五个方面:以示范院校基本建设和提高教学基础设施水平为主要手段,提高示范院校的整体办学水平;大力推进教学改革;加强重点专业领域建设,在 100 所示范院校中,选择 500 个左右办学理念先进、产学结合紧密、特色鲜明、就业率高的专业进行重点支持;增强社会服务能力;创建"共享型"专业教学资源库。

中央财政对该项规划进行引导和推动,具体实施以地方投入为主,积极鼓励吸纳社会、企业资金。中央财政专项资金主要支持示范院校改善教学实验实训条件,兼顾专业带头人和骨干教师培养、课程体系改革、"共享型"专业教学资源库建设等。中央财政对入选示范院校经费支持实行一次确定、三年到位,项目逐年考核、适时调整的做法。对年度绩效考核不合格的院校,终止立项和支持。

(二) 建设进程

国家示范性高等职业院校建设计划在 2006—2010 年实施,按年度分地区分批推进,稳步发展。2006 年 12 月,教育部、财政部确定了 28 个"国家示范性高等职业院校建设计划"立项建设单位作为首批入选院校,标志着这一项目的正式启动。2007 年，又确定了第二批 42 所高等职业院校作为示范院校建设单位。2008 年，第三批共 30 所国家重点建设的示范院校名单公布，此外还确定 9 所高等职业院校作为重点培育（扶持）的高等职业院校。

由于该项计划的建设周期为两年，所以，从 2008 年开始到 2010 年将分批对国家示范性高等职业院校的建设情况进行评估和验收。

国家示范性高等职业院校的建设是新世纪国家对高等职业教育进行大幅度投入的重要项目之一，也是国家扶持高等职业教育快速健康发展的重要举措之一，对于提升高等职业教育的办学水平有十分积极的推动作用。在高等职业教育发展的特定阶段，通过重点支持、扶持部分高等职业院校、引导其系统探索高等职业教育自身的办学规律从而发挥示范和引领作用，其积极意义是显而易见的。

第四节　新世纪农村职业教育转型

我国现代化建设进程中，工业与农业、城市与农村之间发展不平衡的问题由来已久，在当前经济社会发展的情势下，这一问题更是日益凸显，对我国经济社会的可持续健康发展带来了极大的负面影响。于是，以"农业、农村、农民"为核心的"三农"问题的解决，便成为新世纪国家发展的重要战略选择之一。在这样的背景下，农村职业教育开始转型与调整，以期在围绕服务"三农"方面能发挥更加重要的作用。

一、社会主义新农村建设与农村职业教育的发展

党的"十六大"以来，政府已开始有重点、有部署、有计划地着力解决"农业"、"农村"、"农民"的发展问题。党的十六届五中全会不失时机地提出"建设社会主义社会主义新农村"，推出一系列切实解决"三农"问题。"生产发展、生活富裕、乡风文明、村容整洁、管理民主"，是党中央为社会主义新农村描画的美好图景，也表明党中央将农村改革的重点从调整农业生产结构转移到增加农民收入、调动农民积极性上来，最终统筹制定社会主义新农村建设的政策以保证政策的延续性和递进性。

2005 年 12 月 31 日，中共中央国务院下发《关于推进社会主义新农村建设的若干意见》，对社会主义新农村建设提出规划与指导。农民素质提高是建设社会主义新农村的重要基础，只有造就一批"有文化、懂技术、会经营"的新型农民，

社会主义新农村才有可能真正实现。农民素质的提高需要各级教育的系统规划,中等职业学校在建设社会主义新农村的进程中将发挥更为重要更加突出的作用。中等职业教育可以通过农业实用技术等方面的培训,提高农民务农技能、经营能力,培养新型农民,并且可以通过农村劳动力转移培训,增强农民转产转岗就业的能力,促进农村的进步与繁荣。

二、县级职业教育中心建设

(一) 新世纪县级职业教育中心建设的政策指导

县级职业教育中心这一建制发端于河北,是 20 世纪 90 年代深化农村教育综合改革实践中中等职业教育办学形式的一种新探索,其核心是在政府统筹下整合县域内各类教育资源,促进农村职业教育的发展,培养适应当地农村经济社会发展需要的农村实用人才。由于这种建制能在较短的时间内使一个区域内的职业教育得到快速发展,能在一定程度上满足区域经济社会的发展对职业教育的需求,所以得到普遍的关注和重视。

2004 年,国家发展与改革委员会会同有关部门共同发布《关于组织制订推进职业教育发展专项建设计划的指导意见》,组织各地编制了专项建设计划。《意见》提出:在今后几年中,经过中央和地方的共同努力,加强 1000 所左右市、县级骨干中等职业学校的建设,形成一批设施、设备条件基本满足技能型人才培养要求和基本满足农村劳动力转移培训要求的职业教育基地。要求县级政府明确了本地职业教育重点发展的思路,举全县之力重点建设县级职业教育中心。2005 年,国家安排 10 亿元国债资金支持以县级职业教育中心为主的 525 所中等职业学校的建设,在"十一五"期间,每年安排 5 亿元左右的经费用于县级职业教育中心的建设。

新世纪县级职业教育中心建设的基本任务是:按照以就业为导向的要求,切实提高农村新增劳动力的素质,扩大农村中等职业教育的规模,促进县域高中阶段教育的普及;广泛开展以劳动力转移培训、农村实用技术培训、农村基层干部素质提高培训为主要内容的培训工作,培养农村科技骨干和致富带头人;根据农村实际和农民需要,配合当地农业现代化项目的实施,积极引进和开发农村科技致富示范项目,促进农村脱贫致富;形成"三农"服务的信息采集发布网络,引导农民走市场化、产业化经营的路子,并且有针对性地向非农产业转移;为普通中小学开设综合实践课程,为乡村成人文化技术学校提供师资支持和技术服务。

（二）县级职业教育中心建设的成功实践：陕西模式

2005 年，陕西省县级职业教育中心的建设经验引起了国内的广泛关注。陕西模式的主要特征是：以县级职业教育中心为主阵地，整合各类教育资源，形成县域内农村职成教培训、技术培训与推广以及扶贫开发的重要基地。

陕西省县级职业教育中心建设历经了十年的探索和完善。从上世纪 90 年代开始，陕西省就在政府统筹和市场运作相结合思路下，开始尝试以政府投入为主、多渠道筹措职业教育经费、强力推进县级职业教育中心建设的实践，成效十分显著。陕西省各地充分发挥政府统筹职能，狠抓农村职业学校的布局调整工作，撤点并校，整合资源，在撤销了一大批办学条件较差的乡村职业学校的同时，对一些规模较小、教育质量较差的职业学校进行合并，在县区政府所在地建立职业教育中心。在此基础上，陕西省强调市级统筹，合理确定专业布点，以县为单位，结合县情、校情，合理设置专业，基本做到相邻县区各突出 1～2 类专业，各校突出 1～2 个骨干专业。

陕西模式的基本出发点是"为农服务"，精心组织实施"一网两工程"。所谓"一网"，就是农村职业教育和培训网络；所谓"两工程"，就是职业教育强县富民工程和职业教育促进农村劳动力转移培训工程。在实施中，各地坚持落实"三个统筹"，即：统筹县级部门各类培训、统筹教育内部各类培训、统筹农村实用技术培训。陕西省眉县在坚持"三个统筹"实施得十分到位，成为该省"一网两工程"建设的一个先进典型，并在全省范围内进行推广。眉县在建成职业教育中心后，通过整合县域内各类职成教育资源，把过去分属教育、农业、财政、卫生、人事劳动、文化、广播电视等部门的职成教育机构，统一交由职业教育中心管理，形成了融职业教育、成教为一体，职前与职后教育相联系，农科教相结合一个网络体系，即构建了以职业教育中心为龙头的"一中心（县职业教育中心）、六分校（县级有关部门办的 6 个职业教育机构）、十个辐射点（10 个乡镇农科教综合服务中心）、四个专家大院（金果园艺场等）"的大职业教育网络体系，较好地发挥了管理、教育、培训、项目引进、技术推广、信息服务和劳务输出等多重功能。

三、农村职业教育培训项目

（一）农村实用技术培训

2005 年 3 月 17 日，教育部下发《关于实施农村实用技术培训计划的意见》，基于指导新世纪农村实用技术培训工作的需要，提出了农村实用技术培训的指导思想、目标任务和政策措施。《意见》提出，2005—2007 年，要在原有培训规模的基础上,进一步扩大培训规模。全国农村实用技术培训人数每年增长 1500 万人次以上,农民培训率逐年增长 5 个百分点以上,到 2007 年实现农村劳动力实用技术培训人数达到 1 亿人次,农村劳动力年培训率达到 35％以上,每个农户有一个劳动力通过培训掌握 1～2 项实用技术,农民家庭人均收入有明显提高,贫困农户摆脱贫困的户数有明显增长。

为了切实推动农村实用技术培训计划,教育、农业、劳动等部门联合行动,互相配合,不断强化农科教结合、"三教统筹"。各地充分利用各类教育资源开展农村实用技术培训,努力形成以农业院校为科技源头,覆盖县、乡、村的实用型和开放型的农民实用技术教育培训网络。在推进农村实用技术培训计划的过程中,各地想方设法,多渠道筹措农村实用技术培训经费,同时逐步形成了政府、农民个人共同分担的经费筹措新机制。

(二)农村劳动力转移培训项目

改革开放以来,尤其是近 10 年来,我国城市化进程明显加快,导致了叹为观止特殊城市群体:进城务工人员。目前,我国有 1.2 亿进城务工人员,预计到 2020 年还将有 2.2 亿农村富余劳动力要向城镇和非农产业转移。把对进城务工人员的职业教育培训作为今后一个时期职成教工作的重要内容,是一项关系到国计民生的战略性措施。

2005 年 8 月 1 日,教育部在深圳市召开进城务工人员职业教育和培训现场会,总结和交流各地进城务工人员培训工作经验,研究和部署了教育系统如何大力开展进城务工人员教育培训工作,如何更好地推进教育为"三农"服务,如何为走新型工业化道路服务,如何为全面建设小康社会服务。

国家为了更好地在全国范围内推进农村劳动力转移培训的工作,出台了一系列相应的重大措施:制定《2003－2010 年全国农民工培训规划》;国务院六部委发起"阳光工程";劳动和社会保障部组织实施"春风行动"以帮助和促进进城农民工的培训和就业;教育部则联手国务院扶贫办启动贫困地区农村劳动力转移培训工作、联手国务院三峡办开展库区移民劳动力转移培训和移民子女职业教育工作,并且及时制定下发了关于加强进城务工人员职业教育和培训工作的一系列相关文件。

为了更好地开展农村劳动力转移培训,各地在以下几方面做了大量的工作:

(1)通过调查研究,了解就业市场和农民工学习需求,了解职成教学校的培养培训和服务能力,制订进城务工人员的职业教育与培训规划;

(2)开设一批适合进城务工人员学习需求的专业、课程和培训项目,为进城务工人员提供职业教育与培训，并为他们的就业和转换岗位提供服务；

（3）提供更灵活的学习方式，适应进城务工人员流动性大、工作时间长、业余时间短的特点，采取在全日制学校单独编班、举办夜校和周末学校，采用学分制、弹性学制、业余学习制等方式；

（4）改革教学内容和方法，编写和选用适合进城务工人员需要的职业教育与培训教材和读本。

（三）农村职业教育培训的成功实践：浙江模式

浙江省以抓职业培训为切入点，努力推进"三化"，即农村城镇化、农业工业化、农民职业化，被许多地方作为推动农村经济社会发展可资借鉴的一个成功范本。

根据浙江省委省政府有关文件精神，浙江省财政安排"千万工程"专项经费，重点用于支持欠发达地区及海岛地区开展农村劳动力培训工作。在实施"千万工程"过程中，省委省政府要求各地设立相应的培训工作专项经费，并从土地出让金、农村科技开发经费、技术推广经费和扶贫资金中提取一定比例用于农村劳动力培训。省政府明确要求各类企业按职工工资总额的 1.5%～2.5% 足额提取教育培训经费，列入成本开支，专项用于包括进城务工人员在内的职工培训。对于失地农民培训和农村劳动力转移培训，全省各地还普遍实施了政府买单、免费培训的政策。目前，全省已基本建立起政府主导、各级分担、企业补贴、社会资助、多方筹集、培训者适当承担的经费投入体制，确保了面向农村转移劳动力和进城务工人员的各项培训工作真正落到实处。

浙江省职业技术学校、乡镇成人文化技术学校等各类农村教育培训机构充分利用自身在设施、师资和教学等方面的优势，积极承担农民和企业职工培训任务，并重点围绕着四个方面开展培训活动：一是农村专业技术培训。配合农业部门组织广大农村青年和专业大户、致富带头人等农业骨干，重点开展专业技术、经营管理技术、市场营销、农业加工等方面的技术和知识培训。二是农村劳动力转移培训。以失地农民、转产渔民、下山移民和农业剩余劳动力为主要对象，开展以基本权益保护、法律知识、城市生活常识、寻找就业岗位等方面知识为重点的"引导性"培训和以适应就业岗位要求为目的的就业技能培训，帮助他们提高转移就业能力。三是面向中小企业职工和进城务工人员的职业技能培训。根据浙江建设先进制造业基地的需要，有关部门积极开展企业职工"双证制"教育培训，引导企业职工参加文化学历教育与技能培训相结合的教育培训，为全省产业调整和企业升级提供高素质技术工人。四是农村后备劳动力的职业技术培训。这项培训主要面向未升学的农村初、高中毕业生,开展有针对性的职业技术培训,同时坚持培训与就业指导服务相结合的原则,向受训者提供各种就业信息和创业指导服务,促进农村青年就业、立业和创业。①

小　结

进入 21 世纪,我国社会主义现代化建设步入了全面建设小康社会的崭新阶段。保持经济快速健康可持续增长,促进社会和谐发展,是新世纪国家的战略重点。在这一时期,执政为民、关注民生是一个全新的政策取向,为职业教育开启了一扇通往"中南海议事日程"的大门,职业教育由此获得了空前的关注与支持。职业教育的发展与经济社会的发展休戚相关,职业教育在新世纪形成了新的发展方向:关注民生,职业教育面向人人;关注就业,职业教育面向市场;关注三农,职业教育面向农村。2005 年,全国职业教育工作会议的召开以及《国务院关于大力发展职业教育的决定》的发布,把发展职业教育作为国家经济社会发展的重要基础和教育工作的战略重点,成为是新世纪职业教育发展的里程碑。

新世纪,国家加大对职业教育的投入力度,"十一五"期间投入 100 亿用于发展职业教育。中央财政通过实训基地项目、国家示范性高等职业院校建设项目、职业教育学生资助体系建设项目、中等职业学校基础能力建设项目等专项经费投入,显著地增强了职业教育的基础能力,为我国职业教育的进一步发展提供坚实的基础。

探索并建设有中国特色的职业教育体系,是新世纪职业教育发展的新命题。在现阶段,发展有中国特色的职业教育在现阶段主要体现在结合国情探索职业教育的"中国道路"、推行"工学结合、半工半读"的办学模式、职业教育集团化办学等努力之中。这些特色都基于我国特定的国情,萌发于我国职业教育发展的历史经验,孕育着在职业教育领域孜孜以求的广大理论工作者和实践者的智慧,随着我国职业教育改革开放的进一步深化将日益显示出其勃然的生命力。

这一时期,在中央到地方各级政府的高度重视下,在各级财政有力支持下,我国职业教育在硬件建设、内涵发展两个方面都得到了极大的推进,各级各类职业院校更加关注职业教育合规律的发展,提升职业教育质量成为这一时期职业院校发展的关键词。课程改革是职业教育改革的核心环节,中等职业教育课程

---

① 职业技术教育杂志编辑部:《2005 年度区域》,《职业技术教育》,2006 年第 3 期。

改革正在省一级层面上得到明显的推进，上海市和浙江省业已启动了中等职业教育课程改革项目，并取得了比较显著的成果；高等职业教育课程改革则依托国家示范性高等职业院校建设等项目得以切实的推进，高等职业教育已呈现出全面提高的盎然势头。

农村职业教育恰逢社会主义新农村建设的大好时机，并且在转型与调整的过程中得到长足发展。依托县级职业教育中心的建设，我国已形成一批设施、设备条件基本满足技能型人才培养要求和基本满足农村劳动力转移培训要求的职业教育基地。以这些基地为平台，我国已初步构建了有机整合城市职业教育资源与农村职业教育资源、以农业实用技术培训和农村劳动力转移培训为基本任务的农村职业教育网络，为我国社会主义新农村建设奠定了十分坚实的人力资源基础。

后 记

今年恰逢中华人民共和国成立 60 周年。为此,从去年开始,在浙江大学出版社的大力支持下,我们着手对新中国职业教育的发展作一个系统的回顾。由于职业教育在我国起步较晚,而且相关研究也比较薄弱,对于我们来说,这项工作是十分艰难的。

本书按照编年史的方式,对我国不同时期职业教育的发展作了初步疏理和归纳,并力图描绘出我国职业教育发展的大致轨迹。在此基础上,我们还试图对职业教育发展的经验和教训进行初步的总结。当然,限于能力,也限于时间上的不足,我们的尝试还存在着这样那样的不足,敬请读者批评指正。

本书的基本框架由我设计,基础的材料由刘辉和傅雪凌收集、整理,并在此基础上撰写出初稿,最后由我改写并统稿。由于本书的出版在时间上有着严格的要求,所以无法对本书所有材料一一进行核实。倘若在资料引用上出现失误,请读者及时给我们指出。

方展画

2009 年 8 月 8 日于寓所

图书在版编目(CIP)数据

知识与技能：中国职业教育 60 年/方展画等编著. —杭州：浙江大学出版社，2009.9

（中国教育 60 年书系）

ISBN 978-7-308-07015-7

I. 知… II. 方… III. 职业教育－教育史－中国－1949～2009 IV. G719.29

中国版本图书馆 CIP 数据核字（2009）第 159257 号

知识与技能

—— 中国职业教育 60 年

方展画　刘　辉　傅雪凌　编著

丛书主编	徐小洲
责任编辑	徐　静
封面设计	俞亚彤
出版发行	浙江大学出版社
	（杭州天目山路 148 号　邮政编码 310028）
	（网址：http://www.zjupress.com）
排　　版	杭州大漠照排印刷有限公司
印　　刷	杭州富春印务有限公司
开　　本	710mm×1000mm　1/16
印　　张	13.5
字　　数	245 千
版 印 次	2009 年 9 月第 1 版　2009 年 9 月第 1 次印刷
书　　号	ISBN 978-7-308-07015-7
定　　价	30.00 元

浙江大学出版社发行部邮购电话（0571）88925591